Heiner Seidlitz | Dietmar Theiss

Ressourcenorientierte Gesprächsführung

am Telefon und bei niedrigschwelligen Kontakten

Heiner Seidlitz | Dietmar Theiss

Ressourcenorientierte Gesprächsführung

am Telefon und bei niedrigschwelligen Kontakten

BORGMANN
MEDIA

Unser Buchprogramm im Internet: www.verlag-modernes-lernen.de

3., durchges. u. erweiterte Aufl. 2013

Veröffentlicht in der Edition:
BORGMANN MEDIA **· Schleefstraße 14 · D-44287 Dortmund**

Gesamtherstellung in Deutschland: Löer Druck GmbH, Dortmund

Titelfoto: © MaFiFo – Fotolia.com

Bestell-Nr. 9388 ISBN 978-3-942976-09-1

Inhalt

Vorwort

Ich hatte die Ehre und die Freude, in meinen Weiterbildungen den Autoren viele Konzepte aus der hypnosystemischen Konzeption, für die ich mich engagiere, vermitteln zu dürfen. Es freut mich natürlich deshalb besonders, viele der dort enthaltenen Ideen in diesem Buch wieder zu entdecken. Wie die Autoren die systemische Grundidee umgesetzt haben, dass jedes Phänomen und natürlich auch jedes Konzept immer systematisch auf seinen Kontext abgestimmt sein muss, um konstruktiv wirken zu können, halte ich für bewundernswert und vorbildlich. Sie haben diese Konzepte (und natürlich auch viele andere, sehr nützliche Ansätze) in ganz eigenständiger und höchst kreativer Weise für die Kontexte der Telefon- und niedrigschwelligen Beratung geradezu „maßgeschneidert".

Für die hilfreiche Wirkung eines Gesprächs kann es entscheidend sein, dass in jedem Gespräch ein Zielfokus für genau dieses Gespräch (also auch für die kurzfristige Perspektive) aufgebaut wird. Geschieht dies nicht, verpufft oft die Wirkung von noch so empathischen Interventionen. Im Kontext niedrigschwelliger Beratung erweist sich das als besonders schwierige Herausforderung, denn oft werden hier gar keine klaren Ziele von den Hilfesuchenden genannt, oft dürften diesen solche Ziele noch nicht einmal explizit klar und bewusst sein, und würde man direkt immer wieder danach fragen, könnte dies schnell die Hilfesuchenden erschrecken, kränken und verprellen. Für die BeraterInnen ergeben sich also in ihrer Tätigkeit kontinuierlich Zwickmühlen (double binds).

Das hier vorliegende Buch bietet hervorragende Strukturierungshilfen, um solche double binds konstruktiv aufzulösen und sogar für effektive Beratungsarbeit zu nutzen. Es zeigt klar und mit einer sehr wohltuenden Art, dabei Komplexität zu reduzieren, wie man schnell und effektiv die unterschiedlichsten Arten von Kontaktangeboten unterscheiden und mit empathischen Antworten verknüpfen kann.

Besonders gut gefällt mir dabei, wie die Autoren überzeugend zeigen können, wie man wertschätzend und dabei sehr konsequent eine ganz besonders schwierige Aufgabe einer niedrigschwelligen Beratung erfüllen kann: Viele der Hilfesuchenden melden sich in Situationen, in denen sie sich selbst als ganz ausgelieferte, hilflose Opfer schwieriger Ereignisse, Beziehungen etc. erleben und diese Perspektive für sie die einzig gültige Wahrheit ist. Bleibt es dabei, kann dies schlimme Folgen im Sinne von Selbst- oder Fremdgefährdung haben. Für den Aufbau von Rapport (in diesem Buch Andocken genannt) ist es entscheidend, dass die BeraterInnen diese Realitätskonstruktionen der Hilfesuchenden wertschätzend und akzeptierend annehmen und ein Stück weit mit ihnen mitgehen. In der Erickson'schen, kompetenz- und lösungsorientierten Hypnotherapie wird dies als Pacing bezeichnet.

Gleichzeitig kann ein Gespräch nur nützlich wirken, wenn es bei dieser Sicht nicht bleibt, sondern die Hilfesuchenden Erfahrungen machen können, die ihnen durch eigenes Erleben überzeugend zeigen, dass sie selbst durchaus Kompetenzen in sich tragen, die sie für konstruktive Lösungen in ihrem Interesse aktivieren und nutzen können (unter Berücksichtigung ihrer Kontextbedingungen und damit auch unter Berücksichtigung mancher einschränkender Restriktionen). Die Autoren zeigen in sehr praktischer und damit besonders hilfreicher Art auf, wie auch schwierigste Gesprächsangebote durch Hilfesuchende in sehr sanfter, behutsamer und achtungsvoller Art so aufgegriffen werden können, dass die leidvollen und einschränkenden Realitätskonstruktionen allmählich verbunden werden können mit einem Zielfokus und einem Erfahrungsfokus von Eigenkompetenz der Hilfesuchenden, der diesen wieder zeigt, dass sie selbst kompetente ExpertInnen für ihre einzigartigen eigenen Lösungen werden können. Mit wunderbarer Stringenz wird hier vermittelt, wie dies so gestaltet werden kann, dass die Autonomie der Hilfesuchenden nicht nur respektiert, sondern ihre bisherigen Sichtweisen sogar für hilfreiches Neues genutzt (im Erickson'schen Sinne utilisiert) werden können. In vielen Beispielen wird sehr anschaulich gezeigt, wie die sehr schwierige Gratwanderung zwischen Mitgehen und Neues Anbieten gelöst werden kann, um wieder Selbstwirksamkeit bei den Hilfesuchenden erlebbar zu machen. Sehr gut gefällt mir auch, wie die Autoren demonstrieren, wie eine optimale Balance zwischen Pacing (Mitgehen) einerseits, aber auch Abgrenzung, Aufbau eigener Positionen und Belastungsgrenzen andererseits verbunden werden können und dabei auch die Grenzen der Hilfesuchenden empathisch und wertschätzend respektiert werden.

Sehr gekonnt erlebe ich, wie die Autoren vermitteln, wie man unter diesen schwierigen Kontaktbedingungen, in denen es ja meist keine klaren Auftragsangebote gibt, eine effektive Auftrags-Akquisition machen kann, die jedem Gespräch erst die nötige Wirkkraft gibt, und dies sehr gut verbinden kann mit der Berücksichtigung eigener Werthaltungen und quasi inneren Aufträgen der BeraterInnen, denn diese versuchen zwar, so neutral zu bleiben, als irgend möglich, aber selbstverständlich sind auch sie Menschen mit eigenen Werten und eigenen Vorstellungen darüber, wann und für welche Entwicklungen ihre Arbeit sinnvoll und vertretbar ist. Wie hier gezeigt wird, wie man sogar selbst klar für alternative eigene Positionen Stellung beziehen, dabei Respekt für die andere Sicht leben und gleichzeitig hilfreiche Fokussierungen auf zieldienliche Erfahrungen bei den Hilfesuchenden angeregt werden können, halte ich für geradezu meisterlich. Für alle im Bereich von Beratung und Therapie Tätigen lassen sich gerade hierfür manche sehr anregende Lehrbeispiele finden.

Ich wünsche diesem Buch eine sehr weite Verbreitung und den großen Erfolg, den es verdient hat.

Dr. med., Dipl. rer. pol. Gunther Schmidt
Milton-Erickson-Institut Heidelberg

Wir haben da ein Problem

Vorbemerkung

Liebe Leserin, lieber Leser,

in unserer deutschen Sprache werden traditionellerweise Rollenbezeichnungen mit einem Begriff männlichen Geschlechts ausgedrückt, auch wenn Personen beiderlei Geschlechts gemeint sind.

Das würde dann beispielsweise so aussehen:

„Der Hilfesuchende macht sich ein Bild von seinem Berater.“

Hilfesuchende bei psychosozialen Einrichtungen sind oft weiblich, deren Mitarbeiter sind in der Mehrheit weiblich. Das gilt insbesondere für Telefonberatungsstellen. Es gäbe also gute Gründe, die moderne geschlechtsneutrale bzw. geschlechtsoffene Schreibweise zu benutzen oder nur die weibliche Schreibweise.

Das würde dann so aussehen:

„Der/die Hilfesuchende macht sich ein Bild von seinem/ihrer Berater/in.“

oder

„Der/die Hilfesuchende macht sich ein Bild von seinem/ihrer BeraterIn.“

oder

„Die Hilfesuchende macht sich ein Bild von ihrer Beraterin.“

Testen Sie selbst, wie die einzelnen Schreibweisen auf Sie wirken, und stellen Sie sich vor, das komplette Buch wäre nach einer dieser Schreibweisen verfasst.

Man könnte natürlich auch kapitelweise zwischen einer „männlichen“ und „weiblichen“ Schreibweise wechseln.

Wir mussten uns für eine dieser Alternativen entscheiden. Wir haben das Problem so gelöst, dass wir in der Regel die traditionelle „männliche“ Schreibweise benutzen und davon abweichen, wenn die Beispiele es erfordern. Dabei sind wir uns bewusst, dass diese Lösung nicht allen gefallen wird. Bei jeder anderen Lösung würde das auch der Fall sein. Jede Problemlösung hat eben ihren Preis.

Einleitung

Machen Sie sich ein Bild!

Das vorliegende Buch bietet spezifische Hilfen zu einer ressourcenorientierten Gesprächsführung am Telefon und in der niedrigschwelligen Beratung. Die Kapitel der ersten beiden Auflagen unter dem Titel „Ressourcenorientierte Telefonberatung“ wurden dementsprechend überarbeitet und ergänzt. Es richtet sich an alle, die in niedrigschwelligen Beratungseinrichtungen im direkten Gesprächskontakt oder am Telefon tätig sind, dort mitarbeiten möchten oder einfach Interesse an ressourcenorientierter Gesprächsführung haben.

Mit „niedrigschwellig“ bezeichnen wir Dienste oder Angebote, die Hilfesuchende ohne großen Aufwand nutzen können. Die Hürden, Hilfe in Anspruch zu nehmen, sollen möglichst niedrig sein. Hilfe soll schnell, ohne Wartezeiten, am besten jederzeit und ohne spezielle Vorbedingungen und Formalitäten möglich sein. Die Hilfsangebote sind daher in der Regel kostenlos und offen für unterschiedlichste Gesprächsthemen und Anliegen. Hilfesuchende können oft auch anonym bleiben. Dies erleichtert Gespräche über schambesetzte Themen sowie über Anliegen, die wie bei Suizid- oder Gewaltankündigung im Direktkontakt institutionelle Konsequenzen wie Klinikeinweisung oder Strafverfolgung nach sich ziehen können. Die Medien Telefon und Internet machen es möglich, in jedem Moment und an jedem Ort ohne Preisgabe der eigenen Identität ein Gespräch zu führen.

Niedrigschwellige Angebote erleichtern nicht nur den Zugang, sie verändern auch das Gesprächsverhalten. Insbesondere Gespräche am Telefon können inmitten der vom Hilfesuchenden beklagten Situation stattfinden. Berater finden sich dann manchmal unvermittelt in eine Problemsituation einbezogen, etwa wenn aus einem Familienstreit heraus angerufen wird oder vom Hochhaus vor einem geplanten Suizidversuch. In solchen niedrigschwelligen Kontakten findet die Problemaktualisierung (Grawe 1995), die in sonstigen Beratungsangeboten erst hergestellt werden muss, bereits statt.

Niedrigschwellige Gesprächsangebote finden wir in der Sozialarbeit, in Beratungsstellen (allgemeine Lebensberatung, Krisenberatung, Suchtberatung, Schwangerschaftskonfliktberatung), bei der betrieblichen Sozialberatung, in der Schule (Vertrauenslehrer), in der Seelsorge und im Bereich von Selbsthilfegruppen. Viele niedrigschwellige Einrichtungen machen Gesprächsangebote per Telefon oder Internet, insbesondere zur Bewältigung von Krisen, bei seelischen und körperlichen Leiden, bei Vereinsamung und drohender sozialer Isolation. Dazu zählen die Telefonseelsorge, Sorgen- und Krisentelefone, Beratungshotlines, sowie die Chat- und E-Mail-Seelsorge und -beratung.

Die spezifischen Kommunikationsformen von Beratungen per Chat oder E-Mail sind aus Platzgründen nicht Gegenstand dieses Buches. Ebenfalls nicht berücksichtigt werden Gesprächssituationen mit mehr als zwei Gesprächsteilnehmern, also Paar-, Familien- oder Gruppengespräche. Die Darstellung der Gesprächsführung in diesem Buch bezieht sich ausschließlich auf Zweiergespräche.

Niedrigschwellige Beratung wird vielfach ehrenamtlich ausgeübt. Daher findet die Ehrenamtlichkeit in unserem Buch eine besondere Berücksichtigung.

In den Kapiteln 1, 11 und 12 liegt der Schwerpunkt auf der spezifischen Situation telefonischer Beratung. Es wird gezeigt, welche Rolle der Kontext dieses Mediums für die Gesprächsführung in der Telefonberatung spielt. Da Krisenhilfe sehr oft zunächst am Telefon erfolgt, widmet sich Kapitel 11 der telefonischen Krisenintervention. Telefonische Hilfeangebote kommen vielen Kindern und Jugendlichen entgegen. Daher ist Kapitel 12 dem Umgang mit dieser spezifischen Klientel gewidmet.

Viele Gesprächsbeispiele sind telefonischer Beratung entnommen. Aus den bespielhaften, auf die Telefonsituation bezogenen Darstellungen können jedoch Schlussfolgerungen auch für die Gesprächsführung in anderen niedrigschwelligen Kontakten gezogen werden.

Das Buch kann nicht nur zum Selbststudium, sondern auch für Aus- und Fortbildung zur Gesprächsführung genutzt werden. Dazu enthält es eine Fülle an Übungen und Anregungen sowie zahlreiche Fall- und Gesprächsbeispiele. Wegen der Schweigepflicht und zum Schutz der betreffenden Personen sind alle Beispiele anonymisiert und die persönlichen Daten verändert worden. Alle wörtlichen Gesprächsauszüge sind auch aus diesem Grund im Nachhinein protokolliert. Sie geben nur die wichtigsten Auszüge des Gesprächs wieder und sind auf diese begrenzt. Die Gesprächsbeispiele erheben nicht den Anspruch, Idealbeispiele darzustellen. Sie sollen vielmehr auch anregen, eigene Alternativen zu einzelnen Äußerungen zu finden. Daher ist die kritische Auseinandersetzung mit ihnen erwünscht. Im Einzelfall sind die Äußerungen der Berater mit Erläuterungen versehen und in ein anderes Schriftbild gesetzt. H steht in den Gesprächsbeispielen für Hilfesuchende bzw. Hilfesuchender, A bei Beispielen aus der Telefonberatung für Anruferin bzw. Anrufer. B steht in allen Fällen für Beraterin oder Berater.

Die Beiträge dieses Buches sind dem Denkansatz der konstruktivistischen systemischen Beratung und den von der Erickson'schen Hypnotherapie inspirierten lösungs- oder kompetenzorientierten Beratungsansätzen (de Shazer 1989, 1990, 1994; de Jong u. Kim Berg 1998; Bamberger 2001; Schmidt 2005) verbunden. Darüber hinaus greifen wir auf Konzepte der personzentrierten Beratung nach C. Rogers, der Krisenintervention und auf Forschungsergebnisse sowie Erfahrungswissen zur telefonischen Kommunikation und Beratung zurück.

Nach den Erkenntnissen aktueller Wahrnehmungspsychologie und Neurophysiologie reagieren wir in jeder Kommunikation aufeinander mit bestimmten Wahrnehmungs- bzw. Vorstellungsmustern. Der Hirnforscher G. Hüther nennt sie „innere Bilder" (Hüther 2005). Im Laufe des Lebens erworbene neuronale Muster (Netzwerke) steuern unser Wahrnehmen, Denken, Fühlen und Verhalten. Die Wirklichkeit selbst ist uns objektiv nicht zugänglich. Mit Hilfe dieser Muster konstruieren wir stets selbst unsere Wirklichkeit. Bei jeder Interaktion reagieren wir nicht auf die Person oder Situation selbst, sondern auf die jeweilige Vorstellung, welche wir uns über eine andere Person und ihre Situation machen. Unsere Wahrnehmung beruht dabei auf einer Auswahl bestimmter Reize. Sie ist selektiv und abhängig von unseren Vorerfahrungen mit ähnlichen Situationen und dem Kontext, in dem ein Ereignis geschieht. Wir übertragen unsere inneren Bilder auf die aktuelle Situation. Solche Vorstellungsmuster sind aus gutem Grund entstanden, um uns in unserer Welt schnell zurechtzufinden. Sie entstehen, wenn bestimmte Sichtweisen der Wirklichkeit regelhaft wiederholt werden. Diese Muster sind jedoch nicht feststehend, sondern lebenslang veränderbar.

Man kann sein Gegenüber mit seinen inneren Bildern festlegen, in Schablonen zwängen. Das engt für die Gesprächspartner das „Sichtfeld" und die Handlungsoptionen ein. Als Berater könnten Sie sich z. B. vorstellen, dass eine Frau, die zum wiederholten Mal das Gespräch sucht und über die Schwierigkeit klagt, sich von ihrem gewalttätigen Partner zu trennen, schwach und anlehnungsbedürftig sei. Wenn Sie sich auf diese Vorstellung fixieren, können Sie nicht sehen, dass die Frau sich womöglich bisher aus guten Gründen nicht getrennt hat. Sie könnte ahnen, dass ihr eine Trennung derzeit mehr schadet als nützt. Vielleicht hat sie bereits einige Möglichkeiten gefunden, sich auf andere Weise zu schützen. Natürlich können wir nicht sagen, welche Vorstellung stimmt. Wenn wir aber wissen, dass unsere Vorstellungen eben nur Bilder und keine Realitätsaussagen sind, dann können wir mit unseren Vorstellungen experimentieren. Wir könnten prüfen, wie sich unsere Bilder auswirken, mit denen wir auf Hilfesuchende reagieren. Ein kompetenzorientiertes Bild über Hilfesuchende lenkt die Aufmerksamkeit in der Beratung mehr auf deren Potentiale und Ressourcen. Das hat Folgen für den Gesprächsprozess, könnte darüber das Selbstbild der Frau beeinflussen und sie zu selbstbewussterem Verhalten veranlassen. Durch kompetenz- bzw. ressourcenbezogenes Erweitern der inneren Bilder schaffen Berater und Hilfesuchende gemeinsam neue Wirklichkeiten, die keine Fiktion bleiben.

Testen Sie einmal, welche inneren Bilder sich bei Ihnen in folgenden Telefonsituationen einstellen:

Etwa 55-jähriger Mann, Anruf nachmittags (Stimme leicht verwaschen):

„Guten Tag. Ich hab' schon öfter bei Ihnen angerufen. Ich muss mal meinen Mist loswerden. Die meisten von Ihnen können's schon nicht mehr hören." – (kurze Pause) – (dann mit forsch klingender Stimme) „Wie alt sind Sie eigentlich?"

(Wenig später): „Aber ich glaube nicht, dass Sie mir helfen können."

Auf 13 Jahre geschätztes Mädchen, Anruf nachmittags (spricht schnell mit fester Stimme, Gekicher im Hintergrund leise hörbar):

„Ich bin schwanger, was soll ich machen?"

Weinerlich wirkende Frauenstimme, Anruf vormittags:

„Ich hab so Sehnsucht nach meinem Therapeuten ..." (anschließend Schweigen)

Frau, ca. 40, mit bestimmendem Befehlston (Anruf gegen 4 Uhr früh):

„Sie müssen mir jetzt unbedingt zuhören, hören Sie, dafür sind Sie doch da."

Ängstlich wirkende Frauenstimme (Anruf gegen 23 Uhr):

„Ich möchte meinen Namen nicht nennen. Kann man da abgehört werden?"

Junge männliche monoton wirkende Stimme, Fahrgeräusche sind hörbar (Anruf gegen 2 Uhr nachts):

„Ich habe angerufen, weil ich mich jetzt umbringe."

Dies sind sicher keine Äußerungen typischer Alltagskommunikation. Auch im therapeutischen oder beratenden Setting wird kaum jemand so das Gespräch beginnen. Es sind typische Beispiele von Gesprächsanfängen bei niedrigschwelligen Telefonberatungsdiensten. Wenn Sie sich in Bezug auf diese Gesprächsbeispiele Ihr jeweiliges inneres Bild vom Anrufer und seiner Situation gemacht haben, können Sie nun weiter phantasieren, welche Auswirkungen es hätte, wenn Sie mit dieser „Brille" auf die jeweilige Person reagieren, wie diese darauf reagieren würde, welche Kommunikation entstehen würde, was das vermutlich bewirken würde, etc.

In der Beratung geht es darum, Menschen dabei zu helfen, Sichtweisen über sich selbst und ihre Problemsituation zu entwickeln, die es ihnen ermöglichen, besser damit zurecht zu kommen als mit ihrer bisherigen Sicht. Beim ressourcenorientierten Arbeiten versuchen wir das, indem wir den Blick auf die Kompetenzen der Hilfesuchenden richten und sie stetig als kompetent behandeln. Wenn es gut läuft – in einer Atmosphäre vertrauensvoller und schöpferischer Zusammenarbeit – kreieren Hilfesuchende und Berater dabei gemeinsam Sichtweisen, die es den Hilfesuchenden ermöglichen, ihre Probleme zu lösen oder unveränderbare Lebenseinschränkungen besser zu ertragen.

Dieses Buch will Ihnen beim „Bildermachen" im helfenden Gespräch behilflich sein. Es möchte Sie dazu einladen, sich als Beraterin oder Berater zu trainieren, bewusst neue Sichtweisen über die Hilfesuchenden zuzulassen, auszuprobieren und die Auswirkungen davon im Gesprächskontakt zu prüfen. In diesem Sinn ist es als Orientierung und Anleitung für die ressourcenorientierte Gesprächsführung gedacht.

Danken möchten wir für die zahlreichen Anregungen von Kolleginnen und Kollegen, die wesentlich zur Klärung und Präzisierung einzelner Beiträge geholfen haben. Wir danken Jochen Schweitzer und Andrea Ebbecke-Nohlen, die Mut gemacht haben, dieses Buch zu schreiben, und Gunther Schmidt für seine vielen grundlegenden Anregungen. Wir danken den Kollegen und Kolleginnen aus der Beratungsarbeit und den Telefondiensten, insbesondere den Mitarbeiterinnen und Mitarbeitern der TelefonSeelsorge Pfalz für ihre wertvollen Rückmeldungen. Danken möchten wir nicht zuletzt den Hilfesuchenden, von denen wir viel gelernt haben darüber, was sie brauchen, um ihre Probleme zu lösen und ihre oft äußerst schwierigen Lebenssituationen zu bewältigen. Mit manchen ihrer Lösungen haben sie uns verblüfft.

1. Kapitel

Willkommen an Bord

Selbstverständnis und Kontext niedrigschwelliger Telefonberatungseinrichtungen [1]

Stellen Sie sich vor, Sie seien Funker eines Rettungsschiffes. Das Funkabteil ist rund um die Uhr besetzt. Sie versehen Ihren Dienst in der Regel alleine. Sie wissen nicht, woher die Meldungen kommen. Meist kennen Sie die Absender nicht, weder Alter, Geschlecht noch Name. Sie wissen nicht, in welcher Situation diese sich gerade befinden. Zu Beginn der Funkbotschaft ist für Sie oft schwer zu erkennen, mit welchem Anliegen und in welcher Funktion Sie jeweils in Anspruch genommen werden, ob als Seenotretter, Lotse, Zeitvertreiber, Auskunft, Freundersatz oder Beschwerdestelle. Sie wissen nicht, wie lange die Verbindung anhält. Die Kommunikation ist manchmal verschlüsselt oder gestört. Nach geleisteter Hilfe bekommen Sie in der Regel keine Rückmeldung. Immerhin wissen Sie, auf welchem Schiff und wo Sie sich selbst befinden. In der Regel ankern Sie in einem sicheren Hafen. Sie wissen um Ihre Funktion: Sie sollen helfen. Aber diese Beschreibung lässt Ihnen einen weiten Spielraum. Sie müssen jeweils definieren, in welcher Rolle Sie sich ihrem Funkpartner anbieten und wie das mit der Aufgabe Ihres Rettungsschiffes, Ihren Kompetenzen, Möglichkeiten und Werten vereinbar ist. Sie selbst oder die meisten Ihrer Kolleginnen und Kollegen üben diese Tätigkeit ehrenamtlich aus und bekommen dafür lediglich eine geringe Aufwandsentschädigung oder gar kein Geld.

So etwa können Sie sich die Situation an einem niedrigschwelligen Beratungstelefon vorstellen. Wenn Sie als Mitarbeiter an Bord eines solchen „Rettungsschiffes“ gehen oder sich als Anrufer mit dessen „Funkzentrale“ verbinden, betreten Sie einen sehr komplexen Kontext, der sich erheblich auf die Gespräche am Telefon auswirkt.

Zu diesem Kontext gehören:

1. Der Name und das Selbstverständnis der Einrichtung
2. Die Zugangsregelungen für Hilfesuchende
3. Das Beratungsmedium: Besonderheiten der Kommunikation mittels Telefon
4. Die Rollen und Rollenerwartungen der Beteiligten im Hilfesystem
5. Qualifikation, Motive und Erwartungen der Helfer

1 *Dieses Kapitel zeigt die Bedeutung des Kontextes der Gesprächsführung v. a. an den Besonderheiten telefonischer Beratung auf.*

Name und Selbstverständnis

Übung

Was verstehen Sie unter „Beratung"? Welches Bild stellt sich bei Ihnen dazu spontan ein? Was assoziieren Sie damit?

Beratung wird in diesem Buch verstanden als psychologisches bzw. psychosoziales Gesprächsangebot für Menschen mit vorwiegend psychischen bzw. psychosozialen Sorgen und Problemen. Einige solcher Angebote sind auf bestimmte Personengruppen, Situationen oder Themen begrenzt, wie z. B. Bahnhofsmission, Krisenberatung, Suchtberatung, Schwangerschaftskonfliktberatung oder betriebliche Beratungsdienste. Die meisten niedrigschwelligen Dienste bieten auch telefonische Beratung an. Außerdem gibt es reine Telefonberatungsdienste wie Kinder- und Jugendtelefone, Seniorentelefone (altersbezogen), Notrufe für Frauen bei häuslicher oder sexueller Gewalt (geschlechts- und situationsbezogen), AIDS-Telefone, Arbeitslosen-Telefon-Hilfe, Krisentelefone, Elterntelefone, Opfer-Notrufe, Trauertelefone (themen- und situationsbezogen). Ohne derartige Schwerpunktsetzungen und praktisch offen für alle psychischen bzw. psychosozialen Probleme und Personen jeden Alters arbeiten im deutschsprachigen Raum nur die Telefonseelsorgen, kommerzielle Telefonberatungsangebote und die Ö3-Kummernummer in Österreich. Beratung wird in diesem Hilfe-Kontext nicht als Ratgeben im Sinne einer Weitergabe von Fachwissen (Fachberatung) verstanden.

Im Gegensatz zu den eben aufgeführten Telefonberatungsdiensten dienen Informationstelefone und Hotlines vorrangig der Fachberatung und Informationsvermittlung bei gesundheitlichen, finanziellen, rechtlichen Fragen (z. B. Krebstelefone, Anwaltstelefone, Verbraucherberatung) oder der Suche nach bestimmten Informationen oder Anbietern (z. B. Psychotherapie-Informations-Dienst). Auch wenn ihre Zielsetzung Informationsvermittlung ist, thematisieren Anrufende bei solchen Anbietern in vielen Fällen auch ihre psychischen oder psychosozialen Sorgen, mit denen deren Mitarbeiter über das Informationsangebot hinaus einfühlend, klärend und unterstützend umgehen sollten.

Psychologische bzw. psychosoziale Beratung umfasst ein ganzes Bündel verschiedener helfender Interventionen. Dazu gehören Hilfen zur seelischen Entlastung, stützende Begleitung, Anleitung und Information, Orientierungs- und Verständigungshilfen sowie Beratungsangebote im engeren Sinn zur Konflikt- und Problembewältigung (s. Kap. 3 und 8). Um dieser Breite an Hilfsmöglichkeiten Rechnung zu tragen finden Sie auf dem „Türschild" vieler niedrigschwelliger Angebote selten das Wort „Beratung", sondern Namen wie „Offene Tür", „Gesprächsladen" oder „Krisendienst". Die telefonischen Angebote nennen sich „Telefonseelsorge", „Sorgentelefon", „Kummernummer", „Telefon 143 – Die dargebotene Hand" oder haben spezielle Bezeichnungen wie „Elterntelefon", „Jugendtelefon", „Krisentelefon" etc.

In Abgrenzung zu Talklines oder Unterhaltungstelefonen von Rundfunk- und Fernsehsendern verstehen alle Telefonberatungsdienste die Gespräche immer als Mittel zum Zweck persönlicher Lebensbewältigung und nie als Mittel zur Unterhaltung oder Erhöhung der Einschaltquoten wie bei bestimmten Rundfunkhotlines. Das Ziel ist stets, dass Anrufer hinterher besser als vorher mit ihren Sorgen und Problemen zurechtkommen. Dabei kann auch Unterhaltung eine Rolle spielen, wenn sie zur Bewältigung persönlicher Problemsituationen dient. Beratung im psychologischen Verständnis zielt immer auf „die Verbesserung der psychischen Handlungskompetenz“ sowie „die Aktivierung vorhandener und die Erschließung neuer Ressourcen ...“ (Leitsätze des „Bundes Deutscher Psychologinnen und Psychologen“ zu psychologischer Beratung, Report Psychologie 21, 8,1996, 592 f.).

▸ **Übung**

Was würden Sie als potentieller Nutzer mit den Namen einzelner niedrigschwelliger Dienste verbinden?
Machen Sie eine Befragung unter Kollegen, Freunden usw., was diese mit den jeweiligen Namen verbinden. ◂

Die Zugangsregelungen für Hilfesuchende

Alle niedrigschwelligen Beratungsdienste haben zum Ziel, möglichst schnell und unkompliziert in der belastenden Situation erreichbar zu sein und dabei ihre Zielgruppe möglichst breit anzusprechen. Manche Dienste sind nur zu bestimmten Zeiten und an bestimmten Orten erreichbar. Das Kriterium der Niedrigschwelligkeit wird durch den von überall und fast zu jeder Zeit möglichen Zugang über die Medien Telefon oder Internet am besten realisiert. Telefonseelsorgestellen sind täglich rund um die Uhr erreichbar, Sorgen- und Krisentelefone meist nur zu bestimmten Uhrzeiten und an bestimmten Tagen. Das heißt jedoch nicht, dass Anrufer tatsächlich zu den angegebenen Zeiten einen Gesprächspartner finden und ein Gespräch führen können. Unter Umständen muss man für unbestimmte Zeit warten. Und dafür, wann man drankommt, gibt es keine Reihenfolge. Es gibt keine Voranmeldung und keine Warteliste. Zufall und Ausdauer beim Anwählen steuern den Zugang. Die Erreichbarkeit ist durch die personellen und finanziellen Kapazitäten der Einrichtung begrenzt. Meist ist an einer Stelle nur *ein* Beratungstelefon besetzt. Bei hohem Zulauf stoßen Anrufende daher oft auf ein Besetztzeichen bzw. ein Ansageband oder ihr Anruf wird an eine andere Stelle weitergeleitet. Man kommt also selbst in der Telefonberatung nicht unbedingt dran, wenn man will oder wenn man es nötig hat. Das mag Vielanrufern wenig ausmachen, für Erstanrufer in Krisensituationen oder für psychisch Labile kann das leicht entmutigende Auswirkungen haben. Das Medium Telefon erleichtert also einerseits den Zugang, garantiert andererseits jedoch nicht unbedingt eine Gesprächsmöglichkeit.

Die Gesprächsdauer bei niedrigschwelligen Kontakten ist nicht festgelegt. Gespräche dauern wenige Minuten (z. B. bei Auskünften) bis zu mehreren Stunden (bei suizidalen Krisen). Auch die Häufigkeit der Kontakte unterliegt in der Regel keiner Begrenzung. Es gibt Hilfesuchende, die einmalig zum Gespräch kommen oder anrufen, und andere, die das mehrmals bis regelmäßig tun. Am Telefon passiert es, dass Anrufer teilweise mehrmals täglich das Gespräch suchen. Da es oft keine vorgegebene Struktur des Zugangs und des Zeitrahmens für Gespräche gibt, müssen Berater u. U. die Gesprächszeit, -dauer und Anrufhäufigkeit mit den Hilfesuchenden selbst aushandeln, regeln und für deren Einhaltung sorgen. Sie sind dabei gegenüber den Hilfesuchenden zugleich in einer fachlich helfenden und einer kontrollierenden Rolle, was zu Rollenkonflikten führen kann (s. Kap. 3).

▶ Übung

Stellen Sie sich folgende Telefon-Situation vor: Ein Mann ruft wegen Einsamkeit an. Der Berater stellt im Laufe des Gesprächs fest, dass es der dritte Anruf des Mannes an diesem Tag ist. Der Anrufer äußert, dass er die Einsamkeit kaum aushält. Er möchte mit dem Berater plaudern. Solange der Berater mit diesem Anrufer spricht, kommt niemand anders durch. Beide wissen nicht, ob und wie oft jemand zwischendurch das Beratungstelefon vergeblich anwählt. ◀

▶ Auswertung

Welche Konflikte können sich für wen aus dieser Situation ergeben? Wie würden Sie als Berater die Konflikte lösen? Wie würden Sie mit dem Anliegen des Anrufers umgehen? Welche Folgen würden sich je nach Lösung daraus ergeben?
Wie würden Sie als Anrufer reagieren, wenn der Berater Ihnen die Zeit begrenzen möchte? Wie erleben Sie es, wenn der Berater Ihnen die gewünschte Zeit gewährt im Wissen, dass dadurch andere begrenzt werden? Welche Lösung würden Sie sich als Anrufer wünschen?
Wie würden Sie reagieren, wenn Sie als Hilfesuchender in Not mehrmals hintereinander auf ein Besetzzeichen oder einen Ansagetext der Telefonberatungsstelle stoßen und nicht durchkommen? ◀

Bei verschiedenen Telefonberatungsstellen sind die Prinzipien der Niedrigschwelligkeit durch weitere sog. Essentials flankiert. Telefonseelsorgen, Krisen- und Sorgentelefone z. B. garantieren ihren Anrufern absolute Anonymität. Persönliche Daten werden nicht erfasst. Vorinformationen liegen meist nicht vor. Die Helfer unterliegen der Schweigepflicht. Oft ist die Telefonnummer des Anrufenden nicht erkennbar, weder auf dem Display der Dienststelle noch auf einem Einzelgebührennachweis. Das Telefonat mit diesen Einrichtungen verursacht keine Telefongebühren. Das steuert deren Nutzung: Was nichts kostet und was keine Spur hinterlässt, kann problemlos genutzt werden. So rufen viele an, die davor zurückschrecken würden, wegen ihres Problems eine Beratungsstelle, einen Arzt oder einen Therapeuten aufzusuchen, entweder weil sie die Kosten scheuen oder weil sie fürchten, identifiziert werden zu können. Die Hürde anzurufen ist extrem niedrig. Aufgrund dessen kann der Anruf aber auch leicht zum Scherz, Zeitvertreib oder für fiktive Szenarien benutzt werden.

Die für viele Telefonberatungsdienste spezifische Unspezifität der Zielgruppe lässt ein breites Spektrum zu. Die Klientel ist vielfältiger als bei Beratern und Therapeuten in ihren Praxen und Einrichtungen. Das betrifft schon die Altersgruppen. Der uns bisher bekannte jüngste Anrufer (bei der Telefonseelsorge) war drei Jahre alt, der älteste über 90. Mädchen (bei Kinder- und Jugendtelefonen) und Frauen überwiegen bei weitem. Anrufer können sich prinzipiell mit jedem Problem und jedem Anliegen an die Telefonberatung wenden. Telefonberater sind oft mit unklaren und komplexen Problempaketen und vielfältigen diffusen Erwartungen konfrontiert. Manchen Anrufern geht es gar nicht darum, Probleme zu besprechen oder Lösungen zu finden. Es gibt Anrufer, die nur die Stimme des Gegenübers hören wollen. Verbalerotiker etwa nutzen den Anruf zur Stimulierung ihrer sexuellen Befriedigung. Telefonberater können das oft nur aus Nebengeräuschen oder dem Wunsch nach detaillierten einschlägigen Beschreibungen erschließen. Andere reden wie ein Wasserfall und lassen die Berater kaum zu Wort kommen, äußern manchmal gar Furcht, dass der Berater etwas sagen könnte. Sie scheinen nur das Gefühl zu brauchen, dass jemand da ist und zuhört. Zudem kann jeder unmittelbar in welchem Zustand auch immer in das Gespräch eintreten, egal ob nüchtern oder unter Alkohol, ob schläfrig oder wach, ob reflexionsfähig oder kaum ansprechbar agitierend. So bleibt es oft den Mutmaßungen der Helfer überlassen, inwiefern das „Gespräch“ nützlich ist oder war.

▸ Übung zur Reflexion

Wie klar definieren Telefonberatungsstellen, die Sie kennen, Kriterien dafür, mit wem Berater unter welchen Umständen nicht sprechen sollten?
Mit wem würden Sie wann und unter welchen Umständen nicht reden? An welchen Beobachtungen würden Sie das festmachen? Wie würden Sie sich gegen Missbrauch abgrenzen mit welchen Folgen? Welche Folgen hätte es, wenn Sie sich entscheiden würden, sich nicht abzugrenzen? ◂

Auch wenn die Leitlinien der Einrichtungen Grenzen des Gebrauchs vorsehen – kein Beratungstelefon wird sich etwa als Sextelefon verstehen wollen – bleibt es letztlich an den Beratern selbst zu entscheiden, ob die Anrufer bei ihnen an der richtigen Stelle sind, ob es sich um einen angemessenen Gebrauch oder einen Missbrauch des Beratungsangebots handelt. Es gibt weder einen Empfangsraum noch ein vorgeschaltetes Sekretariat für die Auswahl der Klientel. Dadurch geraten Telefonberater in einen stetigen inneren Konflikt. Einerseits wollen sie sich auf ihre Gesprächspartner wertschätzend und akzeptierend einlassen, andererseits prüfen sie oft – besonders bei Gesprächsbeginn – skeptisch Äußerungen der Anrufer danach, ob diese nur ihre Stimme zur Stimulierung, ihre Hilfsbereitschaft zu einem Scherz, ihre Anwesenheit zum Zeitvertreib nutzen wollen und ob sich das Anliegen mit den Möglichkeiten und Werten der Einrichtung verträgt. Telefonberater müssen sich daher bei jedem Gespräch erneut vergewissern, wer und was ihre Einrichtung und sie selbst für den Anrufer sein wollen und können, und was nicht. Sie müssen selbst entscheiden, inwieweit ihr Gegenüber momentan beziehungs- und aufnahmefähig ist. Sie müssen z. B. nachts das Gespräch auf eine veränderte Aufnahmefähigkeit abstimmen. Sie müssen ein Gespräch gegebenenfalls auch abbrechen. Darüber hinaus müssen sie einschätzen, ob die Art und Weise, wie ein Anrufer sich am Telefon verhält, Teil des Problems und daher grundsätzlich erst einmal als Beziehungsangebot wertzuschätzen ist oder ob es sich um einen Missbrauch handelt, von dem sie sich abgrenzen sollten. Wenn ein Anrufer etwa zu Gesprächsbeginn sich nur räuspert und schweigt, kann er momentan blockiert sein, sich verbal zu äußern, und braucht dabei emotionale Unterstützung. Er kann sich aber auch einen Lustgewinn daraus machen, sich an der einfühlsamen Stimme der Beraterin zu stimulieren.

Besonderheiten der Kommunikation mittels Telefon

Das Medium Telefon und seine gesellschaftliche Nutzung haben spezifische Auswirkungen auf die Kommunikationsbeziehung.

Der Anruf kann aus dem gleichen Ort, der gleichen Region kommen, aber auch aus hunderten Kilometer Entfernung, aus einer Gegend mit völlig anderen Lebensbedingungen, aus einem kulturellen Milieu, das dem Telefonberater völlig fremd ist. Ruft jemand von zu Hause an, aus der Telefonzelle mit Warteschlange, hört nebenan jemand mit? Insbesondere mobil telefonieren kann man an jedem Ort und in jeder Situation, die nicht unbedingt für klärende Gespräche geeignet sind, etwa beim Autofahren oder in der Bahn. Manche Mobiltelefonierer nutzen das Gespräch, um Öffentlichkeit herzustellen und nicht unbedingt um Probleme zu lösen. Kinder rufen z. B. aus der Schule an. Die Mitschüler sollen mitbekommen, wie sich der Berater am Telefon bei einem fiktiven Problem abmüht oder vorgeführt wird. Ablenkung vom Gespräch durch Parallelbeschäftigungen wie gleichzeitiges Autofahren, Fernsehen, Surfen im Internet (Multitasking) oder gar Sitzen auf der Toilette sind nicht auszuschließen.

Das Gespräch am Telefon beginnt unmittelbar ohne jede Vorbereitung. Manche Anrufer fangen ohne jegliche Begrüßungsfloskeln sofort an zu reden. Sie rufen u. U. mitten aus einer Problemsituation, etwa einem eskalierenden Familienstreit, heraus an. Man stellt sich einander nicht vor. Es gibt keine Vorinformation über den anderen, seine aktuelle Lebenssituation, sein Problem, seine Kompetenzen.

Bei Gesprächen per Telefon spielen – durch das Kommunikationsmedium bedingt – die Vorstellungsmuster der beteiligten Kommunikationspartner eine noch gravierendere Rolle als im direkten Kontakt. Falls keine Bildübertragung stattfindet, sehen die Dialogpartner einander nicht und nichts von der Umgebung des andern. Dann beeinflussen allein die Schallwellen eines Lautsprechers die inneren Bilder der Gesprächspartner. Deren gegenseitige Wahrnehmung ist einzig auf den akustischen Kanal reduziert. Das fördert die Suggestivkraft und lässt der Phantasie weiten Spielraum. Aus der erzählten Geschichte, dem Klang, der Modulation und der Rhythmik der Stimme sowie aus Neben- und Hintergrundgeräuschen formen die Telefonierenden ein Bild vom jeweiligen Gegenüber und seiner momentanen Situation. Ihre Vorstellungen über deren Aufenthaltsort, Aussehen oder Möglichkeiten entsprechen oft wenig den Realitäten. Eine 70-jährige kann wegen ihrer Stimme als jugendlich eingeschätzt werden, eine Frau mit rauchiger dunkler Stimme als Mann, eine Erwachsene als Kind. Berater stellen sich die Situation der Hilfesuchenden vom Hören allein manchmal viel dramatischer oder harmloser vor, als sie diese vor Ort einschätzen würden. Eine schleppend wirkende Stimme suggeriert vielleicht das Bild akuter Suizidgefährdung, ein Plauderton lässt nicht ahnen, dass die Gesprächspartnerin sich gerade mit einer Rasierklinge den Arm zerschnitten hat oder im Auto sitzt, um sich mit Abgasen zu vergiften.

Stellen Sie sich vor, Sie erhalten einen Anruf und hören eine Stimme, die Sie als Kinderstimme deuten. Ihre Gesprächspartnerin gibt sich als junges Mädchen aus. Sie erzählt im Plauderton von ihren Tieren, scheint sich Geschichten auszudenken, klagt über Bauchweh. Die Eltern seien nicht da. Sie stellen sich vielleicht vor, das Kind plaudere mit Ihnen, weil es allein ist. Oder Sie denken, das Kind sei sich nicht sicher genug und werde noch ernsthaftere Probleme ansprechen, wenn es mehr Vertrauen habe. Sie könnten sogar mutmaßen, es handele sich um einen Erwachsenen mit verstellter Stimme. Je nach Ihrem inneren Bild werden Sie jeweils anders mit dem vermeintlichen Kind umgehen. Eine jeweils andere Gesprächsbeziehung, eine andere Wirklichkeit des Gesprächs würde dadurch entstehen.

Manche Anrufer nutzen diese Situation, um sich eine virtuelle Identität zu geben. Das Telefon lädt geradezu dazu ein, fiktive Szenarien zu erfinden und anzubieten. Man kann in beliebige Rollen schlüpfen, weil man ja nicht erkannt wird. Man kann Verhaltensweisen ausprobieren, die man im sonstigen sozialen Kontakt nie zeigt. Man kann eine andere Identität einnehmen und erleben, wie andere darauf reagieren. Manche verlieren durch diese Möglichkeiten ihre sozialen Hemmungen und Ängste und können so neue Aspekte ihrer Identität entwickeln (zur virtuellen Identität im Internet vgl. Döring 2000).

Auch die aktuelle Gesprächssituation wird mittels Phantasie konstruiert. Schlürfgeräusche können als Trinken (Wasser, Alkohol?) interpretiert werden, Stöhnen als Schmerz- oder Lustäußerungen, Schweigen als Betroffenheit, intensives Nachdenken, Ohnmachtsanfall oder Desinteresse. Die Helfer wissen nicht, ob sich jemand gerade die Pulsadern aufgeschnitten hat, die Pistole neben sich hält oder auf der Brücke steht, zum Absprung bereit. Sie können nicht ermitteln, ob und wie ihr Gesprächspartner aktuell gefährdet ist, ob er verletzt ist, unter Einfluss von Drogen oder Narkotika steht, ob er bekleidet oder nackt ist. Genauso wenig wissen die Anrufer, ob ihr Berater wirklich auf sie konzentriert ist, ob er alleine ist, ob er in einem Dienstzimmer sitzt, ob die Türen geschlossen oder offen sind, ob er sitzt, steht oder im Bett liegt. Jeder denkt sich sein Gegenüber samt der dazugehörigen Situation aus. Helfer müssen deshalb die aktuelle Situation stets erfragen und ihre Bilder dazu überprüfen.

Übung

Hören Sie sich mit anderen gemeinsam eine kurze Gesprächsszene aus einem Hörspiel an. Tauschen Sie sich aus:
Was haben Sie gehört? Welche Bilder haben Sie sich zu den jeweiligen Personen und ihrer jeweiligen Situation gemacht? Wie haben sie gefühlsmäßig auf die Bilder reagiert?
Überprüfen und ergänzen Sie Ihre Wahrnehmungen. Reflektieren Sie, wie Ihre Bilder und Gefühle entstanden.

Die Telefonverbindung ist im Unterschied zum persönlichen Kontakt fragil. Sie kann von jedem jederzeit abgebrochen werden, sogar mitten im Satz. Abbrüche können meist nicht mehr geklärt werden. Es ist ungewiss, ob man denselben Gesprächspartner je noch einmal erreichen kann. Bei hoher Belegung der Telefonleitungen ist es für die Anrufer sogar unsicher, ob sie in kurzer Zeit überhaupt wieder einen Gesprächspartner am Telefon bekommen oder stattdessen auf ein Besetztzeichen stoßen bzw. von einem Ansageband vertröstet werden. Man ist gänzlich auf seine Phantasie verwiesen, wie man einen Abbruch deutet. Da die meisten Einrichtungen mit ehrenamtlichen Telefonberatern arbeiten und diese meist nur zeitweise für ein paar Stunden monatlich ihren Dienst versehen, müssen beide Gesprächspartner sich darauf einstellen, dass ihr Gespräch in der Regel keine Fortsetzung hat. Nacherhebungen über den Nutzen einzelner Gespräche sind kaum möglich. Berater sind deshalb oft auf Mutmaßungen angewiesen, wie sie das Ergebnis eines Gesprächs deuten. Sie müssen Kriterien entwickeln, woran sie den Nutzen ihres Handelns im Gespräch identifizieren.

Übung

An welchen Äußerungen eines Hilfesuchenden würden Sie während und am Ende eines Beratungsgesprächs erkennen, dass es hilfreich war? Wie begründen Sie das?

Die Rollen und Rollenerwartungen der Beteiligten im Hilfesystem

In unserer heutigen Gesellschaft gewinnt der Einzelne seine soziale Bedeutung, indem er für deren Funktionsbereiche wie z. B. Wirtschaft (als Arbeitskraft oder Verbraucher), Gesundheitswesen (als Kranker), soziale Hilfe (als Sozialfall) von Relevanz ist. Insbesondere Menschen, die keine Arbeit mehr haben und aus familiären Bindungen herausfallen, machen die Erfahrung, dass sich außer in dieser Funktionalität niemand wirklich für sie als Person in ihrer Einzigartigkeit interessiert. Hilfs- und Beratungsdienste geben dann oft ersatzweise Menschen das Gefühl, als unverwechselbare Person und nicht nur in ihrer Funktionalität eine soziale Bedeutung zu haben. In den Kontakten geht es solchen „Hilfesuchenden" oft gar nicht um die Lösung von Problemen, sondern um Anerkennung und Geltung als unverwechselbare Person. [2]

Soziologen (Klauser 2003) verweisen unter den Stichworten „Wertewandel", „Individualisierung" und „Patchworkbiographien" darauf, dass die Selbstständigkeit und die eigenverantwortliche Entscheidung über das eigene Leben die zentralen gesellschaftlichen Werte geworden seien. Weitgehend herausgelöst aus verlässlichen Bindungen zur Familie, zum Arbeitsplatz, zu festen Gruppen und Gemeinschaften und ohne Rückgriff auf vorgegebene Lebensformen müsse jeder Einzelne immer wieder neu wählen, was und wohin er will. Die Folgen seien Verunsicherung und Ungewissheit bei gleichzeitigem Druck sich ständig neu zu orientieren.

Nach diesen Einschätzungen besteht massiver Verständigungs-, Orientierungs- und Anerkennungsbedarf. Niedrigschwellige Beratungsangebote und -telefone passen nahezu genial zu diesen Bedürfnislagen. Sie sehen sich neben ihrer Nutzung als Hilfen für Menschen in Krisen oder belastenden Lebenssituationen somit nun auch als Ansprechpartner wachsender Verständigungs-, Orientierungs-, Anerkennungs- und Geltungsbedürfnisse.

Diese Bedeutung konnte das Medium Telefon infolge rasanter technischer Veränderungen, seiner Verbreitung und der kostengünstigen Nutzung (Flatrates) erlangen. Diente es anfänglich als an Haushalte oder Dienststellen gebundenes teures Festnetztelefon hauptsächlich der schnellen Verständigung in Notfällen, wurde es als Mobiltelefon das zentrale Kommunikationsinstrument, welches jederzeit Gespräche mit Menschen an fast jedem Ort der Welt ermöglicht. Mittels Telefon kann Kommunikation sogar bei räumlicher Isolation, Krankheit und Gebrechen aufrechterhalten werden. Telefonieren kann auch als Dauerbegleitung genutzt werden, als stützende Kontaktmöglichkeit oder als Tagesstrukturierung. Die einfache, prinzipiell unbegrenzte und überdies billige Zugangsmöglichkeit

---

2 *dazu Fuchs, Peter (1997) Adressabilität als Grundbegriff der soziologischen Systemtheorie. zitiert in Blömeke 2007,56 und 117 ff.*

zu einem Helfer kann dazu verleiten, das Gespräch mit dem Beratungstelefon zur Gewohnheit werden zu lassen. Man kann sich davon abhängig machen wie von einem Suchtmittel oder es zur Aufrechterhaltung problematischer Lebensgestaltung nutzen.

Selbstreflexion

In welcher Situation würden Sie ein Beratungstelefon anrufen?
Bei welchem würden Sie anrufen?
Bei welchem nicht? Weshalb?
Was würden Sie sich erhoffen? Was würden Sie befürchten?

Hilfesuchende bei niedrigschwelligen Gesprächskontakten erwarten also nicht unbedingt „Beratung in Lebensfragen", „Seelsorge" oder „Fachberatung" von ihrem Gegenüber, auch wenn die Einrichtung ihr Hilfsangebot entsprechend versteht. Sie sehen insbesondere Beratungstelefone und Hotlines meist diffuser: Als „Erste Hilfe" in Krisensituationen, als „Letzte Hilfe" bei jahrelangen Psychiatriekarrieren, als „Freundschaftsersatz" bei Einsamkeit, als „Klagemauer" bei Enttäuschung und Frustration, als „Unterhaltungsangebot" bei Langeweile, als „Ratgeber" bei Unsicherheit und Veränderungswünschen, als „emotionale Wärmestube" bei Zuwendungsbedarf, als tägliche „Vitaminspritze" bei Leere und Depression, als „Auskunft" bei Informationsbedarf, als „Anleiter und Sinngeber" bei Desorientierung. Das Wie und Wozu des Helfens ist von den Hilfesuchenden wenig reflektiert. Es divergiert zudem von Fall zu Fall zu den Vorstellungen der Helfer. Verstehen diese ihr Gesprächsangebot als Hilfe zur Selbsthilfe, kollidiert dies möglicherweise mit dem Wunsch der Hilfesuchenden, Tipps oder Sofortlösungen zu bekommen. Auch als stützende Begleiter müssen Helfer zeitliche Grenzen achten und dabei u. U. Erwartungen der Hilfesuchenden enttäuschen. Sie müssen aufgrund der Fülle und Divergenz der ihnen entgegengebrachten Erwartungen ihre Rolle stetig neu und klar im Einklang mit ihren Werten und Möglichkeiten definieren. Sie müssen bildlich gesprochen wählen, welchen Kittel sie jeweils überziehen: Wann und wie sind sie Tröster, Ratgeber, Begleiter, Beistand, Feedbackgeber, Anreger für selbständige Lösungen? Wann und wie grenzen sie sich gegenüber einem Rollenmissbrauch ab? Was erwartet ihre Einrichtung, wer sie sein sollen? (mehr dazu in Kap. 7 und 8)

Übung

Bilden Sie Dreiergruppen. Person A schlüpft in die Rolle eines Hilfesuchenden. Sie nimmt durch Körperhaltung, Gestik und Mimik pantomimisch eine entsprechende Haltung ein, z. B. die Leidende, die im ihrem Leid verstanden werden möchte. Person A verharrt dann in der gefundenen Haltung. Person B nimmt mittels Körperhaltung, Nähe – Distanz, Gestik und Mimik die ihr dazu passend erscheinende Helferrolle ein und verharrt darin ebenfalls ohne zu sprechen. Person C beobachtet die Skulptur von der Außenposition.

Wie nehmen A und B sich selbst in der Beziehung wahr? Wie nehmen A und B einander wahr? Was nimmt C bei A und B und deren Beziehung zueinander wahr? Was würden A, B und C gerne an den Haltungen ändern? Welche Auswirkungen hätte das?
Wiederholen Sie die Übung mit anderen Rollen und Rollenerwartungen. ◂

Qualifikation, Motive und Erwartungen der Helfer

Die Berater werden meist in speziellen Ausbildungskursen der Einrichtungen auf ihren Dienst vorbereitet. Regelmäßige Fortbildungs- und Supervisionsangebote sind selbstverständliche Bestandteile der Qualitätssicherung. Die Helfer verfügen also in der Regel über einschlägige Basiskompetenz für Gesprächsführung. Für ihre beratende Tätigkeit bekommen sie, falls sie ehrenamtlich tätig sind, kein Geld oder nur eine geringe Aufwandsentschädigung. Für diese rein freiwillig Tätigen stellt sich dadurch die Frage der angemessenen Anerkennung ihres Einsatzes. Das Gehalt freiwilliger Tätigkeit ist der persönliche Gewinn. Dieser kann in der qualifizierten Aus- und Fortbildung, in der Kollegialität des Teams, in der Anerkennung durch die Leitung liegen oder im Erleben, etwas Sinnvolles zu tun und sich selbst durch die beratende Tätigkeit weiter zu qualifizieren.

Wird die Anerkennung in der helfenden Beziehung selbst gesucht, besteht die Gefahr, die fachlich nötige helfende Distanz gegenüber den Hilfesuchenden nicht durchzuhalten. Das Gespräch kann dann womöglich eher der unreflektierten Befriedigung der Macht- und Selbstbestätigungsbedürfnisse der Helfenden dienen: Man braucht „Erfolgserlebnisse“ durch „gelungene“ Gespräche. Meist sollen sich Hilfesuchende dann den Lebensvorstellungen der Berater anpassen und sich entsprechend ändern.

Berater, die solchermaßen auf Anerkennung durch Hilfesuchende aus sind, laufen Gefahr, deren Rückmeldungen über das Gespräch (z. B. *„Sie haben mir sehr geholfen“*) vorschnell als Erfolg zu interpretieren, ohne diese aus kritischer Distanz gemeinsam zu reflektieren und zu prüfen. Oder sie machen bei fehlendem „Erfolg“ die „Unwilligkeit“ oder „Unfähigkeit“ der Hilfesuchenden dafür verantwortlich, meist um sich selbst vor Versagensgefühlen zu schützen. Wer Anerkennung in der Beratung selbst sucht, läuft überdies Gefahr, Grenzen der eigenen Beratungsmöglichkeiten und -kompetenzen auszublenden, Hinweise auf andere Hilfsmöglichkeiten zu wenig zu nutzen und Hilfesuchende an die eigene Person zu binden. Manchmal kehren sich dann die Rollen um: Hilfesuchende glauben sich um die Helfer kümmern und sorgen zu müssen. Dazu bieten sie ihnen Erfolgserlebnisse an, verschweigen oder verharmlosen eigene Belastungen, um die Beziehung zu erhalten. Berater andererseits lassen Hilfesuchende wie einen Freund an eigenen Lebensgeschichten anteilnehmen, ohne die Auswirkungen davon zu reflektieren.

Persönliche Nähe und fachgerechte Distanz sollten eine ausgewogene Balance bilden. Beratungskompetenz bedeutet auch, um die eigenen Grenzen zu wissen und sie einzuhalten. Berater müssen ihre eigenen Motive und Erwartungen an das Gespräch stets reflektieren und zu den Erwartungen der Hilfesuchenden in Beziehung setzen.
Hilfreich dazu sind folgende Fragen, die man sich jederzeit auch während eines Beratungsgesprächs selbst stellen kann:
Wer will was mit Hilfe des Gesprächs? Wozu? Von wem?

Besonderheiten bei Telefonberatungsgesprächen

Gesprächssetting

- Sofortige und unmittelbare Erreichbarkeit
- Gespräch i. d. R. ohne Vorbereitung und Vorinformation
- Situation, in der das Gespräch mit dem jeweils anderen stattfindet, für beide Gesprächspartner nicht bekannt
- Multitasking möglich
- Auf das Hören begrenzte Sinneswahrnehmung ermöglicht fiktive Szenarien – Situation wird stark imaginiert
- Brüchigkeit und Flüchtigkeit des Kontaktes – Gespräch kann jederzeit unterbrochen werden
- Rahmenbedingungen wie Zeitpunkt, Ort, Dauer, Häufigkeit in der Regel von den Gesprächspartnern nicht definiert – diese müssen jeweils neu festgelegt werden

Beratungssystem

- Gesprächsbeziehung (Anliegen, Erwartung, Rollenverständnis etc.) meist vielfältig und nicht klar definiert
- Kontrollmöglichkeiten durch die Beratenden begrenzt
- Hilfsmöglichkeiten durch die Beratenden begrenzt
- Gespräch findet teilweise in der aktuellen Problemsituation statt – Problemaktualisierung findet bereits statt
- Gesprächserwartungen und -ziele in der Regel unklar
- Komplexes Problempaket bei begrenzten Möglichkeiten erfordert Fokussierung auf das *Hier und Jetzt* Erforderliche und Machbare
- Feedback und mögliche Wirkung des Gesprächs nur im *Hier und Jetzt* erkennbar – dies muss durch Metakommunikation vorweggenommen werden
- Strukturierung des Gesprächs durch Metakommunikation über Zeitrahmen, aktuelle Situation und die damit zusammenhängenden Aufträge und Gesprächsziele nötig

2. Kapitel

Unsere Navigationskarten

Zentrale Grundsätze und Methoden systemisch-ressourcen-orientierter Gesprächsführung

Ressourcenorientierte Gesprächsführung, wie wir sie hier darstellen, basiert auf der Systemtheorie. Zum besseren Verständnis unserer Vorgehensweise möchten wir daher einige zentrale Grundsätze und Begriffe dieses komplexen Weltbildes darstellen.

Systemisch vernetzt denken

Man kann mit System alle Vorgänge beschreiben, bei dem einzelne Teile miteinander interagieren und eine Einheit bilden. Man betrachtet dabei einzelne Ereignisse oder Handlungen vernetzt in einem wechselseitig ausbalancierten Wirkungs- bzw. Beziehungszusammenhang, der nach bestimmten Regeln abläuft und ein von seiner Umwelt abgrenzbares Ganzes bildet. Wichtig für das Verstehen sozialer Wirklichkeit ist die Unterscheidung von technischen Systemen (z.B. Maschinen, Computerprogramme) von lebenden Systemen (z.B. Organismen, soziale Systeme).

Im Beratungshandeln haben wir es mit lebenden Systemen zu tun – den Kommunikationssystemen, den psychischen (Bewusstseins-) Systemen und den körperbezogenen Systemen der beteiligten Personen. **Kommunikationssysteme** sind die sozialen Beziehungssysteme der Hilfesuchenden (wie Familie, Paarbeziehung, Schule, Arbeitsteam), das Beratungssystem selbst und das Organisationssystem der Einrichtung. Mit **psychischen Systemen** sind die psychischen Denk- und Fühlprozesse der Einzelnen gemeint. **Körperbezogene Systeme** sind z.B. die sensorischen, motorischen, neurophysiologischen Systeme des menschlichen Organismus. All diese Systeme sind miteinander verkoppelt. Ein System wirkt dabei auf ein anderes wie eine Umwelt, d.h. es wirkt auf ein anderes als Ganzheit ein, nicht isoliert auf dessen einzelne Teile, so wie das Wetter sich auf einen Baum als Ganzes auswirkt und nicht nur isoliert auf seine Einzelteile.

Während man technische Systeme von außen steuern kann, ist das bei lebenden Systemen nicht möglich. Lebende Systeme sind sich selbst organisierende Funktionseinheiten. Sie verändern sich im Kontakt mit ihrer Umwelt ständig selbst und passen sich immer neu an. Man sagt, sie seien dabei in einem Fließgleichgewicht. Neue Informationen von außen werden in das bereits Vorhandene nach den Regeln des jeweiligen Systems eingebaut und verarbeitet. Man kann lebende Systeme zwar in ihrer Entwicklung behindern oder gar zerstören, man kann sie aber nicht direkt in eine erwünschte Richtung beeinflussen, da sie jeweils unverfügbar nach ihren eigenen Regeln funktionieren. Es gibt keinen „Knopfdruck“, mit dem man sie steuern könnte.

Diese Erkenntnis hat weit reichende Bedeutung für die Beeinflussungsmöglichkeiten anderer Menschen: Man kann das Bewusstsein und das Verhalten eines anderen Menschen nicht in eine bestimmte Richtung lenken. Man kann es zwar jemandem schwer machen, an Drogen zu kommen, man kann jedoch niemanden direkt dazu bewegen, auf Drogenkonsum zu verzichten. Die Reaktionen auf Beeinflussungsversuche sind nie genau vorhersagbar. Das bedeutet für die Kommunikation: Nicht der Sender, sondern der Empfänger bestimmt die Bedeutung einer Nachricht. Ein Lob durch den Berater kann beim Hilfesuchenden z. B. auf Unverständnis oder gar auf Zurückweisung stoßen, anstatt ihn wie beabsichtigt aufzubauen. Dann verarbeitet er die neue Information – das Lob – nach seinen eigenen Regeln, z. B. „Wer mich lobt, der will mich nur stark sehen und mein Leid nicht anhören“. Man ist bei einer Interaktion also immer nur verantwortlich für das, was man selbst sagt und wie man es sagt. Wie es beim Gegenüber ankommt, hängt von diesem letztlich selbst ab.

Die sozialen Beziehungssysteme der Hilfesuchenden

In unserer Alltagssprache reden wir häufig so, als ob bestimmte Verhaltensweisen wesensmäßig zu einer Person gehörten. Wir belegen das Verhalten der Person dann mit einem Etikett oder schreiben der Person eine Eigenschaft zu und tun dabei so, als ob man dies beobachten könne. So sagen Eltern z. B. über ein von ihnen als unangepasst erlebtes Kind, es *sei* unartig, frech oder aggressiv oder es *habe* eine Verhaltens- oder Beziehungsstörung. Eine „Verhaltensstörung“ oder „Aggressivität“ aber können wir nicht beobachten. Wir beobachten bei dem Kind lediglich bestimmte Gebärden und Äußerungen wie Brüllen, Schlagen, Wegrennen. Diese Verhaltensweisen können in ihrer Intensität oder Häufigkeit auch variieren, je nach Situation und Gegenwart anderer Personen aus dem Beziehungsumfeld. Fachärzte können darüber hinaus manchmal auch neurophysiologische Veränderungen feststellen, z. B. erhöhtes Erregungspotential. Wenn bestimmte körperliche und Verhaltensäußerungen zusammen gehäuft und über eine längere Zeit stabil auftreten, sprechen Fachleute dann meist von Symptomen einer Verhaltensstörung, -auffälligkeit oder -besonderheit. Diese unterschiedlichen Etiketten für ein und dasselbe Erscheinungsbild zeigen bereits mögliche unterschiedliche Bewertungen des Verhaltens (z. B. in den Kategorien normal – gestört, krankhaft – gesund, gut – böse, unauffällig – auffällig) und unterschiedliche Erklärungsansätze durch die beobachtenden Personen. Erklärungen können reichen von „genetisch bedingt“ über „schlecht erzogen“ oder „Entwicklungsdefizit“ bis zu der Annahme, dass die „Aggressivität“ ein „Zeichen für einen Problemlösungsversuch“ des Kindes in einer bestimmten Situation darstelle. Je nachdem, ob man das Verhalten des Kindes mit dem Etikett „ungezogen", „gestört", „defizitär", „leicht erregbar" oder „auffällig" belegt und wie man die Symptome bewertet und erklärt, wird man unterschiedlich mit dem Kind umgehen und dabei auch seine Aufmerksamkeit auf verschiedene Dinge richten. Wenn das Kind z. B. als „ungezogen" tituliert wird, wird man eher strafend reagieren. Wenn man von einer „Störung" oder einem „Defizit" ausgeht, wird man nach Fehlern in der Erziehung oder Kindesentwicklung suchen. Wenn man von einer Verhaltensauffälligkeit oder gar -besonderheit ausgeht, wird man eher nach der zu lösenden momentanen Problemkonstellation und dem Anliegen des Kindes in dieser Situation suchen. Das Kind und seine Bezugspersonen werden darauf, wie andere jeweils auf „das Problem" reagieren, wiederum unterschiedlich reagieren. Je nachdem also, wie man das Verhalten des Kindes beschreibt, bewertet und erklärt und worauf man seine Aufmerksamkeit richtet, schafft man automatisch eine jeweils andere soziale Wirklichkeit in der Beziehung zu dem Kind und seinen Mitmenschen.

Aus diesem Beispiel ist leicht zu ersehen, dass Menschen bei ihren Beobachtungen den Ereignissen mittels ihrer Sprache immer schon bestimmte Bedeutungen geben. Sie verwenden in ihren Gedanken und Äußerungen bestimmte sozial vorgegebene Beschreibungen, Bewertungen und Erklärungen. Jede Beobachtung ist zugleich eine Beziehungsaussage. Der Beobachter – in unserem Beispiel etwa ein Elternteil – nimmt dem Beobachteten gegenüber – dem Kind – eine bestimmte Beziehung ein. Mutter bzw. Vater deuten dessen Verhalten als ungezogen und versuchen es durch Strafen zu kontrollieren. Dadurch schaffen sie eine bestimmte soziale Wirklichkeit, die in der Regel den Widerstand des Kindes hervorruft, was wiederum ihre Vorstellung stärkt, es *sei* ungezogen oder gestört.

Wenn wir systemisch denken, gehen wir davon aus, dass alles, was Menschen erleben oder tun, immer in bestimmten sozialen Zusammenhängen geschieht – in ihrer Familie, in der Schule, in einer bestimmten Klasse, in der Firma mit bestimmten Kollegen, in einer Gruppe, in der Beratungsbeziehung etc. Alle Äußerungen und Verhaltensweisen finden in diesen Zusammenhängen statt und wirken sich darin aus. Sie beeinflussen die Balance des Systems, die Reaktionen der anderen. Wenn man von dieser Sichtweise aus ein Verhalten beschreibt, macht man keine Problemzuschreibungen wie: Die Person *ist* problematisch, krankhaft, Ursache für ein Problem oder *hat* ein Problem. Man macht stattdessen situationsbezogene Beziehungsaussagen und beschreibt dies so: Die Person *zeigt* in bestimmten Situationen bestimmte Verhaltensweisen, die von ihr selbst und/oder anderen als problematisch, krankhaft oder Ursache für ein Problem beschrieben werden, was wiederum zu bestimmten Schlussfolgerungen führt und entsprechende Kommunikations- bzw. Interaktionsmuster erzeugt. So entsteht eine bestimmte soziale Wirklichkeit. Jeder Interaktionspartner hat danach immer die Entscheidungsfreiheit, auch anders zu denken und sich anders zu verhalten. In der Beratung geht es dann nicht darum, die „richtigen" Beschreibungen, Bewertungen oder Erklärungen für das problematisch erlebte Verhalten zu finden, weil es diese nicht gibt.

Stattdessen versucht man, die Beschreibungen, Bewertungen und Erklärungen der beteiligten Personen zu erweitern und dadurch eine neue Kommunikation unter den Beteiligten zu erzeugen, die Lösungen ermöglicht.

Fallbeispiel „Gestörtes Kind"

Ein Kind wird von seinen Eltern als „gestört" beschrieben. Sie bringen es in eine Beratungsstelle, damit es dort therapiert wird. Von der Beraterin wird sein Verhalten dagegen so beschrieben: Das Kind zeigt in bestimmten Situationen in Anwesenheit bestimmter Personen (z. B. wenn es beim Opa zu Besuch war oder wenn es dem Opa einen Kuss geben soll) bestimmte Verhaltensweisen (z. B. verweigert sich, macht Spielzeuge kaputt, tobt), welches seine Eltern mit den Etiketten „unartig", „tobsüchtig", oder „gestört" belegen. Die Beraterin fragt nach Zusammenhängen: Wo, wann, wem gegenüber und wie tritt das beklagte Verhalten auf? Wo, wann und wem gegenüber tritt es nicht auf? Was könnte das bedeuten? Wie wirkt sich die Etikettierung durch die Eltern auf das Kind und sein Umfeld aus? Wie reagieren sie auf das Kind? Wie könnte man das Verhalten des Kindes noch benennen, erklären (z. B. es fühlt sich bedroht und macht auf sich aufmerksam) und bewerten (z. B. als Zeichen für das Bedürfnis nach Schutz gegen eine Bedrohung)? Welche Auswirkungen hätte es für das Kind, wenn man sein Verhalten anders etikettieren, wenn man anders mit ihm umgehen würde? Mit solchen Fragen stellt sie das Ereignis in einen systemischen Zusammenhang, hier den des Familiensystems.

Stellen Sie sich vor, das Kind ruft ein Sorgentelefon an, nachdem es wieder einmal wegen „Unartigkeit" gemaßregelt worden ist. Vielleicht vermutet die Beraterin, dass die Symptome des Kindes auf sexuelle Übergriffe durch den Opa hinweisen. Wenn sie deshalb dem Kind rät, den Opa zu meiden oder gar das Jugendamt einzuschalten, könnte das Kind in einen Konflikt geraten: Wie soll es dem Opa (und den Eltern) gegenüber begründen, dass es nicht mehr zum Opa will? Wie würden die Eltern auf das Einschalten des Jugendamts reagieren? Würde das Kind als „Nestbeschmutzer" da stehen oder würde es in seiner Familie Unterstützung bekommen, wenn es offen über sexuelle Übergriffe spricht? All das muss im Gespräch bedacht werden. Man muss also immer die Auswirkungen von Veränderungen in den jeweiligen Beziehungssystemen der Betroffenen zusammen mit ihnen bedenken.

Das Bewusstseinssystem oder die „innere Landkarte"

Bleiben wir bei dem Beispiel. Wenn ein Kind immer wieder gesagt bekommt, es sei „böse", „unartig" oder „schuld", wenn es einem Familienmitglied schlecht geht, und dabei entsprechende Konsequenzen erfährt (Liebesentzug etc.), wird es, wenn es sich gegen etwas offen wehrt, dies wahrscheinlich selbst mit dem Etikett „unartig" verknüpfen, dann vielleicht sogar seine ganze Person als wesenhaft „unartig" oder „böse" bewerten. Es wird seine Aufmerksamkeit darauf ausrichten, ob es „bö-

se“ oder „brav“ (angepasst) ist. Es wird vielleicht Befürchtungen entwickeln, aus der Familie ausgeschlossen zu werden, wenn es nicht „brav“ ist, und sich entsprechend verhalten, um dies zu vermeiden. Es wird aversive Gefühlsregungen wahrscheinlich unterdrücken und verleugnen. Das Kind wird in der Interaktion mit seiner Umwelt also bestimmte Muster des Denkens und Verhaltens entwickeln (z. B. Kritik oder Zurückweisung anderer als Liebesentzug wahrnehmen, eigenständiges Verhalten und unangepasste Gefühle vermeiden und verleugnen, sich in Beziehungen möglichst angepasst verhalten), um der befürchteten Gefahr zu entgehen, ausgeschlossen zu werden. Diese ursprünglich das Überleben sichernden Muster werden allmählich automatisiert ablaufen, sich auch auf andere Situationen übertragen und sich verselbständigen. Das Kind wird vielleicht ein generalisiertes Selbstbild von sich entwickeln, es sei böse, schmutzig oder schlecht, wenn es bestimmte Dinge tut. So entwickelt sich sein Bewusstseinssystem, seine „innere Landkarte“, sein Weltbild. Mit Hilfe dieser inneren Landkarte findet sich das Kind intuitiv in seiner Welt zurecht. Es wird die „bewährten“ Verhaltensmuster verallgemeinern und diese werden ihm auch später als Erwachsenem unbewusst Orientierung geben.
So entwerfen wir alle anhand von Lebenserfahrungen von der Welt unsere individuelle innere Landkarte, an der wir uns orientieren. Wir lernen, Ereignissen bestimmte Bedeutungen zu geben (Namen, Erklärungen, Bewertungen), ziehen daraus Schlussfolgerungen und engen unsere Aufmerksamkeit und Umgangsweisen damit ein.

Bausteine der inneren Landkarte

(nach einer Seminarvorlage von G. Schmidt)

1. Wir verwenden bestimmte Namen und Beschreibungen, Erklärungen, Bewertungen (z. B. gut – böse, richtig – falsch, normal – unnormal, defizitär oder krankhaft – gesund) oder wir empfinden bestimmte Gefühle und Körperreaktionen als unsere spontanen Bewertungen.
2. Wir ziehen bestimmte Schlussfolgerungen (wenn – dann), machen Verallgemeinerungen („immer“, „nie“ etc.) oder Zuschreibungen (der ist wie ...).
3. Wir richten unsere Aufmerksamkeit auf eine bestimmte Weise aus und engen sie dadurch ein (z. B. Katastrophenvorstellungen, Defizitorientierung, Ohnmachtsgefühle).
4. Wir reagieren mit Lösungsversuchen nach gelernten Mustern (z. B. Mehr desselben tun, Flüchten, Nichtstun, Kämpfen)
5. Die dabei gemachten Erfahrungen wirken wiederum auf unsere innere Landkarte zurück.

Die innere Landkarte ist zwangsläufig eine reduzierte, generalisierte und verzerrte Sicht der Realität, so wie auch eine normale Landkarte die Realität reduziert und nur nach bestimmten Gesichtspunkten abbildet. Landkarten sollen helfen, sich in einer Landschaft zurechtzufinden. Dafür braucht es nur bestimmte Informationen. Manchmal aber reichen die vorhandenen Informationen auf der Landkarte nicht aus oder sind veraltet, so dass wir in die Irre gehen. Ähnlich ist es bei unseren inneren Landkarten. Sie helfen uns, uns mit bestimmten Gefühlen und Gedanken schnell in der Welt zurechtzufinden. Sie sind insofern nützlich, da wir uns nicht immer wieder jedes Mal neu entscheiden müssen, wie wir etwas bewerten und wie wir uns am besten verhalten. Die verinnerlichten und oftmals unwillkürlichen Reaktionsweisen geben in der Regel Orientierung und Sicherheit. Innere Landkarten können aber zum Problem werden, wenn sie zu starr sind, wenn Informationen fehlen oder die Angaben zu grob sind, wenn die gewohnten Verhaltensmuster nicht mehr zum gewünschten Ziel führen, wenn wir in eine völlig andere Situation kommen, zu der das bisher Bewährte nicht mehr passt, wenn sich durch das gewohnte Verhalten mehr verschlimmert als verbessert.

▸ Übung

Reflektieren Sie für sich oder in einer Kleingruppe das

Fallbeispiel „Der betrügerische Sohn"

Eine Alleinerziehende mit 13-jährigem Sohn klagt in einem Gespräch darüber, dass ihr Sohn sie betrogen habe. Er habe in der Schule eine 5 geschrieben. Der Lehrer habe die Unterschrift der Mutter darüber zur Kenntnisnahme verlangt. Der Sohn habe ihre Unterschrift gefälscht. Der Schwindel sei aufgeflogen. Der Lehrer habe sich besorgt über die Unterschriftsfälschung gezeigt und die Mutter benachrichtigt. Sie sei nun maßlos enttäuscht von ihrem Sohn, mit dem sie bislang ein gutes Vertrauensverhältnis gehabt habe. Das Verhältnis sei gestört. Sie meint ihr Sohn sei ein Betrüger so wie der von ihr getrennt lebende Vater des Kindes, dem sie auch nicht traue. Die Trennung von ihm sei erst einige Monate her. Die vorhergehenden z. T. gewalttätigen Auseinandersetzungen mit ihm seien für sie und ihren Sohn sehr ängstigend und anstrengend gewesen. Sie glaubt, sie müsse ihren Sohn nun strenger beaufsichtigen und kontrollieren und möchte darüber die Meinung der Beraterin wissen.

- Welche Hypothesen haben Sie zum Verhalten des Sohnes?
- Wie würden Sie aufgrund Ihrer Hypothesen das Verhalten des Sohnes beschreiben?
- Welche Schlussfolgerungen würden Sie daraus ziehen, was von der Mutter getan werden sollte? ◂

Die Fortführung dieses Fallbeispiels finden sie auf S. 41. Es zeigt, dass Menschen durch ihre inneren Landkarten ihre soziale Wirklichkeit erzeugen, indem sie ihren Landkarten entsprechend kommunizieren.

Innere Landkarte des Problemerlebens und -verhaltens

(nach Ideen von Schmidt, 2005; Schweitzer und von Schlippe, 1998)

Probleme bestehen nicht objektiv. Sie werden selbsthypnotisch in einem Wechselwirkungsprozess von negativen Bedeutungsgebungen und Wahrnehmungseinengungen geschaffen.

Damit aus der Beobachtung eines Ereignisses ein Problem wird, ist folgendes nötig oder förderlich:

1. Ein Ereignis wird von einer oder mehreren Personen in den Mittelpunkt gerückt und isoliert betrachtet, während anderes in den Hintergrund tritt (z. B. „Bei dem ändert sich nichts", „Der ist ein Daueranrufer", „Ich kann mich beim Essen nicht beherrschen").

2. Das Ereignis wird mindestens von einer Person negativ beschrieben und gefühlsmäßig als unangenehm oder sprachlich als unerwünscht bewertet (z. B. als krankhaft, unmoralisch, defizitär, unnormal, Unwilligkeit).

3. Zumindest von einer Person muss es als prinzipiell veränderbar angesehen werden. Man muss also eine Veränderungsvision haben, die vom Ist-Zustand abweicht. Darüber und über die Veränderbarkeit gibt es meist unterschiedliche Auffassungen der Beteiligten („Er könnte es ändern, wenn er nur wollte" vs. „Ich bin eben so").

4. Häufig wird es mit Erklärungen verbunden, dass einzelne oder Gruppen (z. B. die Ehefrau, die vernachlässigende Mutter, die Firma, die Gesellschaft) oder unveränderbare Ereignisse der Vergangenheit (z. B. die Vernachlässigung in der Kindheit) daran schuld seien, oder dass nur Dritte (z. B. der Partner) etwas ändern könnten.

5. Bereits unternommene Lösungsversuche stoßen auf Blockaden und führen nicht zum gewünschten Ziel. Dennoch hält man an den vorgestellten Zielen fest und setzt die Lösungsversuche fort. Die Lösungsversuche (mehr desselben tun) stabilisieren oder erweitern das Problem.

6. Aufgrund der problemstabilisierenden Interaktionen zieht man generalisierende Schlussfolgerungen (z. B. „alle sind gegen mich", „mir ist nicht zu helfen"), engt seinen Wahrnehmungsfokus weiter ein durch abwertende Erklärungsmuster und Zuschreibungen (z. B. „ich bin halt unfähig", „der ist schwer gestört"), und entwickelt negative Zukunftsvisionen.

Kommunikation, soziale Wirklichkeit und innere Landkarte sind in einem permanenten Wechselwirkungsprozess zu sehen. Wenn ich der Meinung bin, dass ich nicht allein sein kann, werde ich wahrscheinlich immer wieder Partner suchen, an die ich mich anlehnen kann. Wenn ich glaube, nur eine Last zu sein, werde ich mich wahrscheinlich aus Beziehungen resignierend zurückziehen. Wenn im Fallbeispiel „Der betrügerische Sohn“ die Mutter ihre bisherige Sichtweise aufrechterhält, wird sie versuchen, mehr Kontrolle über ihn zu bekommen und damit möglicherweise ungewollt die bisherige vertrauensvolle Beziehung gefährden.

Im Kommunikationsprozess nehmen wir die Äußerungen der anderen immer nur mit unserer eigenen inneren Landkarte wahr. Wir hören jeweils nur, was zu unserer inneren Landkarte passt. Wir können die inneren Landkarten anderer, also deren Gefühle und Gedanken, niemals direkt verstehen – wir können nur an die Erzählungen anderer mit unseren eigenen Landkarten, unseren Bewertungen, Gefühlen und Gedanken anschließen, diese mit unserem Verständnis abgleichen und unsere Landkarten dabei gegenseitig erweitern. Wenn ein Kind anruft und eine Situation schildert, die uns an sexuelle Gewalt denken lässt, werden wir automatisch unsere individuellen spezifischen inneren Bilder vor uns haben: Bestimmte Gefühle, Körperreaktionen und Impulse stellen sich ein, die uns einladen, uns möglicherweise zu solidarisieren (gegen den „bösen“ Opa, die „unverständige“ Mutter) oder selbst mit Verlassenheitsängsten oder gar Panik zu reagieren, je nachdem, welche innere Landkarte wir in unserem Leben entwickelt haben. Dies hat Auswirkungen auf unser Gesprächsverhalten.

Das Beratungssystem

Durch die Art und Weise, wie Berater kommunizieren, also wie sie etwas benennen, deuten, bewerten und erklären, und wie sie sich dementsprechend im Gespräch verhalten, entsteht eine bestimmte soziale Wirklichkeit in der Beratungssituation. Deren Kommunikations- und Interaktionsmuster nennt man das Beratungssystem. Wenn die Telefonberaterin im Fallbeispiel „Gestörtes Kind“ denkt, hier könnten sexuelle Übergriffe eine Rolle spielen, wird sie sich anders verhalten, als wenn sie dem Kind Überempfindlichkeit unterstellt. Sie könnte sich in dem einen Fall mit dem Kind gegen den Opa und evtl. auch die Eltern solidarisieren oder im anderen Fall dem Kind zur Anpassung raten. Sie wird vielleicht jedes Mal noch die eigenen Verlassenheitsängste spüren, wenn ein Kind anruft, bei dem sie sexuellen Missbrauch vermutet. Vielleicht wird auch die Erinnerung an eigene erlebte Übergriffe wach, wenn sie so etwas selbst erlebt hat. Wenn sie ihre innere Landkarte reflektiert hat, wird sie das, was sie erlebte, nicht auf die Beratungssituation übertragen. Sie wird trotz Empathie fachliche Distanz halten können. Wenn sie Beratung als auftragsorientierte Kooperation zweier gleichberechtigter Partner versteht, wird sie keine Interessen verfolgen, die nur aus ihrer eigenen inneren Landkarte resultieren (z. B. das Kind ohne dessen Beauftragung möglichst schnell aus dieser Situation zu retten), sondern nach Lösungen suchen, die zur Situation des Kindes am besten passen.

Berater sind also nach systemischem Verständnis im Beratungsgespräch nie objektiv und unabhängig. Sie sind immer Interaktionspartner im Beratungssystem und fördern bewusst oder unbewusst immer bestimmte Kommunikations- und Interaktionsmuster. „Ich sitze nie auf der Tribüne, sondern spiele immer mit." (Simon 1999, über seine Position als Berater). Es kommt zentral auf ihre inneren Landkarten, ihre Sichtweisen des Problems und ihre Ideen an, was mit Hilfe der Beratung erreicht wird.

▸ Übung

Bilden Sie zwei Kleingruppen für ein Rollenspiel mit je einem Hilfesuchenden und einem Berater. Die „Hilfesuchenden" bekommen vom Gruppenleiter ohne Wissen der anderen die Anweisung, dass sie keinen Hilfesuchenden mit einem bestimmten Problem spielen, sondern dass sie ihr „Problem" als Reaktion auf den Berater ganz spontan während des Gesprächs entwickeln sollen, je nachdem, wie ihr Berater sich verhält.

Gruppe 1 bekommt ohne Wissen der anderen und ihres „Hilfesuchenden" die Information, es handele sich bei *diesem* um einen „schwierigen Fall". Gruppe 2 bekommt entsprechend die Information, es handele sich bei ihrem „Hilfesuchenden" um einen „einfachen Fall". Keine Gruppe weiß von der Information an die jeweils andere. Die „Hilfesuchenden " wissen auch nicht, welche Information die Gruppen haben.

Spielen Sie das Rollenspiel maximal 10 Minuten in den getrennten Gruppen. Jede Gruppe bildet danach in Abwesenheit der „Hilfesuchenden" Hypothesen darüber, was Problem und Anliegen dieser Person sein könnte und bewertet das Gespräch.

Danach kommen die Gruppen wieder ins Plenum zusammen. Werten Sie die Hypothesen und die beiden Gespräche gemeinsam aus und verraten Sie erst zum Schluss die Anweisung an die „Hilfesuchenden".

Diese Übung kann verblüffend deutlich machen, wie Vorannahmen die Kommunikation beeinflussen und soziale Wirklichkeiten erzeugen. ◂

Das Organisationssystem der Einrichtung

Berater arbeiten nicht als Privatperson, sondern als Mitglied einer helfenden Einrichtung in einer bestimmten Rolle. Sie unterliegen den Regeln der Einrichtung, müssen sich an deren Werten orientieren, geschriebenen wie ungeschriebenen. Telefonseelsorger z. B. können nicht einfach ihren Platz verlassen und sich mit Hilfesuchenden treffen. Manche Maßnahmen können sie nicht einfach ohne Rücksprache treffen, etwa die Polizei oder ein Jugendamt einschalten.

Jede Einrichtung hat ihre Beratungskultur, z. B. keinen Rat zu geben oder möglichst keine Fragen zu stellen. Vielleicht gibt es Regeln, mit bestimmten Hilfesuchenden nur zu bestimmten Zeiten (z. B. nicht nachts) zu sprechen, ihre Gesprächszeit zu begrenzen o. ä. All das hat Auswirkungen auf das Gespräch, ob es den Beratern bewusst ist oder nicht.

Übung

Stellen Sie sich eine für Sie schwierige Gesprächssituation vor. Finden Sie dazu eine typische Schlüsselszene oder Äußerung des Hilfesuchenden.

Reflektieren Sie zunächst Ihre innere Landkarte:
- Wie reagieren Sie darauf (Körperhaltung, Gefühle, Impulse, innere Bilder)?
- Wie würden Sie sich dementsprechend verhalten und wie würde sich das auf das Gespräch auswirken?

Reflektieren Sie die expliziten und impliziten Regeln und Normen Ihrer Einrichtung, wie man sich in so einer Gesprächssituation verhalten sollte:
- Welche Auswirkungen haben diese Regeln darauf, wie das Gespräch verläuft?
- Wie bewerten Sie das?

Wirkungsanalyse statt Ursachenanalyse betreiben

Wie Sie aus den Beispielen ersehen konnten, entwickelt sich menschliches Erleben und Verhalten äußerst komplex. Eine Reaktion bedingt die andere, es gibt komplizierte Wechselwirkungen, man kann nicht einmal vorhersagen, ob dieselbe Person auf ein und dasselbe Ereignis jedes Mal gleich reagieren wird. Manche Verhaltensmuster mögen irgendwo und irgendwann einen Anfang genommen haben, haben sich aber längst verselbständigt, sind zur Gewohnheit geworden, ohne noch einen Bezug zum Anfangserlebnis zu haben. Sich ständig wiederholende Erlebens- und Verhaltensmuster haben in unserem Gehirn ein spezifisches Netzwerk von Neuronen gebildet, das in bestimmten Situationen automatisch aktiviert wird. Unser Gehirn funktioniert dabei wie eine Vorhersagemaschine: Wir reagieren auf bestimmte Situationen, weil unser Gehirn annimmt, dass zukünftig das oder jenes passieren wird. Beim systemischen Arbeiten geht es daher darum, solche Fixierungen von inneren Landkarten zu erweitern. Man fragt deshalb nicht vergangenheitsbezogen und Ursachen analysierend: *Warum ist etwas so?*, sondern zukunftsbezogen und Wirkungen analysierend: *Welche Auswirkungen hat etwas? Wie wirkt sich ein bestimmtes Denken oder Handeln vermutlich auf die sozialen Beziehungen aus? Wie reagiert wer darauf? Wie beschreibt man das Ereignis mit welchen Folgen? Welche Erklärungen wirken eher problemlösend, welche eher problemstabilisierend?*

Fortsetzung des Fallbeispiels „Der betrügerische Sohn" aus der Übung von S. 36

Nach einem kurzen Gespräch über die gegenwärtige Lebenssituation der alleinerziehenden Frau, die durch starke psychische Belastungen geprägt ist, fragt die Beraterin die Frau, welchen Sinn es machen könnte, dass ihr Sohn ihr gegenüber so tut, als ob in der Schule alles bestens wäre. In diesem Sinnzusammenhang entsteht für sie die Idee, dass ihr Sohn sie womöglich aktuell nicht zusätzlich belasten wolle. Mit dieser Hypothese wird aus dem betrügerischen Sohn für sie ein fürsorglicher Sohn, der glaubt, seine Mutter schonen zu müssen. Daraus entsteht die Schlussfolgerung, ihn nicht strenger kontrollieren und maßregeln zu müssen, sondern ihm stattdessen zu vermitteln, dass sie es schaffe, auch solche Belastungen wie die schlechten Schulnoten auszuhalten.

Im systemischen Weltbild geht es nicht darum, ob eine Erklärung wahr ist in dem Sinn, dass sie *die* Wirklichkeit abbildet, denn als Beobachter können wir nie die „wahre" Wirklichkeit abbilden. In der Beratung versucht man stattdessen, mit Hilfe von alternativen Beschreibungen, Bewertungen und Erklärungen eine Wirklichkeit entstehen zu lassen, die für die Beteiligten förderlich, befreiend und lösend wirkt. In diesem Sinn können selbst Dinge, die man sich einredet (als Selbstsuggestionen), Wirklichkeit verändern und wahr werden. Es reicht dabei schon aus, wenige oder nur einzelne Elemente der inneren Landkarte zu verändern, z. B.

- die Beschreibung oder Benennung des Problems
- die Erklärung des Problems
- die Bewertung des Problems
- die Schlussfolgerungen
- einzelne mit dem Problem verbundene Handlungen

Die Kraft der Selbstsuggestion

Verschiedene Therapieformen wie Autogenes Training, Hypnotherapie, narrative Therapieansätze oder die kognitive Verhaltenstherapie beschäftigen sich seit langem damit, wie die spezifische Ausrichtung von Aufmerksamkeit Erleben und Verhalten verändert. Diese Therapieformen nutzen gezielt die Kraft der Selbstsuggestionen. Auf der wirklichkeitsverändernden Kraft von Aufmerksamkeitsausrichtung basieren auch alle ressourcen- und lösungsorientierten Beratungsmethoden.

Wie Menschen sich erleben, bewerten und verhalten, hat mit der Ausrichtung ihrer Aufmerksamkeit zu tun. Man kann sagen, sie befinden sich permanent in einem Trancezustand. Unter Trance versteht man dabei im Unterschied zu herkömmlichen Vorstellungen jeden alltäglichen Erlebensprozess, bei dem unwillkürliches Erleben vorherrscht (Schmidt 2005, 19 ff.), bei dem wir in der Regel zunächst ohne bewusste Steuerung des Denkens reagieren. Man kann die Wahrnehmung überwiegend auf Belastendes, Bedrückendes richten. Das tut man z. B., wenn man sich in der Beratung hauptsächlich auf „das Problem" konzentriert. Das Hineinfragen und Hineinfühlen in das, was belastet oder nicht funktioniert („Mir geht es so schlecht." „Was hab ich falsch gemacht?") führt zu einer „Problemtrance", aktiviert die damit assoziierten Gehirnaktivitäten, nicht nur beim Hilfesuchenden, sondern auch beim Berater. Belastend erlebte Gefühle können dadurch geradezu belebt werden. Gefühle der Aussichtslosigkeit, der Lähmung können sich bei beiden einstellen. Forschungen der Neurophysiologie bestätigen, wie sich spezifische Wahrnehmungen und damit verbundene Erwartungen auf das Befinden auswirken (Schmidt 2005, Grawe 2004, Flor 2003). Testen Sie das einmal selbst mit folgendem Experiment:

Experiment zur Herstellung einer Problemtrance

(übernommen nach Ideen von G. Schmidt)

Machen Sie folgendes Gedankenexperiment:
Wenn ich ein unerwünschtes Erleben bei mir erzeugen wollte, das ich oder auch andere als „Problem" bezeichnen würden:

- Welche Situation müsste ich dafür aussuchen?
- Wie müsste ich diese Situation wahrnehmen und beschreiben?
- Welche Verhaltensweisen müsste ich an mir wahrnehmen?
- Welche Gedanken, Gefühle, Impulse wären damit verbunden? Wie würde ich diese bewerten? Wie würde ich mit meinen Impulsen und Reaktionen umgehen?
- Wie würde ich mir das Problem erklären?
- Welche Erwartungen müsste ich an mich stellen?
- Wie würde ich dabei atmen? Welche Körperhaltung einnehmen? Was körperlich bei mir wahrnehmen?
- Wie wäre mein inneres Raumerleben (eng, bedrängt, weit o. ä.)?
- Welche inneren „Filme" (z. B. Phantasien über Zukünftiges, was auf mich / andere zukommt, wie es weiter geht) müsste ich dafür einspielen und anschauen?

Man kann die Wahrnehmung aber auch auf positive Erfahrungen lenken: Man kann das „unter schwierigen Lebensbedingungen Geleistete" herausstellen und würdigen („Was hab' ich unwillkürlich schon richtig gemacht?"), sich mit Ausnahmen des Problems oder positiv besetzten Visionen beschäftigen etc. (dazu mehr in Kap. 9). Man weitet dadurch seine Aufmerksamkeit und damit auch seine innere Landkarte. Man imaginiert sich quasi in eine positivere Weltsicht, eine „Lösungstrance" hinein.

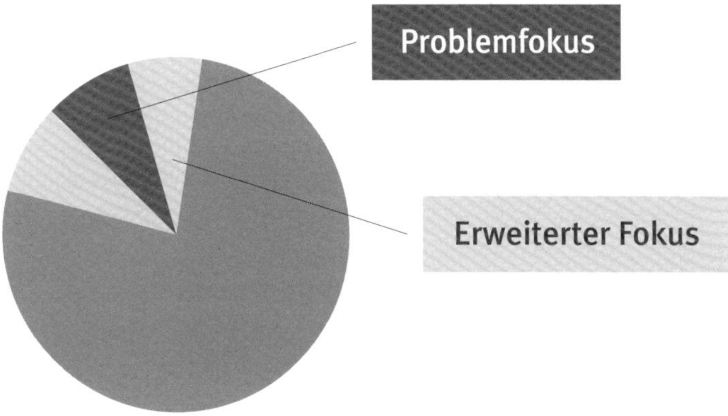

Weitung des Scheinwerferkegels der Aufmerksamkeit als Ergebnis ressourcenorientierten Arbeitens

Was bedeutet Ressourcenorientierung?

Unter Ressourcen versteht man sowohl innere als auch äußere Kräfte und Potentiale. Ressourcen können auch alle unterstützenden Rahmenbedingungen sein wie hilfreiche Personen im sozialen Netz, genügend Zeit oder Geld. Die Verfügbarkeit und Inanspruchnahme solcher unterstützender Faktoren kann für die Problembewältigung äußerst nützlich sein. Wenn wir hier von Ressourcen sprechen, denken wir jedoch in erster Linie an *innere Kraftquellen*.

Annahmen ressourcenorientierten Arbeitens

(nach de Jong und Kim Berg 2003, 33 f.)

1. Jede Person besitzt trotz aller Lebensbelastungen Ressourcen.
2. Das Entdecken von Ressourcen erfordert einen Prozess des gemeinsamen Erkundens von Helfern und Hilfesuchenden.
3. Durchgehende Betonung von Ressourcen erhöht die Bereitschaft zur Zusammenarbeit und die Motivation, etwas zu ändern

4. Die Ausrichtung der Aufmerksamkeit auf Ressourcen führt von der Versuchung weg, Menschen für ihre Schwierigkeiten zu verurteilen oder zu tadeln, und erhöht den Respekt dafür, was sie auch unter schwierigen Bedingungen gemeistert haben.
5. Bereits die Ausrichtung der Aufmerksamkeit auf Ressourcen fördert positive Veränderungsprozesse.
6. Selbst problematische Handlungen enthalten Ressourcen.

In der ressourcenorientierten Gesprächsführung geht es darum, den problembedingten „Tunnelblick“ zu weiten, indem man die Perspektiven wechselt und die Aufmerksamkeit gezielt auf mit positiven Empfindungen verbundene Erfahrungen lenkt, um diese für die Bewältigung der jeweiligen Herausforderungen zu nutzen. Zahlreiche Untersuchungen, insbesondere im Bereich der Placebo-Forschung belegen, wie die reine Vorstellungskraft verknüpft mit der Hoffnung auf positive Veränderung Selbstheilungskräfte (Potentiale) in Gang setzt (siehe dazu bereits GEO 10/Oktober 2003). Die Wirkkraft der Vorstellung ist dabei umso intensiver, je konkreter, bildhafter, anschaulicher man sich etwas vorstellt. Deshalb spricht man beim Fokussieren auf Ressourcen und erwünschte Vorstellungen der Hilfesuchenden eine konkrete und anschauliche Sprache oder redet in Metaphern (s. Kap. 9). Eine umfangreiche Problemanalyse wird als nicht nötig oder wegen ihrer zu einer Problemtrance einladenden Nebenwirkungen sogar als problematisch angesehen (Grawe, 2004,65 f.). Ressourcenorientierte Gesprächsführung hat zum Ziel, Sichtweisen zu fördern bzw. Suchprozesse in Gang zu setzen, welche für die Hilfesuchenden Sinn stiften (*„So habe ich das noch nicht gesehen.“*) und deren Selbstwertgefühl und Bewusstsein persönlicher Gestaltungsfähigkeit stärken (*„Ich hab' das Gefühl gehabt, selbst was kontrollieren zu können.“*), die sog. Selbstwirksamkeit, den wichtigsten Faktor zur Bewältigungskompetenz von Lebensbelastungen (Bandura 1977). Damit wird generell die Kompetenz zur eigenständigen Bewältigung von Lebensbelastungen (Resilienz) gefördert. Das gelingt durch ein wertschätzendes, kooperatives, sinnstiftendes und auf Kompetenzen achtendes Vorgehen.

▸ Übung „Am Problem vs. an positiven Erlebnissen orientierte Kommunikation“

Machen Sie folgendes Rollenspielexperiment: Führen Sie 5–10 Minuten lang mit einem Partner ein problemorientiertes Gespräch. Konzentrieren Sie sich als Berater auf das geschilderte Problem und die damit verbundenen Empfindungen und Bewertungen.
In den darauf folgenden 10–15 Minuten konzentrieren Sie sich ausschließlich auf positive Erlebnisse des Hilfesuchenden. Sprechen Sie möglichst anschaulich

über Zeiten, in denen das Problem nicht auftritt, über bereits vorhandene Bewältigungskompetenzen oder Lösungsvisionen.
Vergleichen Sie anschließend zusammen mit Ihrem Partner die Unterschiede der Gesprächsfokussierung und die damit verbundenen affektiven Reaktionen. ◀

Wenn Sie diese Übung gemacht haben, haben Sie vielleicht festgestellt, dass die überwiegende Orientierung an positiven Erlebnissen zwar Leichtigkeit in das Gespräch brachte, jedoch auch wieder an die Schwierigkeiten erinnert, entmutigt oder traurig gestimmt hat. Die ausschließliche Konzentration auf Positives kann auch das Gefühl bewirkt haben, der Andere nähme einen in seiner Lage, in seinem Leid nicht wirklich ernst. Nur positiv zu denken – sich etwa ausschließlich auf Lösungen zu konzentrieren – kann also auch zum Problem werden. Andererseits kann „über das Problem reden" nützlich sein, wenn es z. B. vom Hilfesuchenden als hilfreiches Mittel der Beziehungsgestaltung angesehen wird. Über sein Problem reden, über die Krankheiten, über die Gesellschaft klagen etc., das gibt oft Sicherheit, wenn man mit jemandem Kontakt aufnimmt. Wer leidet, fühlt sich häufig erst dann als Person gewürdigt, wenn man auch seiner schwierigen Lebenssituation genügend Aufmerksamkeit zukommen lässt. Positives oder lösungsorientiertes Reden ohne Berücksichtigung der inneren Landkarte der Hilfesuchenden und ohne Würdigung ihres Leidens kann also zum Problem werden. Und problemorientiertes Reden kann auch eine Ressource sein, wenn es der Würdigung der Hilfesuchenden und dem Aufbau einer lösungsförderlichen Kooperation dient.

Ressourcen gibt es nicht an sich. Man macht aus einem Ereignis oder einer Sache eine Ressource, wenn man ihm bzw. ihr eine bestimmte Bedeutung gibt – wenn etwas als zieldienlich für ein erwünschtes Ziel unter den spezifischen Kontextbedingungen angesehen wird. So gilt z. B. Erdöl auch nur dann als Ressource, wenn es als Mittel zum Zweck zur Herstellung bestimmter erwünschter Produkte und zum Betreiben von Motoren dient, solange seine Gewinnung erschwinglich ist und sein Nutzen den Schaden an der Umwelt überwiegt.

Im Beratungskontext verstehen wir analog unter Ressourcen alle unwillkürlichen und willkürlichen Reaktionen und Verhaltensweisen, die dazu dienen, lebenswichtige Ziele unter den spezifischen Kontextbedingungen der Betroffenen (z. B. ihrer moralischen Werte, ihrer persönlichen Möglichkeiten) zu erreichen. Nach dieser Definition können selbst in zunächst problematisch bewerteten Reaktionen und Verhaltensweisen Ressourcen enthalten sein, wie folgende Fallbeispiele zeigen:

Fallbeispiel „Partnersuche"

Ein Mann rief jahrelang ein Sorgentelefon an. Er beklagte sich darüber, dass er keine Partnerin fand, obwohl er sich seit Jahren redlich darum bemühte. Er besuchte zu diesem Zweck häufig gesellige Veranstaltungen, leider ohne Erfolg. Niemand zeigte sich bereit, mit ihm eine nähere Beziehung einzugehen. Er litt sehr an seiner Einsamkeit. Er hatte mehrere gescheiterte Partnerschaften hinter sich. Die Gründe der Trennungen verstand er bis dato nicht. Der Anrufer zeigte sich am Telefon höflich und nett. Sein Ungemach erklärte er entweder als Pech, dass er einfach noch nicht die Richtige gefunden habe, oder als Mangel an Tricks, wie er Damen richtig ansprechen könnte. Dafür wünschte er sich einen Rat. Manchmal bekam er Hinweise, was er noch tun könnte. Meist jedoch wurde ihm gesagt, dass ein Rat von Seiten der Sorgentelefons wenig nütze, man müsse gemeinsam Lösungen erarbeiten. Auf Anregungen, sich mit seiner Einsamkeit auseinander zu setzen, ging er nicht wirklich ein. Die Berater zeigten sich ihm gegenüber in der Regel höflich und nett, gingen aber auch auf innere abwehrende Distanz, da man den Anrufer bereits aus vielen vorhergehenden Gesprächen hinlänglich zu kennen meinte und er dabei immer wieder dasselbe Anliegen vorbrachte. Im Unterschied zum Anrufer betrachteten sie die Tatsache, dass er keine Partnerin fand, nicht als Pech oder mangelndes Wissen, sondern letztlich als Zeichen von Beziehungsunfähigkeit, diese entweder als persönliches Defizit oder als Ausdruck einer psychischen Erkrankung. Vor allem die Frauen fühlten sich von seiner Art abgestoßen, teilten ihm dies aber nicht mit, um ihn nicht zu verletzen. Somit wiederholte sich in vielen Gesprächen ein Muster, welches der Anrufer zur Genüge kannte: Man zeigte sich höflich und nett und blieb dabei auf innerlich ablehnender Distanz, ohne diese verbal zu kommunizieren. Den Anrufer hielt das nicht ab, immer wieder mit demselben Anliegen anzurufen.

In der Supervision dieses Falles wurde v.a. die persönliche spontane Reaktion der Helfer auf diesen Anrufer reflektiert, ihre Wahrnehmungen, ihre körperlichen und gefühlsmäßigen Reaktionen, ihre Mutmaßungen, Bilder und Hypothesen über den Anrufer bis hin zu den spontanen Handlungsimpulsen. Impulse wie Mitleid oder Abwehr wurden dabei als sinnvolle Reaktionen gewertet, die über eigene Anliegen der Berater im Beratungskontext Auskunft geben konnten. Die Supervision half die eigenen inneren Landkarten über den Anrufer und die Auswirkungen des Gesprächsverhaltens zu erweitern. So wurde z.B. reflektiert, welche Folgen der eigene Distanzierungsimpuls auf den Anrufer haben könnte, welche die Bewertung, er sei beziehungsunfähig, sein Verhalten sei falsch oder krank usw. Man überlegte, ob für den einsamen Mann nicht die Anrufe unabhängig von der Problemlösung wichtig sein könnten, da er in dieser Zeit wenigstens mit jemandem sprechen konnte. Diese Sicht hätte zur Konsequenz, sein Anrufverhalten selbst bereits als Unterbrechung seiner Einsamkeit zu deuten, quasi als Lösung des Problems, sich nicht wahrgenommen zu fühlen. Es gab überdies Anregungen, gemeinsam mit dem Anrufer nach dem Sinn zu suchen, wozu es für ihn gut sein könnte, einerseits Nähe in einer Beziehung zu suchen und es gleichzeitig mit „ungeschicktem" Verhalten nicht dazu kommen zu lassen. Empfohlen wurde, gemeinsam mit dem Anrufer die Folgen zu bedenken, wenn es tatsächlich in der nächsten Zeit zu einer neuen Partnerschaft kommen könnte. Sein Verhalten wurde jetzt nicht mehr nur als Defizit gesehen, sondern auch als Leistung einer gelungenen Nähe-Distanz-Regulierung oder als Selbstschutz vor einer neuerlichen Beziehung, die wiederum im Verlassenwerden enden könnte, solange die alten Beziehungsprobleme nicht gelöst sind. Alle genannten Sichtweisen weckten eine neue Wertschätzung für den Anrufer. Man suchte nicht mehr ihn zu verändern, was er im Übrigen auch gar nicht als Auftrag an das Beratungstelefon erteilt hatte, sondern begegnete ihm als Experten für die

Befriedigung seiner Bedürfnisse im Rahmen seiner ihm bislang gegebenen Möglichkeiten. Man konnte annehmen, dass dies sich positiv auf sein Selbstwertgefühl auswirken würde, was wiederum für ihn die Möglichkeit erhöhen würde, besser mit Alleinsein und Nähe-Distanz-Konflikten in Beziehungen umzugehen.

Fallbeispiel „Vom Nutzen des Whiskytrinkens“

Eine junge Frau, die nach eigenen Angaben seit Jahren unter schweren Depressionen litt und deshalb bereits mehrmals ärztliche und psychotherapeutische Hilfe „ohne Erfolg“ in Anspruch genommen hatte, gestand in einem Beratungsgespräch, dass sie häufig dann, wenn sie sich von ihrem Mann sehr abgewertet fühlte und sie dies nicht mehr aushielt, in den Partykeller flüchtete, um sich mit Whisky zu betrinken. Neben der Betrachtung der schädigenden Auswirkungen des Alkoholkonsums wurde im Beratungsgespräch jedoch auch der Nutzen des Whiskytrinkens in dieser Situation besprochen. Die Frau sagte, dass die Benebelung sie vor massiven bedrohlichen Selbstabwertungen, Suizid- und Mordimpulsen schütze. Sie bekomme Abstand. Im weiteren Gespräch wurde daher das Sich-Betrinken als eine Ressource gewürdigt, für Abstand und Schutz in dieser bedrohlichen Situation zu sorgen. Gemeinsam wurde erkundet, wie sie sich sonst in ihrer häuslichen Situation vor Abwertungen schütze und wie sie Abstand schaffe, um zur Ruhe zu kommen. Es stellte sich heraus, dass in dem Zimmer, das sie als das *ihre* bezeichnete – der Küche –, üblicherweise alle Türen offen standen. Ungestört für sich sein im gemeinsamen Haus war ihr so kaum möglich. Es wurden Ideen entwickelt, wie sie sich mehr Abstand und Zeiten des Für-sich-Seins verschaffen könnte. In späteren Gesprächen berichtete die Frau, dass sie sich häufiger erlaube, alleine ins Café zu gehen und sich etwas Gutes zu tun, wodurch sie Abstand zu den Schwierigkeiten zu Hause bekomme und das Gefühl entwickele, selbst etwas zur Veränderung ihrer Lebenssituation beitragen zu können. Whiskykonsum zur Problembewältigung spielte keine Rolle mehr.

Erweiterung der Bedeutungsgebung (positives Umdeuten) als zentrale Methode ressourcenorientierten Arbeitens

Die Beispiele machen deutlich, dass ein wesentliches Element ressourcenorientierter Gesprächsführung darin besteht, Ereignisse und Verhaltensweisen in einen anderen als den bisherigen Zusammenhang zu stellen und diese positiver zu bewerten, was die Wahrscheinlichkeit konstruktiver Problembewältigung erhöht. Oft interpretieren Menschen eine Sache nur aus einer ganz bestimmten Sichtweise, während andere Auffassungen genauso gut zutreffen können. Das klassische Beispiel ist das halb volle oder halb leere Glas Wasser. Schon das Aufsuchen einer Beratungsstelle oder der Anruf bei einer Telefonberatung kann für manche mit der Selbstbewertung verbunden sein, dass sie nicht so ganz in Ordnung seien. Dagegen kann die Bemerkung, dass es ganz normal sei, wichtige Angelegenheiten mit neutralen Personen zu besprechen, die Hilfesuche in einen neuen Zusammenhang stellen. Aus dem „lebensuntüchtigen Hilfsbedürftigen“

wird ein „Mensch, der sich Anregungen von außen zur Erweiterung seiner Kompetenzen gönnt".

Das Umdeuten ermöglicht auch Beratenden selbst bestimmte („störende") Verhaltensweisen von Hilfesuchenden anders einzuordnen und zu verstehen. Mitarbeiter eines Beratungstelefons könnten etwa einen Testanruf als „Verarschung", „Störanruf", „Täuschung", „Schauspielerei" erleben und bewerten. Sie könnten ihn aber auch als Cleverness, als vorbeugende Sicherheitsmaßnahme des Anrufenden bewerten, um zu testen, ob er mit einem heiklen Thema auch gut aufgehoben ist: Der Anrufer prüft mit seinem Testanruf die Kompetenz und Vertrauenswürdigkeit der Beratungseinrichtung.

Probleme positiv umdeuten bedeutet bisherige negative Bewertungen zugunsten positiver zu verändern (siehe dazu auch Kap.9). Auch einzelne negativ besetzte Eigenschaften oder Widerfahrnisse lassen sich positiv bewerten (Umetikettieren). Man kann vorsichtig problembesetzte Wörter umformulieren, z. B. Bedrohung als Herausforderung, sich von jemandem nicht trennen können als Treue, Aggressivität als aktiver Einsatz für die eigene Position, z. B.: *„Dass Sie sich so aggressiv verhalten – könnte man das auch so sehen, dass Sie sich wirklich einsetzen für das, was Ihnen wichtig ist?"* Durch positive Umdeutungen erweitert man die Wahrnehmung für positive Aspekte in einem bislang nur als problematisch bewerteten Verhalten.

Übung „Umetikettieren"

Die Übungsteilnehmer gehen in Kleingruppen (3 – 4 Personen). Jeder einzelne denkt an ein Verhalten, welches er bei sich (oder alternativ bei einer anderen nahe stehenden Person) in bestimmten Situationen negativ bewertet, z. B. sich ehrgeizig, ängstlich oder neidisch verhalten. Teilnehmer A schildert kurz sein Verhalten (oder das der Person, an die er denkt) und versieht es mit dem betreffenden Etikett. Die Teilnehmer B, C und D versuchen nun innerhalb von zwei Minuten andere Etiketten zu finden, die Aspekte verdeutlichen, welche *auch* in diesem Verhalten enthalten sein und als Fähigkeiten positiv bewertet werden können, z. B. zielstrebig sein (bei Ehrgeiz), anderen den Vortritt lassen (bei Ängstlichkeit) oder etwas Wichtiges auch für sich selbst erreichen wollen (bei Neid). Teilnehmer A hört den anderen mit einem Pokerface zu, registriert jedoch innerlich, wie die neuen Etiketten auf ihn wirken. Anschließend teilt Person A mit, welche Etiketten welche Wirkungen bei ihm hatten, z. B. motivierend, wertschätzend, herunterziehend oder auch irrelevant. Die Übung wird reihum mit den anderen Teilnehmern fortgesetzt.
In der Auswertung im Plenum ergibt sich neben der Feststellung der förderlich erlebten Weitung eigener Sichtweisen manchmal auch, dass von den anderen Teilnehmern positiv gemeinte Neuetikettierungen von der Person A selbst negativ gewertet wurden. Dies zeigt, dass Neuetikettierungen nah am Selbsterleben

der Angesprochenen sein müssen, um integriert und nicht einfach abgewehrt zu werden. ◀

Positive Umdeutung geschieht auch dadurch, dass man dazu einlädt, das beklagte „Problem“ in einen sinnstiftenden Zusammenhang zu setzen, quasi das „Gute” am vermeintlich Schlechten zu (er-)finden und zu würdigen (siehe obige Fallbeispiele). Gerade wenn jemand lang und hartnäckig an einem Problem festhält, könnte das Problem für die betreffende Person und / oder die Menschen im ihrem Beziehungsumfeld einen verborgenen Sinn haben. Das Problem wird sozusagen aufrechterhalten, um damit ein unbewusstes positives Anliegen zu erfüllen. So kann man sich z. B. durch chronische Suizidandrohungen Aufmerksamkeit verschaffen, um zu erfahren, dazugehören zu dürfen. Sog. lebensuntüchtige „Sorgenkinder“, um die sich Eltern intensiv kümmern müssen, auch wenn sie bereits erwachsen sind, könnten – ohne es bewusst zu wollen – ihren Eltern eine Aufgabe geben, die deren Ehe zusammenhält. Möglicherweise liegt im problematischen Verhalten auch ein unbewusster Liebesdienst für andere. Wenn Hilfesuchende ihre Anliegen erkennen und andere Möglichkeiten finden, damit umzugehen, werden sie eher das Problem loslassen können.

▶ Übung „Spekulieren über das Gute im Schlechten“ (nach Kindl-Beilfuß, 2008, 24 f.)

Die Übungsteilnehmer gehen in Kleingruppen (3–4 Personen). Person A bekommt die Aufgabe, ein für sie problematisches eigenes Verhalten in einer bestimmten Situation zu schildern. Die anderen (B und C) stellen dazu lediglich kurz Rückfragen zum Verständnis. Anschließend unterhalten sich die Personen B und C etwa 5 Minuten im Beisein der Person A über unten stehende Fragen. Person A hört in dieser Phase nur noch zu, macht ein Pokerface und kommentiert nicht die Mutmaßungen der anderen.

Fragen für die Unterhaltung von B und C:

- Angenommen, das Verhalten hätte eine nützliche Seite, welche könnte das sein?
- Welches lebenswichtige Bedürfnis könnte mit diesem Verhalten befriedigt werden?
- Was wird eventuell durch dieses Verhalten gelöst oder stabilisiert? Was wird verhindert?
- Welche positiven Folgen und welche negativen Folgen könnte es haben, wenn das Verhalten aufgegeben würde?

Nach der Erörterung dieser Fragen tauschen sich die Teilnehmenden über die Erfahrungen mit dieser Übung aus. Danach kann sie mit neuen Rollen erneut durchgeführt werden.

Diese Übung erweitert in der Regel die Sicht persönlicher Probleme für die Teilnehmer. Eine Variante dieser Übung finden Sie in Kap. 9, S. 168.

Übung „Bedeutungsgebung erweitern“

Rufen Sie sich eine Verhaltensweise oder eine Äußerung einer hilfesuchenden Person in Erinnerung, die Ihnen besonders befremdlich oder nicht verstehbar erscheint oder auf die Sie normalerweise ärgerlich reagieren oder mit der Sie schlecht umgehen können:

Finden Sie Umdeutungen für obiges Verhalten oder die befremdlichen Äußerungen:

- Wie erlebt diese Person ihre Welt, so dass dieses Verhalten möglicherweise für sie Sinn macht?
- Welches wertvolle Bedürfnis könnte in dem befremdlichen Verhalten enthalten sein?
- Welche Stärken können Sie darin erkennen?
- Wenn Sie diese Sichtweisen berücksichtigen, was würde das für Ihr Verhalten in einer Gesprächssituation ändern?

Eine Ausweitung dieser Übung auf konkretes Gesprächsverhalten finden sie in Kap.5, S. 95 f.

Die Beispiele und Übungen zeigen, wie selbst kleine, zunächst unscheinbare Änderungen der Betrachtung und Bedeutungsgebung große Veränderungen nach sich ziehen können. Kleine Änderungen in einem System können große Änderungen bewirken. Es kommt im Gespräch also gar nicht auf das Erreichen großartiger Änderungen oder Erkenntnisse an, sondern um die Anregung kleiner relevanter Unterschiede durch ressourcenorientierte Impulse.

3. Kapitel

Routenplaner zur besseren Orientierung

Merkmale niedrigschwelliger ressourcenorientierter Beratung

Niedrigschwellige Beratung umfasst vielfältige Arten der Hilfe. Die Art der Hilfe hängt vom Anliegen der Hilfesuchenden ab. In Anlehnung an die Darstellung klinischer Hilfssysteme nach K. Ludewig (Ludewig 1992; von Schlippe u. Schweitzer 1998) unterscheiden wir Hilfe als

- momentane Entlastung / Beistand
- stützende Begleitung
- Information / Anleitung
- Feedback zur Selbstvergewisserung
- Anregung zur Problemklärung und -lösung
- Hilfe zur Lebensorientierung / Sinndeutung

Je nach Art der Hilfe ergeben sich verschiedene Hilfsmaßnahmen. Ziel aller Hilfsmaßnahmen ist es, bedeutsame Unterschiede zum bisherigen Erleben und Verhalten bei Hilfesuchenden anzuregen. Der „bedeutsame Unterschied" für Hilfesuchende bei niedrigschwelligen Angeboten besteht oft schon darin, einen achtsamen Zuhörer zu haben, der ihr Leid oder ihre Lösungsversuche würdigt und dadurch hilft, etwas Unveränderbares auszuhalten. Der „bedeutsame Unterschied" kann auch schlicht in einer Auskunft liegen.

Erweiterung der inneren Landkarte der Hilfesuchenden als generelles Ziel jeder Beratung

Generell dienen alle als Beratung verstandenen Gespräche dazu, dass Hilfesuchende in ihren Möglichkeiten der Bewältigung von Lebensproblemen unterstützt und gefördert werden, also ihr „Möglichkeitsraum" (von Schlippe u. Schweitzer a. a. O.) vergrößert wird. Dies geschieht durch die Erweiterung der inneren Landkarten der Hilfesuchenden. „Alle psychologischen Maßnahmen verändern, wenn sie erfolgreich sein sollen, die Art und Weise, wie ... übereinander, über Probleme, über psychische Störungen, Krankheit und die damit zusammenhängenden Optionen gesprochen wird." (von Schlippe 1995, 23 f.). Sie verändern also die wechselseitige Kommunikation in den sozialen Beziehungssystemen und nehmen dadurch auch Einfluss darauf, welche Bedeutung man dabei Ereignissen gibt, wie man sie benennt, erklärt und bewertet (s. Kap. 2).

Das Erweitern der inneren Landkarten erfolgt nach systemischem Verständnis durch Anregungen. Direkte Beeinflussung im Sinn einer Steuerung anderer Menschen gilt als nicht möglich, da lebende Systeme als autonom und unverfügbar angesehen werden. Man kann allenfalls jemanden daran hindern, etwas Bestimmtes zu tun. Man kann jedoch niemanden direkt veranlassen etwas zu tun, was man sich von ihm wünscht (s. dazu Kap. 2). Helfer handeln demnach immer aus der Rolle der Ohnmacht heraus, andere zu einer Veränderung ihrer Lage oder Sichtweise bewegen zu können. Alle Hilfsangebote sind daher immer nur als Einladungen zu verstehen. Was letztlich bei einem Gespräch herauskommt, entscheidet und verantwortet der Hilfesuchende selbst.

Damit Anregungen einladend wirken, müssen sie in einem Gesprächsrahmen stattfinden, der von den Hilfesuchenden als kooperativ erlebt wird und bei dem sie ihre Person, ihre Beschwerden und Probleme gewürdigt wissen.

Übung

Stellen Sie sich vor, jemand ruft Sie am Beratungstelefon an und schweigt. Sie könnten unterstellen, dass es ihm im Moment noch schwer fällt, sich verbal zu äußern. Experimentieren Sie damit, welche Äußerungen von Ihnen ihn am ehesten dazu einladen könnten, seine momentane Sprechhemmung zu überwinden. Prüfen Sie in einem Rollenspiel jeweils die Wirkung Ihrer Äußerungen auf einen solchen Anrufer.
Lesen Sie zu den Möglichkeiten des Andockens auch Kap. 5.

Wenn Hilfesuchende sich nicht als Partner gewürdigt erleben, laufen auch gut gemeinte Anregungen Gefahr, abgelehnt zu werden. Diese Gefahr besteht insbesondere dann, wenn Berater zu schnell nach Lösungen suchen. Ebenso können positive Umdeutungen als befremdend, belastend, ängstigend oder gar zynisch erlebt werden, wenn sie zu stark vom Selbsterleben der Hilfesuchenden abweichen (s. Erfahrungen aus der Übung Umetikettieren, Kap. 2). Ressourcenorientierte Berater sollten daher immer die Balance wahren, einerseits die innere Landkarte der Hilfesuchenden zu würdigen, so wie sich ihnen darstellt, und andererseits Anregungen dazu geben, diese zu erweitern.

Die Erweiterung der inneren Landkarte kann bedeuten:

- Erweiterung der Beschreibungen, Erklärungen, Bewertungen des Problems (z. B. durch positive Bewertung eines Problemzustandes oder durch Vermeiden, etwas als krankhaft darzustellen; Entpathologisieren)
- Erweiterung der Schlussfolgerungen (z. B. durch gedankliches Vorwegnehmen verschiedener Zukunftsszenarien, durch Erkunden von Sinnhaftigkeit von Handlungen und Geschehnissen)

- Erweiterung der Ausrichtung der Aufmerksamkeit (z. B. auf Lösungsvisionen, auf Ausnahmen des Problems, auf Kompetenzen)
- Erweiterung der Lösungsmöglichkeiten (z. B. durch Erarbeiten wohldefinierter erreichbarer Ziele, kleiner Schritte, Bedenken der Folgen)

Gesprächsführungstechniken dazu werden in Kapitel 9 dargestellt.

Fachliche Beziehungsformen und Rollenverständnis

Grundsätzlich kann man beim fachlichen Umgang mit Menschen zwei Beziehungsformen unterscheiden: Helfende Beziehungen und kontrollierende, führende bzw. leitende Beziehungen. Helfende Beziehungen sind z. B. Beratungs-, Begleitungs-, Entlastungs-, Unterstützungs-, Feedback- und Informationsangebote. Zu ihnen zählen auch Psychotherapie und Supervision. Kontrollierende oder leitende Beziehungen sind z. B. pädagogische Maßnahmen (Erziehung), Personalführung, Qualitätssicherungsmaßnahmen, Betreuung, Fürsorge und alle kontrollierenden Maßnahmen, um Unerwünschtes (z. B. Gewalteskalationen, Selbstgefährdung oder Gefährdung Dritter, aber auch Gefährdung der Erreichbarkeit einer Einrichtung für bestimmte Zielgruppen) zu verhindern. Den Beziehungsformen entsprechen bestimmte Beziehungsrollen, Haltungen und Vorgehensweisen im Gespräch.

Hilfe als Beratung, Psychotherapie, Entlastungs-, Begleitungs-, Unterstützungsangebot, Supervision	**Kontrolle, Führung bzw. Leitung als Personalführung, Erziehung, Betreuung, Fürsorge, Qualitätssicherung**
▪ an den Zielen der Hilfesuchenden orientiert (auftragsorientiert)	▪ an vorgegebenen Zielen der Fachleute orientiert
▪ grundsätzlich ergebnisoffen	▪ Ziele der Fachleute sollen erreicht werden
▪ Neutralität der Helfer (s. u.)	▪ Parteinahme der Fachleute für die Durchsetzung ihrer Ziele
▪ Haltung des Nicht-(Bescheid-)Wissens	▪ Haltung des (Bescheid-) Wissens
▪ Handeln der Helfer aus Ohnmacht gegenüber den Hilfesuchenden	▪ Führung durch Machtausübung, Sanktionen oder Beeinflussungsversuche
▪ Helfer belassen die Verantwortung für das Ergebnis beim Hilfesuchenden	▪ Fachleute übernehmen die Verantwortung für das Ergebnis

Unterscheidung der fachlichen Beziehungsformen Hilfe vs. Kontrolle
(nach Retzer u. Schumacher 2000)

Grundhaltungen und Werte der Beziehungsform „Hilfe"

Ressourcenorientierte Gespräche sind an bestimmten Werten orientierte Gespräche. Die Berater sehen die Hilfesuchenden als die Experten ihres Problemerlebens und für die Entwicklung ihrer Lebensziele, sich selbst als Experten für die Gestaltung konstruktiver Gesprächsführung. Die Helfer verstehen ihre Rolle demnach nicht als „Behandler", die eigene Ziele für die Hilfesuchenden erreichen möchten. Stattdessen verstehen sie sich als Kooperationspartner, die sich möglichst so auf die Hilfesuchenden einstellen, damit diese *ihre* Kompetenzen optimal entfalten und *ihre* Möglichkeiten erweitern können. In der Beratung geht es daher um die Verwirklichung einer gleichrangigen Kooperation zwischen Hilfesuchenden und Helfern und um die Herstellung gegenseitiger Achtung. Im Folgenden werden die dazu gehörigen Grundhaltungen der Gesprächsführung bei helfenden Beziehungen dargestellt.

Respekt (unbedingte Wertschätzung)

Ausgehend von den Zielen der Hilfesuchenden sollen helfende Gespräche dazu beitragen, deren innere Landkarten zu erweitern. Alles, was im Gespräch getan wird, wird danach bewertet, ob und wie es dieser Zielsetzung nützt. Erweiterungen sind immer mit der Infragestellung bisheriger gewohnter Denk- und Verhaltensweisen (der „Gewohnheitswirklichkeit" der Anrufer, B. Schmid zit. nach Schmidt 2005, 18) verbunden. In der Regel wenden sich Menschen an Beratungseinrichtungen, um über ihre Probleme zu sprechen. Dadurch erhoffen sie sich eine Linderung oder gar Lösung ihrer Sorgen und Nöte. Sprechen über Probleme hat aber häufig genau die gegenteilige Wirkung (s. dazu Kap. 2): Die Aufmerksamkeit wird vorwiegend auf das Belastende gerichtet. Dies wirkt sich sogar auf neurophysiologische Prozesse aus, die das Problemerleben noch verstärken. Das Ergebnis kann eine zunehmende Problemtrance der Hilfesuchenden sein, in der sie sich eher als Opfer erleben denn als Gestalter ihrer Lebenswirklichkeit. Andererseits bewirkt die vorschnelle Fokussierung von Beratern auf Lösungsvisionen, Kompetenzen und Ziele bei Hilfesuchenden oft das Gefühl, in ihrem Leid nicht ernst genommen zu werden. Die Lösung dieser Zwickmühle liegt in der ausgewogenen Balance zwischen beiden Fokussierungen. Sprechen über Probleme kann durchaus hilfreich sein, wenn es den Hilfesuchenden zum Erreichen ihrer Ziele oder zum Schaffen einer kooperativen Beziehung nützt. Letzteres ist dann der Fall, wenn sie sich in ihrem Erleben, ihren Ideen, Absichten und Bewertungen respektiert und gewürdigt erleben. Einfühlende, wertschätzende und sinnstiftende Äußerungen laden dazu ein, das beklagte Erleben oder Verhalten besser zu akzeptieren, z.B. gegenüber einer Trauernden: *„Das muss ganz schlimm für Sie sein. Ich kann ja nur erahnen, wie es Ihnen gehen mag."* oder gegenüber einer über ihre Ungeduld klagenden Mutter: *„Dass Sie nicht mit stoischer Ruhe damit umgehen können, wenn Ihre Tochter wieder mal geklaut hat, zeigt doch, wie nahe Ihnen Ihre Tochter steht."*. Durch solche achtungsvollen und sinnstiftenden Äußerungen werden Hilfesuchende ernst genommen. Ihr Erleben und Verhalten wird zugleich entdramatisiert und entpathologisiert. Die Grundhaltung, die sich in solchen Äußerungen zeigt, wird oft mit *Respekt* oder *unbedingter Wertschätzung* beschrieben.

Empathie (einfühlendes Verstehen)

> „Empathisch zu sein bedeutet, den inneren Bezugsrahmen des anderen möglichst exakt wahrzunehmen, mit all seinen emotionalen Komponenten und Bedeutungen, so als ob man die andere Person wäre, jedoch ohne jemals die „als-ob“-Position aufzugeben. Das bedeutet, Schmerz oder Freude des anderen zu empfinden, so wie er empfindet, dessen Gründe wahrzunehmen, so wie er sie wahrnimmt, jedoch ohne jemals das Bewusstsein davon zu verlieren, dass es so ist, als ob man verletzt würde usw. Verliert man diese „als-ob“-Position, befindet man sich im Zustand der Identifizierung.“ (Rogers 1987, 37)

Empathie ist das Mitfühlen der Gefühle, Stimmungen und Absichten einer anderen Person. Der Berater lässt diese im Gespräch durch sein einfühlendes Zuhören bei sich selbst anklingen und kann die hilfesuchende Person somit besser verstehen. Sich-Einfühlen bedeutet jedoch nicht Sich-Einsfühlen. Empathie im Sinne von Rogers setzt die Fähigkeit voraus, das Gespräch aus fachlicher innerer Distanz heraus ohne persönliche Identifizierung mit dem Hilfesuchenden zu führen. In der Beratung erschöpft sich Empathie nicht nur im aufmerksamen Zuhören. Sie zeigt sich in einfühlenden „spiegelnden“ Äußerungen der Berater, welche zum Ziel haben, die Selbstwahrnehmung eigener Gefühle, Regungen, Wertungen und Intentionen seitens der Hilfesuchenden zu präzisieren und zu erweitern (s. dazu Kap. 5).

Im Unterschied zu anderen Verfahren geht es beim ressourcenorientierten Vorgehen jedoch nicht um das Verstehen oder intensive Klären des Problemerlebens oder –verhaltens, wenn dies problemverstärkende Wirkung hat. Das Einfühlen fokussiert hauptsächlich auf Ressourcen der Hilfesuchenden oder deutet ihr Erleben als sinnvoll. Dadurch erweitert es bereits das subjektive Erleben hin auf bisher verborgene Bewältigungspotentiale.

Auftragsorientierung

Wertschätzender bzw. respektvoller Umgang mit Hilfesuchenden bedeutet darüber hinaus, sich an deren Zielen und der von ihnen gewünschten Hilfe auszurichten. Das Gespräch wird auftragsorientiert geführt. Auftragsorientierung heißt jedoch nicht, dass Berater die Erwartungen der Hilfesuchenden einfach erfüllen sollen. Berater würden sich selbst als Kooperationspartner nicht ernst nehmen, wenn sie sich nur als Erfüllungsgehilfen der Hilfesuchenden ansehen. Manchmal geben Berater sich auch zunächst selbst einen Auftrag, über ein bestimmtes Thema zu sprechen, welches Hilfesuchende zunächst meiden, z. B. wenn man sich

Sorge um einen Suizid- oder Suchtgefährdeten macht. Dann wirbt man darum, dieses Thema ansprechen zu können (s. Kap. 7 und 11). Der Gesprächsauftrag entwickelt sich somit in einem gemeinsamen Klärungsprozess.

So tun als ob

Hilfesuchende werden als Kooperationspartner ernst genommen. Dazu gehört auch, dass man sie beim Wort nimmt. Für Kooperation ungünstig sind Unterstellungen, Hilfesuchende meinten mit dem, was sie sagten, etwas anderes (z. B. ein Mädchen, das angibt, schwanger zu sein und abtreiben zu wollen, sei – da sie in einem forschen Ton über ihr Problem spricht – in Wirklichkeit gar nicht schwanger und wolle sich mit dem Anruf beim Sorgentelefon nur einen Scherz erlauben). Solche Hypothesen mögen durchaus plausibel und zutreffend sein. Für den Beratungsprozess sind sie jedoch wenig nützlich. Sie engen die Aufmerksamkeit darauf ein festzustellen, was „wirklich" wahr ist, was jemand „wirklich" will, welches Problem oder Anliegen jemand „wirklich" hat. Wirklichkeit, wie wir sie erleben, ist nach systemischem Verständnis jedoch immer nur eine subjektive Bedeutungsgebung von Menschen. Bedeutungsgebungen aber haben Auswirkungen auf den Gesprächsprozess. Mit der Hypothese, das Mädchen erlaube sich nur einen Scherz, geraten Berater in eine misstrauisch-abwehrende Haltung, vielleicht sogar in eine Detektivrolle, wenn sie herausfinden wollen, was stimmt (z. B. mit Fangfragen wie „Wie kannst du denn wissen, dass du schwanger bist?").[3]

Solches Ausfragen oder gar Konfrontieren (z. B. *„Du redest da so leicht darüber. So redet man nicht in einer solchen Situation."*) lädt nicht zu einer Kooperation ein, sondern führt eher zu einem Machtkampf darüber, wer Recht hat. Stattdessen ermöglicht die Haltung des „So tun als ob" dem Berater, Erzählungen von Hilfesuchenden beim Wort zu nehmen (so tun als ob sie stimmten), ohne an deren Wahrheitsgehalt glauben zu müssen. Mit dieser Grundhaltung kann man unabhängig von der Prüfung des Wahrheitsgehalts (einem meist sinnlosen Unterfangen) einerseits versuchen, die momentane Situation der Hilfesuchenden möglichst konkret zu erfassen – und dabei auch eigene Zweifel einstreuen, wenn man etwas als unstimmig erlebt – und andererseits die Hilfesuchenden zu einem Gespräch über ihre Erwartungen und Lösungsideen einladen. Hilfesuchende mit einem vorgeschobenen Thema wechseln dann entweder zu ihrem eigentlichen Anliegen oder verlieren – als Scherzanrufer bei Beratungstelefonen – bei einem solchen Vorgehen schnell die Lust und legen auf, weil das Gespräch über Lösungsideen mühsame Arbeit bedeutet.

---

3 *Wie so oft in der Kommunikation macht hier natürlich auch der Ton die Musik. Sachliche Erkundungsfragen danach, woran jemand eine beginnende Schwangerschaft zu erkennen glaubt, können durchaus zur Klärung des Problems nützlich sein.*

Selbstwertschätzung, Stimmigkeit (Authentizität) und Transparenz

Kooperation geht nur zusammen mit der Selbstwertschätzung eigener Bedürfnisse, Möglichkeiten und Werte. Das heißt nicht, dass es einem in einem Gespräch unbedingt gut geht. Wenn man z. B. von dem Leid eines misshandelten Kindes erfährt, wird man wahrscheinlich eher unangenehme Gefühle wie Wut oder Betroffenheit spüren. Selbstwertschätzung bedeutet, dass man als Berater durchgehend darauf achtet, was man selbst braucht, um sich stimmig auf den Gesprächspartner einzustellen, und wo man sich abgrenzt. Bei Stimmigkeit geht es um das Ziel, sich im Gesprächsprozess möglichst kongruent oder authentisch zu zeigen. *Was* Berater sagen, soll mit dem übereinstimmen, *wie* sie es sagen, ohne alles sagen zu müssen, was sie denken (selektive Authentizität).

Transparenz bedeutet die Bereitschaft, bezogen auf die momentane Gesprächssituation bestimmte eigene Absichten, Empfindungen, Gefühle, Impulse und Gedanken dem Hilfesuchenden gegenüber mitzuteilen. Transparenz wirkt als vertrauensbildende Maßnahme. Wenn Berater z. B. ungewöhnliche Fragen stellen oder eine Zeitbegrenzung festsetzen, wird dies von Hilfesuchenden eher akzeptiert, wenn die damit verbundene Absicht erläutert wird. Bei eigenen Ambivalenzen gegenüber dem Hilfewunsch oder dem Gesprächsziel Hilfesuchender bewirkt die Offenlegung eigener Empfindungen oder Gedanken ein Mehr an Sicherheit und Verständnis (siehe dazu Kap. 5 – Sich selbst einbringen und Kap. 7 – Hilfreiche Schritte im Umgang mit Klagenden). Transparenz äußert sich in sog. Ich-Botschaften, mit denen Berater sich selbst einbringen oder selbst offenbaren.

Bei Gesprächssituationen mit Hilfesuchenden, die manipulative Verhaltensweisen zeigen (z. B. am Telefon: *„Sie müssen mir jetzt unbedingt was vorsingen, sonst schneide ich mich!“*) bedeuten Authentizität oder Stimmigkeit eine mit eigenen Bedürfnissen begründete und dadurch transparente Abgrenzung. Die solchermaßen begründete Nichterfüllung von Erwartungen (Erwartungsenttäuschung) verbunden mit Transparenz ist häufig sogar der Schlüssel, gemeinsam mit Hilfesuchenden neue Lösungen für deren Probleme zu finden (dazu Kap. 7und 8). G. Schmidt nennt daher die Selbstwertschätzung auch „altruistischen Egoismus“ (Schmidt 2005, 94). Durch Stimmigkeit und Transparenz sind Berater den Hilfesuchenden als Person erkennbar. Das gibt Sicherheit. Darüber hinaus dienen Berater dadurch als Modell, wie man eigene Bedürfnisse achtet, kommuniziert und sich klar und freundlich abgrenzen kann.

Demut und Ohnmacht

Berater handeln aus Demut und Ohnmacht heraus. Demut meint die an den Interessen des Hilfesuchenden ausgerichtete Grundhaltung, Ohnmacht die Einsicht in die eigene Begrenztheit, jemanden in eine bestimmte Richtung steuern zu können. Aus dieser Haltung heraus das Gespräch zu führen kann manchmal schwierig sein, wenn man z. B. bei der Beratung eines Schwangerschaftskonflikts persönliche Bedenken gegen einen Abbruch hat (oder auch gegen das Austragen des Kindes) und man der Schwangeren seine Bedenken mitteilen möchte, diese aber derzeit nicht gefragt sind. Dann muss man bei ihr erst um das Einverständnis werben, sich kritische Fragen oder Stellungnahmen nicht nur anzuhören, sondern sich auch damit auseinanderzusetzen. Kritik zu äußern ohne Einverständnis führt oft zur Abwehr, und damit ist nichts gewonnen. In der Telefonseelsorge ist die Ohnmacht am Telefon gegenüber Suizidgefährdeten aktiv eingreifen zu können geradezu die Chance, dass diese überhaupt anrufen und sich offen äußern, weil sie wissen, dass sie anonym bleiben können. Die Ohnmacht der Helfer eröffnet hiermit oft erst die Möglichkeit zum Gespräch.

Neutralität

Neutralität in der Beratungsarbeit bedeutet Vermeidung einseitiger Parteinahmen. Berater versuchen sich so gegenüber den Hilfesuchenden zu verhalten, dass ihre Äußerungen von diesen als neutral erlebt werden können. Neutralität bedeutet nicht gefühlsmäßige Distanz. Man nimmt durchaus Anteil am Erleben der Hilfesuchenden (z. B. an der Angst des schwangeren Mädchens vor der ablehnenden Reaktion ihrer Eltern), ohne sich jedoch mit ihnen zu identifizieren.

Man unterscheidet

Neutralität gegenüber Ideen und Werthaltungen:
Berater zeigen sich respektvoll und neutral gegenüber den Problembeschreibungen, Ideen, Bewertungen, Erklärungen und Werthaltungen der Hilfesuchenden. Sie würdigen deren Vorstellungen als deren momentane Sichtweisen, ohne sich ihnen anzuschließen – um auch andere Sichtweisen zuzulassen.[4]

Mit einer neutralen Haltung stimmt man im obigen Fallbeispiel dem schwangeren jungen Mädchen nicht zu, dass ihre Eltern sie ablehnen, wenn sie von der Schwangerschaft erfahren. Stattdessen würdigt man aber dessen Bedürfnisse und Anliegen an die Eltern. Man erkundet, wie seine Eltern möglicherweise auf diese Anliegen reagieren und sucht gemeinsam nach weiteren Lösungsmöglichkeiten für die Anliegen des Mädchens. Man versucht auch nicht, ihm ein anderes Bild ihrer Eltern einzureden (z. B. *„Die kümmern sich bestimmt um dich, wenn das Kind da ist.“*). Berater erheben also nicht den Anspruch, über die Hilfesuchenden, deren Probleme und die mögliche Lösung Bescheid zu wissen (**Haltung des Nicht-Bescheid-Wissens**). Auf keinen Fall strebt man von sich aus bestimmte Lösungen an (außer wenn Fürsorgepflicht besteht, s. u.). Stattdessen lädt man die Hilfesuchenden dazu ein, gemeinsam die Folgen ihrer momentanen Situation und ihrer Lösungsversuche zu bedenken. Wenn die ungewollt Schwangere am liebsten den Kopf in den Sand stecken und nichts tun wollte, bespricht man

4 *Ausnahme: Gegenübern Opfern und Tätern von Gewalt oder sonstigen Straftaten ist dagegen die klare Positionsbeziehung von Beratern gefordert (s. auch Kap. 8).*

mit ihr die Folgen davon. Wenn sie unbedingt abtreiben will, bespricht man mit ihr, wie sie die Schwangerschaft erlebt, welche Befürchtungen sie hegt, was sie über Abtreibung weiß und was sie sich davon erhofft. Man bietet ihr an darüber nachzudenken, wie sie ihren Befürchtungen entgegentreten könnte, welche Folgen ein Abbruch oder ein Austragen des Kindes für sie in ihren Beziehungen hätte, damit sie auf einem Niveau erweiterter Sichtmöglichkeiten selbst besser entscheiden kann. Das gilt natürlich auch für diejenigen, die ihr Kind austragen und zur Adoption freigeben wollen, wenn sie zu erwartende Schwierigkeiten ausblenden.

Neutralität gegenüber Veränderung oder Nicht-Veränderung:
Beratungsgespräche sind grundsätzlich ergebnisoffen zu führen. Nur dann besteht die Chance für kreative Lösungen. Dies bedeutet auch Wahrung von Neutralität gegenüber Veränderung oder Nicht-Veränderung. Es liegt nicht im Interesse der Helfer, einseitig Veränderungen zu fördern (**Haltung des Nicht-Verändern-Wollens**). So wahren Helfer die Chance, auch wertvolle Anliegen in problematischen Verhaltensweisen zu entdecken. Diese Haltung ist gefordert, wenn Hilfesuchende sich einfach „nur aussprechen" oder sich entlasten wollen und keine sonstigen Anregungen wünschen (z. B. wenn das schwangere Mädchen nur seine Sorge äußern möchte, aber „Belehrungen" oder Eingriffe von Erwachsenen fürchtet, bei denen es sich in seiner Autonomie nicht geachtet fühlt) oder wenn Hilfesuchende sich darüber beklagen, dass ihnen etwas zu schaffen macht, was sie aber nicht ändern, obwohl sie es prinzipiell könnten.

Fallbeispiel

Eine Frau beklagt sich, ihr Mann würde sie schlecht behandeln und schlagen. Sie komme aber auch von ihm nicht los. Ein neutraler Umgang mit dieser Problemschilderung würde bedeuten, neben der Idee der Trennung auch die positive Bedeutung dieser Partnerschaftsbeziehung für sie zu erkunden.

Übung

Machen sie ein Rollenspiel. Die ratsuchende Person denkt sich ein beliebiges Problem aus. Die beratende Person bekommt ohne Wissen der Ratsuchenden folgende Anweisung:
Führen Sie das Beratungsgespräch nacheinander in verschiedenen Rollen:
Rolle 1: Gehen Sie möglichst veränderungsorientiert vor. Versuchen Sie die ratsuchende Person möglichst zu einer Veränderung ihres Zustandes zu bewegen.
Rolle 2: Versuchen Sie möglichst neutral zu bleiben. Versuchen Sie einfach sich für die Welt und das Erleben der ratsuchenden Person zu interessieren, sich einzufühlen und sich über deren innere Landkarte und Situation kundig zu machen, ohne irgendeinen Veränderungsanspruch.
Wählen Sie die Rolle aus, mit der Sie beginnen möchten. Verraten Sie nicht, welche Rolle Sie einnehmen und tun Sie, als ob das Ihr Gesprächsstil wäre. Beginnen

Sie dann in einer Rolle. Stoppen Sie nach 5 Minuten und werten Sie die Erfahrungen aus. Wechseln Sie danach in die andere Rolle und führen das Gespräch auch fünf Minuten. Werten Sie diese Erfahrung aus. ◀

Neutralität gegenüber den beteiligten Personen oder Persönlichkeitsanteilen: Diese Form der Neutralität bedeutet Wahrung gleichwertigen Respekts gegenüber allen Beteiligten in einem Konflikt. Man vermeidet einseitige Parteinahmen gegenüber den beteiligten Personen (z. B. dem Partner, den Eltern der Schwangeren, auch dem ungeborenen Kind), versucht sich aber in die Lage aller hineinzuversetzen und diese zu berücksichtigen **(Haltung der Allparteilichkeit)**. In der Beratung von Einzelpersonen bedeutet diese Neutralität häufig auch, dass man all ihre Persönlichkeitsanteile, die im inneren Widerstreit sind (die Schwangere ist möglicherweise in einem inneren Konflikt zwischen der Sorge um ihr eigenes Wohl und das Wohl des Kindes) als gleichberechtigt wertschätzt.[5]

Neugier

Die Haltung des Nicht-Bescheid-Wissens ist eng mit der Haltung der Neugier verbunden. Die Berater verhalten sich dabei wie Gäste in einem fremden Land. Sie gehen davon aus, dass die Hilfesuchenden sich am besten in ihrem Land auskennen, auch wenn diese vieles selbst nicht verstehen. Hilfesuchende übernehmen für sie die Rolle von „Fremdenführern", wenn Berater nach Problemen, Zusammenhängen, Lösungsversuchen und deren Auswirkungen fragen. Dabei geht es gar nicht darum, dass Hilfesuchende bereits Antworten wissen. Vielmehr regt das respektvolle neugierige Fragen (zum rechten Zeitpunkt eines Gesprächs, wenn eine gute Basis der Zusammenarbeit geschaffen ist) bei diesen zu inneren Suchbewegungen an. Genau das soll mit ressourcenorientierter Gesprächsführung erreicht werden. Suchbewegungen zeigen sich in Nachdenklichkeit oder Schweigepausen auf Seiten der Hilfesuchenden.

Fehlerfreundlichkeit

Beratungsgespräche sind ein ko-kreativer Prozess zweier oder mehrerer Partner, um neue Ideen zu entwickeln. Neues kommt aber nur in die Welt, wenn Fehler erlaubt sind. Fehler können zwar fatale Auswirkungen haben, der Versuch der absoluten Fehlervermeidung hat jedoch oft noch schlimmere Auswirkungen, was man bei Zwangsverhalten gut beobachten kann. Nur die Offenheit dafür, dass wir uns irren, bringt uns weiter. Fehler oder anders ausgedrückt unerwünschte oder der Realität nicht standhaltende Auswirkungen unseres Denkens und Verhaltens fordern uns auf, anders mit ihr umzugehen, unsere Landkarten zu erweitern und anders zu handeln. Kreativität findet dort statt, wo man sich erlaubt, Fehler ma-

---

5 *Dazu ausführlichere Darstellungen in der Literatur zum „inneren Team", Schulz v. Thun 1999 und Schmidt 2004.*

chen zu dürfen, quer zu denken, etwas auszuprobieren im Sinne von Versuch und Irrtum.[6]

Beziehungsform „Kontrolle“, „Führung“ oder „Fürsorge“

Diese Beziehungsform ist dadurch gekennzeichnet, dass Fachleute selbst Ziele bestimmen und sich dafür verantwortlich zeigen, diese zu erreichen. Sie kann als Hilfe erlebt werden, wenn Hilfesuchende um eine solche Führung gebeten haben. Haben sie nicht darum gebeten, sprechen wir hier im Unterschied zu „Hilfe“ von einer Kontroll-, Führungs- oder Fürsorgemaßnahme. Berater wechseln dann ihre Rolle vom Berater, der auftragsorientiert arbeitet, zur fürsorgerisch tätigen, kontrollierenden Person, die eigene oder gesellschaftlich vorgegebene Ziele verfolgt.

Da niedrigschwellige Angebote meist keine vorher festgelegte Struktur haben, d. h. keine vorgegebene Regelung über das Setting (Dauer, Zeitraum, Häufigkeit und Termintaktung der Kontakte), liegt es an den Helfern, diese jeweils zu definieren. Sie müssen Gesprächen den zeitlichen Rahmen geben, in dem ressourcenorientiertes Arbeiten überhaupt möglich ist. Sie müssen von Fall zu Fall deren Dauer und Häufigkeit festlegen sowie kontrollieren. Ohne diese Verantwortungsübernahme für das Setting durch die Helfenden selbst wird das Hilfsangebot kontraproduktiv.

Bei Telefonberatungseinrichtungen rufen oft Hilfesuchende nur an, um momentane Entlastung zu finden und Anteilnahme zu bekommen, nicht um ihre Lebenssituation grundsätzlich zu ändern. Wenn sie sich gut verstanden fühlten, nutzen sie dieses Angebot gerne erneut. Das ist anfangs für die Berater leicht nachvollziehbar. Wenn sie jedoch über längere Zeit oft und ausgiebig anrufen, ohne dass sich an ihrer Situation irgendetwas ändert, wird ihnen das nicht als besondere „Kundentreue“ anerkannt. Stattdessen reagieren mit der Zeit solche Berater genervt, die von ihnen eine nachhaltige Veränderung ihrer Lebensgestaltung erwarten. Diese oft „Daueranrufer“ genannten Hilfesuchenden erfüllen die auf Veränderung zielenden Erwartungen der Helfenden nicht. Unter dem Deckmantel der Hilfe ging es den Beratern um das eigene Ziel: Veränderung. Es erfolgte im Grunde keine Beratung (eine helfende Beziehung), sondern eine Erziehung (eine kontrollierende Beziehung). Aus dieser Logik heraus gelten solche Anrufenden bei Helfern oft als veränderungsunwillig oder gar hilferesistent. Dabei nutzen diese Anrufer nur ein Angebot, das ihnen mit seiner Niedrigschwelligkeit sehr entgegenkommt und bei dem sie sich wohl fühlen. Warum sollten sie daran etwas ändern wollen? Wer etwas ändern will, sind in diesem Fall die Berater selbst.

---

6 *Weitere Ausführungen dazu bei Retzer 2012*

Wenn es – wie bei den vielen Telefonberatungsdiensten – keine vorgegebenen Regeln für die Inanspruchnahme des Angebots gibt, müssen die Beratenden die Verantwortung für die Werte übernehmen, die in anderen Hilfseinrichtungen strukturell vorgegeben sind: Für die Chancengleichheit aller Hilfesuchenden, für die Erreichbarkeit der Einrichtung und für Rücksichtnahme. Dies müssen sie ggf. selbst während eines Hilfskontaktes kommunizieren und auch durchsetzen. Damit wechseln sie in die Beziehungsform Kontrolle. Diese Kontrolle sollten sie aber nicht mit Hilfe verwechseln. Deshalb sollten sie bei solchen meist die Gesprächszeit eingrenzenden Maßnahmen nicht unbedingt Einsicht auf Seiten der Hilfesuchenden erwarten, schon gar nicht suggerieren, diese dienten deren Wohl (dazu Ausführungen in Kap. 8, S. 139f). Die schwierige Kunst der Gesprächsführung im niedrigschwelligen Bereich besteht also darin, innerhalb eines Gesprächs aus der Beziehungsform Hilfe in die Beziehungsform Kontrolle über das Gesprächssetting zu wechseln und dies dem Hilfesuchenden zu kommunizieren. Dies geschieht im Rahmen der Metakommunikation (siehe dazu Kap. 10).

Um Fürsorge als Beziehungsform Kontrolle geht es im Gespräch immer dann, wenn Fürsorgepflicht besteht. Dies ist der Fall, wenn Unheil von der hilfesuchenden Person selbst oder Dritten abgewendet werden soll. Dafür gibt es in der Regel gesetzliche Vorschriften. Die Entscheidung, eine ergebnisoffene, an den Anliegen der Hilfesuchenden orientierte Hilfe anzubieten oder kontrollierend einzugreifen, ist insbesondere bei Suizidgefährdung (siehe dazu Kap.11) und bei der Gefährdung Minderjähriger durch Gewalt eine große Herausforderung. Fürsorgemaßnahmen wie aktives Tätigwerden seitens der Berater sollten immer als solche kommuniziert werden. Das bedeutet, dass sie ihr Vorgehen mit ihrer Fürsorgepflicht begründen, also als Wahrung einer *eigenen* (gesetzlichen) Verpflichtung. Sie sollten allerdings versuchen, dabei aufkommende Widerstände und Ängste der Hilfesuchenden zu verstehen und dafür werben, die Fürsorgemaßnahme anzunehmen.

Gesprächstechniken ressourcenorientierter Beratung

Das helfende Gespräch ist ein Balanceakt zwischen bestätigenden, Beziehungssicherheit gebenden Äußerungen und die innere Landkarte öffnenden, erweiternden Äußerungen. **Bestätigende Äußerungen** ermöglichen das Andocken beim Hilfesuchenden bzw. den Aufbau einer Ja-Haltung (Kap. 5), die Kooperationsbasis jeder Beratung. Sie sind daher eine Daueraufgabe während eines jeden Gesprächs. Besonders zu Beginn eines Gesprächs sollten Anerkennung und Sicherheit gebenden Äußerungen deutlich überwiegen. Erst wenn Hilfesuchende das Gefühl haben, dass die Berater ihr Erleben würdigen, zu verstehen versuchen und dass sie ihren Anliegen und ihrer Person Achtung entgegenbringen, werden sie offen sein für **erweiternde konfrontierende Äußerungen**, die ihre bisherige Weltsicht in Frage stellen bzw. erweitern.

Ressourcenorientierte Gesprächstechniken enthalten sowohl bestätigende als auch erweiternde Aspekte in unterschiedlicher Gewichtung. Bestätigende und Sicherheit gebende Äußerungen sind empathische, anerkennende Äußerungen, Komplimente, Zusammenfassungen, Beistandsbekundungen sowie Ich-Botschaften, bei denen die Berater als Person zu erkennen sind. Beiträge mit vorwiegend erweiternder bzw. konfrontierender Wirkung sind Rückmeldungen, Informationen, Erweiterungsfragen (reflexive und hypothetische Fragen), Infragestellungen, Empfehlungen, Sprechen in anschaulichen konkreten Bildern oder Metaphern, Erzählen von Geschichten, Gleichnissen und Beispielen. Erkundungsfragen über Zusammenhänge, Hintergründe, Ziele und Erwartungen sowie einfühlende Äußerungen (Spiegeln) haben sowohl bestätigende als auch öffnende Wirkung. Die meisten dieser Gesprächstechniken werden in den Kapiteln 5–9 ausführlich dargestellt.

Gesprächsbeispiel „Ich muss mal wieder meinen Mist abladen"

Das folgende Gesprächsbeispiel aus der Telefonseelsorge veranschaulicht einzelne dieser Gesprächstechniken. Ein Mann im Alter von etwa 55 Jahren ruft nachmittags an. Das Gespräch dauert eine halbe Stunde.

A 1: Guten Tag. Ich habe schon öfter bei Ihnen angerufen. Ich muss mal wieder meinen Mist abladen. Die meisten von Ihnen können's schon nicht mehr hören. **(Wunsch und Beschwerde des Anrufers)** – *kurze Pause* – *(schroff)* Wie alt sind Sie eigentlich?

B 1: Sie reden ja wirklich gerade heraus. **(Sprechweise des A wird als Kompetenz gedeutet. Kompliment zum Aufbau einer Ja-Haltung)** Auf Ihre direkte Frage sollen Sie auch eine direkte Antwort bekommen. Ich bin 47. Das Alter scheint für Sie bedeutsam zu sein? **(Erkundungsfrage zur inneren Landkarte)**

A 2: Nein, eigentlich nicht. Aber ich glaube nicht, dass Sie mir helfen können.

B 2: Wahrscheinlich haben Sie gute Gründe anzunehmen, dass ich Ihnen nicht helfen kann. **(Empathische Äußerung zum Aufbau einer Ja-Haltung)** Das interessiert mich.

A 3: Ja wissen Sie, die meisten kommen mir mit Entzug. Die halten mich für einen Alkoholiker. Aber kommen Sie mir ja nicht mit Entzug. **(abgelehnter Hilfewunsch des Anrufers)**

B 3: Das hilft Ihnen also nicht. Da haben Sie Ihre eigene Meinung über sich. **(Anerkennende Äußerung zum Aufbau einer Ja-Haltung)** Was ist es denn, worüber Sie mit mir reden wollen? **(Erkundungsfrage nach dem Gesprächsthema als Vorbereitung zur Klärung von Hilfewunsch und -ziel)**

A 4: Ach wissen Sie, wahrscheinlich halten Sie mich ja doch für verrückt.

B 4: Was würden Sie mir denn erzählen, damit ich Sie für verrückt halten könnte? **(Erkundungsfrage zur Klärung der inneren Landkarte)**

A 5: Ach das glauben Sie mir ja doch nicht ...
(Der Anrufer erzählt dann ausführlich über visuelle Wahrnehmungen, für die ihn andere für verrückt erklären. Er selbst sehe das nicht als Halluzinationen, sondern als übernatürliche Erfahrungen. Auch werde er mehr und mehr von den Mitmenschen geschnitten. Ein Polizist habe ihn verdächtigt, unter Alkoholeinfluss mit dem Auto gefahren zu sein. Die Mitmenschen hätten keine Achtung mehr vor ihm. – Die Erzählung wird vom Berater lediglich wertschätzend kommentiert. Dann erzählt der Anrufer, dass er früher ein anerkannter Bauingenieur gewesen sei. Er habe sogar beim Bau des Rathauses in X mitgewirkt. Aber diese Arbeit habe er verloren.)
Man soll mir wieder Arbeit geben. **(Ärgerlich geäußerter Hilfewunsch des Anrufers)**

B 5: Das ist Ihnen sehr wichtig. Sie haben ja auch viel geleistet. **(Empathische Äußerung und Kompliment)** Da möchte ich Sie gerne unterstützen. **(Ich-Botschaft)** Andererseits weiß ich nicht, ob Sie wieder Arbeit bekommen. Das ist sicher sehr schwer bei der heutigen Arbeitsmarktsituation. **(Infragestellung des Gesprächsziels)** Was könnten wir denn jetzt mit Hilfe dieses Gesprächs dafür tun? **(Erkundungsfrage zur Art der Hilfesuche)**

A 6: Ja Sie können mir ja auch keine Arbeit besorgen.

B 6: Da haben Sie Recht. **(Anerkennung)** Wie könnten *Sie* es denn hinkriegen, damit Sie eine Arbeit bekommen? Damit man sich für Sie interessiert? **(Erweiterungsfrage zu einem anderen möglichen Gesprächsziel)**

A 7: Ja die wollen ja eh von mir nichts wissen.

B 7: Heißt das, dass dann nichts zu machen ist? **(Erkundungsfrage nach der Auswirkung)**

A 8: Ich weiß nicht. *(Beklagt sich über die schlechten Arbeitsverhältnisse)*

B 8: Es wäre schon schön, wenn man Ihnen einen Job anbieten würde. **(Würdigung seines ursprünglichen Zieles)** Doch wenn Sie jetzt so schimpfen, wie hilft das Ihnen dabei, eine Arbeit zu bekommen? **(Erkundungsfrage nach den Auswirkungen)**

A 9: Ja was würden Sie denn machen?

B 9: Das einzige, was Sie machen könnten, wäre andere davon zu überzeugen, dass Sie etwas zu bieten haben. Dann hätten Sie wenigstens eine Chance. **(Empfehlung mit Angebot eines anderen Gesprächsziels)** Was denken Sie darüber? **(Erkundungsfrage zur Klärung dieses Ziels)**

A 10: Das habe ich mir auch schon überlegt. Aber ich weiß nicht wie?

B 10: Wollen Sie das mit mir überlegen? **(Erkundungsfrage zur Klärung des veränderten Hilfewunsches)**

A 11: Ja wie sollt' ich die überzeugen?

B 11: Angenommen, Sie wollten versuchen, sich möglichst gut darzustellen. Was müssten Sie dann für sich selbst erreichen? **(Hypothetische Erweiterungsfrage zur Klärung des neuen Gesprächsziels)**

A 12: Eigentlich müsste ich mit dem Trinken aufhören. Und wieder mehr Achtung vor mir haben. **(neues Ziel wird konkretisiert)** Das sagt auch meine Tochter.

B 12: Was meint die denn, was Sie tun sollten? **(zirkuläre Erkundungsfrage zur Klärung des Ziels)**

A 13: *(erzählt über die Besorgnisse seiner erwachsenen Tochter und bewertet dabei positiv deren Tüchtigkeit)*

B 13: Und was denken Sie darüber? **(zirkuläre Erkundungsfrage zur Bedeutung der Tochter für das Gesprächsziel)**

A 14: Ja da hat die schon Recht. Ich kann mich ja selber nicht mehr leiden.

B 14: Woran haben Sie als erstes gedacht, um sich selbst wieder mehr zu achten? **(Erweiterungsfrage zur weiteren Konkretisierung des Gesprächsziels, Kleinschrittigkeit)**

A 15: Dann müsste ich einen Entzug machen. **(Zielkonkretisierung)** Aber das habe ich schon einmal gemacht. Das mache ich nie wieder. Das war schrecklich. *(Erzählt dann weiter über die Tortur des körperlichen Entzugs und die Schmach, in die Klinik zu einem Entzug zu gehen)*. Was die einem da in der Klinik sagen ...

B 15: Was sagen die denn? **(Erkundungsfrage zur Klärung der inneren Landkarte)**

A 16: *(erzählt davon und schildert die befürchteten Folgen diese Gesprächsziels aus seiner inneren Landkarte heraus)*

B 16: Ihr erster Entzug war eine schlimme Erfahrung für Sie. **(Anerkennung)** Der Gang in die Klinik wäre schon eine gute Idee. Sie wollen sich ja selbst mehr achten. **(Benennen des letzten Gesprächsziels)** Dabei beschäftigen mich aber auch Ihre Bedenken. Wie könnten Sie sich denn selbst achten, wenn Sie sich an die Klinik wenden, auch wenn andere die Nase über Sie rümpfen? **(Hypothetische Erweiterungsfrage zu möglichen Bewältigungskompetenzen)** Was könnten wir in unserem Gespräch dafür tun? **(Erkundungsfrage zum aktuellen Hilfewunsch)**

Anrufer und Berater überlegen mögliche Szenarios, wenn der Mann sich in die Klinik zum Entzug meldet und wie das von allen Beteiligten gewertet werden könnte. Der Entzug wird dabei immer nur als ein nächster Schritt der Selbstachtung gewertet. **(Kleinschrittigkeit von Veränderung)** Der Anrufer *erkundigt sich konkret nach einer Klinik in seiner Nähe. Der Berater fragt danach, wie und wann der Hilfesuchende sich vorstellt, sich dort zu melden.* **(Fragen zur konkreten Zukunftsplanung, Transfer)** *Gegen Ende des Gesprächs fragt der Berater den Hilfesuchenden danach, wie wahrscheinlich es für ihn ist, dass er sich tatsächlich an die Klinik wendet und wie er sich daran hindern könnte, diesen Schritt zu tun.* **(Aufgreifen der skeptischen Seite des Anrufers / Anregung, das gewünschte Ziel auf die vermuteten Folgen hin zu bedenken unter Wahrung der Neutralität des Beraters)** *Das Gespräch endet mit Nachdenklichkeit des Anrufers.*

Übung

Analysieren Sie das obige Fallbeispiel:

- In welchen Äußerungen des Beraters realisieren sich welche der genannten Grundhaltungen? Nehmen sie dazu die Abb. „Grundhaltungen der ressourcenorientierten Beratung“ zu Hilfe.
- Nach welchen Schwerpunkten oder Phasen könnten Sie das Gespräch ordnen? In welchen Textpassagen finden Sie die in Abb. „Phasen im Prozess der Gesprächsführung“ auf S. 68 dargestellten Gesprächsabschnitte wieder?
- An welchen Stellen würden Sie alternative Vorgehensweisen wählen? Weshalb?

Grundhaltungen der ressourcenorientierten Beratung

Respekt (unbedingte Wertschätzung)
Achten der Person des Hilfesuchenden mit ihrem Erleben, ihren Ideen, Absichten und Bewertungen; Achtung vor der Einzigartigkeit, vor der Sinnhaftigkeit ihres Erlebens und Tuns entsprechend ihres Lebenskontextes und ihrer inneren Landkarte

Empathie (Einfühlendes Verstehen)
Erschließen des Bedeutungsgehalts eines Ereignisses durch einfühlende Äußerungen und Fragen

Auftragsorientierung
Hilfesuchende als Kooperationspartner verstehen, als Experten ihrer Problemstellungen und Lebensziele; Berater als Experten kooperativer und zieldienlicher Beziehungsangebote verstehen; das Gespräch an deren Zielsetzungen und Erwartungen orientieren

So tun als ob
Hilfesuchende in ihren Äußerungen beim Wort nehmen, deren Erzählungen so behandeln, als ob sie stimmen – ohne dass die Helfenden an deren Wahrheitsgehalt glauben müssen

Selbstwertschätzung
Achten auf die eigenen Reaktionen (Gefühle, Körperreaktionen, Impulse, Bilder, Assoziationen, Werte, Grenzen) und diese empathisch als wichtige Information für die Beziehungsgestaltung nutzen

Stimmigkeit (Authentizität)
Stimmig und authentisch bleiben, auch bei eigenen Ambivalenzen

Transparenz
Eigenes Erleben in der momentanen Gesprächssituation transparent machen; das Vorgehen im Gespräch ggf. erläutern und begründen, soweit dies die Kooperationsbereitschaft der Hilfesuchenden erhöht

Demut und Ohnmacht
Die eigene Ohnmacht bezüglich der Veränderung anderer anerkennen, sich bescheiden mit der Rolle des anregenden Begleiters

Neutralität
Neutral bleiben gegenüber den vom Problemsystem betroffenen Personen, den verschiedenen Persönlichkeitsanteilen, den Problemsichtweisen und gegenüber Veränderung oder Nicht-Veränderung

Neugier
Position des Nicht-Wissenden einnehmen, von der aus den Lebenskontext und die innere Landkarte des Hilfesuchenden gemeinsam erkunden

Fehlerfreundlichkeit
Eingeständnis gegenüber sich selbst und den Hilfesuchenden, sich irren zu dürfen und Fehler machen zu müssen, um sich weiter zu entwickeln; Einladen zu experimentieren

Phasen des ressourcenorientierten Gesprächsprozesses

Das unten dargestellte idealtypische Modell ressourcenorientierter Gesprächsführung hilft den Gesprächsprozess zu ordnen. Es gibt Anhaltspunkte dafür, welche Phasen für ressourcenorientierte Gespräche wichtig sind. Die Reihenfolge gibt an, zu welchem Zeitpunkt welche Schwerpunkte in der Regel gesetzt werden sollten. In der Gesprächsrealität sind die einzelnen Phasen eher zirkulär zueinander zu sehen. So kann nach der Anregung zur Problemlösung durchaus wieder eine erneute Phase der Auftragsklärung folgen, wenn gewünschte Veränderungen zu unerwünschten Folgen führen, die vorher nicht bedacht wurden. Stellen Sie sich die einzelnen Phasen wie Glieder einer Pontonbrücke vor. Erst wenn man auf einem Glied sicher steht, wechselt man auf das nächste. Manchmal ist es ratsam, wieder auf das hinter sich liegende Glied zurückzukehren, um dann erneut an anderer Stelle die Brücke zum Ziel zu schlagen.

Die Selbstwahrnehmung des Beraters und die Förderung einer kooperativen Beziehung (Andocken oder Aufbau einer Ja – Haltung) sind zu Gesprächsbeginn besonders wichtig, aber auch eine dauerhafte Aufgabe im ganzen Gesprächsprozess. Je nach gewünschter Hilfe und abhängig von den Kontextbedingungen können einige Phasen völlig nebensächlich sein, während andere viel Raum einnehmen. Mal wird man lediglich Informationen geben, ohne viel Beziehungsarbeit zu machen oder auf ein Problem einzugehen, mal wird es v. a. um die Würdigung des Problemerlebens gehen, mal wird das gesamte Gespräch hauptsächlich aus Auftragsklärung bestehen. Hilfreiche Beratung bedeutet differenziert mit unterschiedlichen Aufträgen und Möglichkeiten umgehen zu können. Wie dies im Einzelnen aussieht, wird ausführlich in den Kapiteln 8 und 9 dargestellt.

Phasen im Prozess der ressourcenorientierten Gesprächsführung

Andocken
Selbstwahrnehmung der Helfer
Aufbau und Pflege
einer vertrauensvollen Zusammenarbeit

↓

Problem klären und würdigen

↓

Auftrag erkunden, klären und entwickeln
Klärungsprozess als gemeinsames Erkunden und Reflektieren

↓

Aufmerksamkeit gezielt auf Ressourcen lenken,
dabei Anpassen der Gesprächsführung an unterschiedliche Hilfewünsche

Entlastung/ Beistand
Stützende Begleitung
Information/Anleitung
Lebensorientierung/ Sinndeutung
Problemklärung/ Problemlösung
Feedback

↓

Strukturieren
durch Metakommunikation und Zusammenfassung

↓

Ausblick anregen
Nächster kleiner Schritt für die Zukunft
Feedback geben und sich verabschieden

Phasen im Prozess der ressourcenorientierten Gesprächsführung

4. Kapitel

Wie sorge ich gut für mich?

Ressourcenorientierung und Selbstfürsorge der Berater

Unser Ansatz einer ressourcenorientierten Beratung geht aus von dem Modell einer kooperativen Gesprächsbeziehung zweier Experten: Hilfesuchende verstehen wir als Experten für ihre Situation, ihre Problemstellungen und ihre Ziele, Berater als Experten für Beziehungsgestaltung und Gesprächsführung. Wir meinen, dass Berater sich den Hilfesuchenden dann am besten in hilfreicher Weise zur Verfügung stellen können, wenn sie selbst einen guten und sicheren Stand(punkt) haben. Insofern bezieht sich die Ressourcenorientierung nicht nur auf die Hilfesuchenden, sondern auch und zunächst einmal auf die Beratenden.

Die Berücksichtigung der eigenen Bedürfnisse wird oft als Psychohygiene bezeichnet – wir bevorzugen den Begriff Selbstfürsorge, da dieser deutlicher die Verantwortung zum Ausdruck bringt, die jeder für sich selbst hat. Gerade in der Telefon- und niedrigschwelligen Beratung ist die Selbstfürsorge besonders bedeutsam, da hier wesentliche Punkte des Settings nicht vorgegeben sind. Das betrifft Zeit, Dauer und Auftrag eines Gespräches, bei der Telefonberatung auch die räumliche Situation der Anrufenden (z. B. kommt es vor, dass jemand während des Autofahrens anruft). Das macht es notwendig, selbst für angemessene Rahmenbedingungen zu sorgen hinsichtlich dieser Punkte.

„Gut im inneren Gleichgewicht sein“

Als Leitfrage könnten wir formulieren: „Was brauche ich, damit ich gut im inneren Gleichgewicht bin für meine Beratungstätigkeit?“
Dieses „gut im inneren Gleichgewicht sein“ ist eine wichtige Voraussetzung für die bestmögliche Beratungstätigkeit – im Dienst der Hilfesuchenden. Man könnte sie daher sogar gewissermaßen als eine ethische Pflicht für jede helfende Tätigkeit bezeichnen. So heißt es im „Ethics Code der American Psychological Association“, „dass Psychologen, Ausbilder und Auszubildende sich stets bewusst sein sollten, dass sich ihr körperlicher und mentaler Gesundheitszustand auf ihre Fähigkeit auswirkt, anderen zu helfen.“ (Sonnenmoser 2009, 308). „Selbstfürsorge ist nicht etwas, das man kurz nebenbei macht, wenn gerade mal ein bisschen Zeit ist, sondern sollte ein essenzieller Bestandteil der beruflichen Identität sein.“ (Barnett, J & Cooper, N: Creating a culture of self-care. Clin Psychol Sci Prac 2009; 16(1): 16 – 20 – zitiert bei Sonnenmoser a. a. O.)

In diesem Sinne möchten wir Ihnen Anregungen geben durch folgende Fragen:

Wie können Sie für sich eine Arbeitsatmosphäre schaffen, in der Sie Ihre eigenen Ressourcen optimal entfalten und nutzen können für eine zweckdienliche Gesprächsgestaltung in der Beratung? Was kann Ihnen helfen, Ihr entsprechendes Kreativitätspotential freizusetzen?

Wie können Sie die in Ihrer Beratungstätigkeit auftretenden Belastungen „managen" und verkraften und wie können Sie sich dabei vor Überforderung schützen, insbesondere vor dauerhafter Überforderung?

Zuerst möchten wir Sie zu einer **Phantasiereise** einladen:

- **Aktivierung eigener hilfreicher Ressourcen aus der Beratungserfahrung**
Erinnern Sie sich an ein Gespräch in Ihrem Beratungskontext –, in dem Sie in einem guten Kontakt zu Ihren eigenen Kompetenzen waren. Sie fühlten sich in einem wertschätzenden Kontakt sowohl mit sich als auch mit der anderen Person, in einer guten Balance zwischen Nähe und Distanz, stimmig mit sich selbst – Sie waren präsent.
Stellen Sie sich nun dieses Gespräch wie ein Bild vor, als ob Sie sich von außen sähen und bei diesem Gespräch beobachteten. Welcher Raum könnte am besten dazu passen, wie Sie sich in diesem Gespräch empfunden haben? Wie empfinden Sie den Raum um sich herum? Wie den Abstand zwischen sich und der Hilfe suchenden Person? In welcher Körperhaltung sehen Sie sich dabei? Sitzend, stehend, in Bewegung – oder noch anders? In welcher Haltung? Vielleicht fällt Ihnen eine bestimmte Figur oder Skulptur ein, die zu dieser Haltung passt. Welche Farben könnten zu diesem Gespräch in diesem Raum passen, die den Raum durchfluten? Welche Töne, welche Melodie könnte dazu passen – oder einfach Stille? Gibt es auch einen bestimmten Duft, der sich dazu einstellt?
Was können Sie sich in Ihrem Rücken vorstellen, was Sie kräftigt, unterstützt, schützt, um präsent zu bleiben? Vielleicht können Sie sich diese Kräfte als Wesen vorstellen, die Sie unterstützen, als Mitglieder Ihres inneren Teams, als Ihre Ratgeber. Vielleicht gehört auch ein Schalk oder Narr dazu, der sich in Ihrem Bild jetzt aufdrängt, dessen Anwesenheit Sie erst noch gar nicht verstehen, der aber sehr wichtig für Ihre Präsenz sein könnte.
Bevor Sie sich jetzt von diesem Bild verabschieden, schauen Sie sich das Gesamtbild noch einmal mit mehr Abstand an, wie wenn das Zoom immer mehr zurückfährt. Vielleicht finden Sie für Ihre Erinnerung an dieses Bild ein Symbol, welches Ihnen helfen kann, sich wieder an diese Erfahrung zu erinnern, an dieses gelungene Gespräch. Was könnte es sein?
Falls Sie ein bei dieser Phantasiereise ein gegenständliches Symbol (oder auch mehrere Symbole) gefunden haben sollten, können Sie diese/s auch mitnehmen an Ihren Arbeitsplatz, dies vor Dienstbeginn aufstellen bzw. hinlegen und sich damit auf Ihre Tätigkeit einstimmen.

Für die Arbeit in der Gruppe:
Am besten wird diese Phantasiereise von einer Person mit einer kurzen Entspannung eingeleitet und vorgelesen. Erfahrungsgemäß erleben es viele Teilnehmer als hilfreich, dabei die Augen zu schließen.
Tauschen Sie sich im Anschluss zunächst in Kleingruppen aus, dann im Plenum. Danach können die Teilnehmer aufgefordert werden, sich für die nächsten Beratungseinsätze entsprechende Symbole als Erinnerungsanker mitzubringen. ◀

Ohne wissen zu können, welche Ressourcen und Möglichkeiten diese Phantasie in Ihnen geweckt hat, möchten wir Ihnen einige Anregungen geben zum Thema Selbstfürsorge.

Vor der Beratungstätigkeit

Die Beratung – sei es am Telefon oder im direkten Gesprächskontakt – sollte mit der äußeren Vorbereitung und einer inneren Einstimmung beginnen. Was und wie da notwendig bzw. möglich ist, hängt sehr vom jeweiligen Tätigkeitskontext ab:

- Generell sollte man hinreichend Zeit einplanen, um sich am Arbeitsplatz über Aktuelles zu informieren und einzurichten mit dem, was man braucht (s. Tabelle unten).
- Sofern man im Schichtdienst arbeitet (wie z. B. häufig in der Telefonberatung oder im Call-Center), empfiehlt es sich, die eigene Zeitplanung so zu gestalten, dass man zeitig genug kommt, um mit dem Vorgänger eine geordnete Übergabe machen zu können.
- Wer im Rahmen seiner Tätigkeit nebenbei Telefonberatung macht, ist in besonderer Weise in seiner Flexibilität und Fähigkeit zum schnellen äußeren und inneren Umschalten gefordert: Was immer man gerade macht (z. B. einen Brief schreiben oder mit einem Kollegen sprechen), plötzlich klingelt das Telefon und man ist aufgefordert, sich dieses Anrufs anzunehmen innerhalb weniger Sekunden.

Zur Selbstreflexion:

- Wie bereiten Sie sich äußerlich vor auf Ihre Beratungstätigkeit vor?
- Wie stimmen Sie sich innerlich darauf ein?
- Haben Sie für sich ein kleines Ritual entwickelt, wie Sie sich auf das jeweilige Gespräch einstimmen können (z. B. in der Telefonberatung 2 x tief durchatmen, bevor Sie den Hörer abnehmen)?

Man kann sich in spezieller Weise auf die Beratungstätigkeit und die kommenden Gespräche einstimmen, sich zentrieren, z. B. mit Hilfe des Symbols aus der geleiteten Phantasie (s. o.) oder mit einer Kurzmeditation, man kann über den Leitspruch des Tages nachsinnen oder sich für eine Minute zurücklehnen, die Augen schließen und sich entspannen.

Hilfreich könnte folgende Checkliste sein (nach Fischer 2010, 22 f.):

„Mein Arbeitsplatz“

Idealer Zustand	Gegeben?	(Welcher) Änderungsbedarf?
Es herrscht Ruhe.		
Der Arbeitsplatz wirkt freundlich (z.B. Pflanzen, Blumen, Bilder an der Wand, ...).		
Der Arbeitsplatz ist ergonomisch auf mich eingestellt (s.u.).		
Leeres Papier bzw. Protokoll- oder Statistikbogen und Stift liegen bereit.		
Notwendige Hilfsmittel (z.B. Beratungsstellenverzeichnis) liegen bereit.		
Computer und Programme für notwendige Helferkarteien etc. sind angeschaltet.		
Vertraulichkeit und Schweigepflicht: Andere Oersonen den Raum, sofern nicht ausdrücklich anders geregelt.		
Für die Telefonberatung:		
Das Telefon steht in Höhe des Sitzplatzes oder höher und auf der Seite des Ohrs, mit dem telefoniert wird.		
Freisprecheinrichtung oder Kopfhörer samt Mikrofon sind verfügbar.		
Beim ersten Klingeln werden Radio, Fernsehen, etc. abgestellt, die Zigarette ausgedrückt.		
Sonstiges:		

Außerdem hier noch ein paar Hinweise hinsichtlich der sog. „Arbeitsplatz-Ergonomie“ für Schreibtisch-Arbeitsplätze (nach Berger und Häseli 2004, 48 f.):
Sitzposition

- Sitzhöhe so, dass Arme und Beine im rechten Winkel sind
- aufrechte Sitzhaltung

Bildschirmeinstellungen

- oberer Rand des Bildschirms auf oder leicht unter der Augenhöhe
- Sehdistanz ca. 60 – 80 cm

Während der Beratungstätigkeit

In der Tätigkeit als Berater sind wir hauptsächlich psychischer Belastung ausgesetzt, und zwar sowohl kognitiver als auch vor allem emotionaler Belastung. Um dieser Belastung gewachsen zu sein und die notwendige „Leistung" bringen zu können, könnten folgende Hinweise hilfreich sein:
Prinzipiell ist es wichtig – natürlich sofern und soweit das möglich ist unter den jeweils gegebenen Rahmenbedingungen – für ausreichende Entspannung und Erholung während der Beratungstätigkeit zu sorgen. Dafür können insbesondere Pausen sorgen.

Empfehlungen für den Umgang mit Pausen (nach Berger und Häseli a.a.O.):

1. Die ersten Pausenanteile haben den höchsten Erholungswert. Kurzpausen (ca. 5 Minuten) sind also am effektivsten.
2. Je länger man arbeitet, desto öfter und länger sollte man eine Kurzpause einlegen.
3. Die Häufigkeit der Pausen richtet sich danach, wie anstrengend die Arbeit ist.
4. Pausen sollen nicht mit Nebenarbeiten ausgefüllt werden, da dadurch der Erholungswert verloren geht – der Begriff „Nebenarbeiten" beinhaltet auch Essen und Rauchen.
5. Pausen sollen vorbeugend (präventiv) gemacht werden. Das heißt, nicht erst, wenn man sich bereits müde und erschöpft fühlt. Dann ist es nämlich schon zu spät, um sich überhaupt noch richtig erholen zu können.

Und noch ein Tipp:
Ist man nur geistig erschöpft, aber nicht auch körperlich, so kann es sinnvoll sein, sich körperlich zu betätigen – z. B. ein paar Bewegungsübungen zu machen – und so wieder für die notwendige Balance zu sorgen.

Eine besondere Herausforderung hinsichtlich Belastung und Erholung stellt der Nachtdienst (z. B. bei der Telefonseelsorge) dar, der den natürlichen Wach-Schlaf-Rhythmus aus dem Lot bringt und damit den Menschen in seinem gesamten psychophysischen Funktionieren belastet und häufig beeinträchtigt. Die wenigsten Menschen schaffen es ab einem gewissen Alter, einfach „durchzumachen", daher sind bezüglich Nachtdiensteinsatz weitergehende Maßnahmen empfehlenswert:

- Möglichst ausgeruht zum Nachtdienst kommen (leider kann man aber nicht „vorschlafen").
- Während des Nachtdienstes Möglichkeiten zum Ruhen und Entspannen nutzen und ggf. auch schaffen.

- Nach dem Nachtdienst hinreichend freie Zeit zum Schlafen und Erholen einplanen.

Im einzelnen Beratungsgespräch ist es bedeutsam, die eigenen Möglichkeiten und Grenzen zu berücksichtigen, keine unerfüllbaren Aufträge anzunehmen, auf die zeitliche Gestaltung und die räumliche Situation des Hilfesuchenden zu beachten. Auf diese Punkte werden wir in den Kapiteln 7, 8 und 10 näher eingehen.
Ein weiterer Aspekt ist die Konzentration auf den Kontakt mit dem Hilfesuchenden. In unserer heutigen Welt sind wir immer öfter zum sog. „Multi-Tasking" herausgefordert oder verleitet, d. h. mehrere Aufgaben gleichzeitig zu erledigen. Bei der Telefonberatung könnte das z. B. sein, der anrufenden Person zuzuhören und gleichzeitig im PC nach einer gewünschten Beratungsstelle zu suchen oder schon das von der Telefonberatungsstelle geforderte Statistikformular auszufüllen.

Zur Selbstreflexion:

Wie sieht es bei Ihrer Beratungstätigkeit mit dem Multi-Tasking aus? Wie gehen Sie damit um? Wie wirkt sich Ihrer Erfahrung nach Multi-Tasking auf Ihre Aufmerksamkeit und Ihren Kontakt zur hilfesuchenden Person aus?

Jeder Berater kennt die Erfahrung, nach einem Gespräch vom Schicksal des Gesprächspartners besonders berührt zu sein – und dass es dann schwer fallen kann, sich auf eine andere Person und ein anderes Schicksal einzustellen.
Wenn man z. B. in der Telefonberatung von wiederholten Scherzanrufen genervt ist, mag es mitunter schwer gelingen, sich wieder zu öffnen für einen neuen Anrufer und ein neues Anliegen. Die rechte Balance zu finden zwischen einfühlsamer Zuwendung und notwendiger innerer Distanz ist eine permanente Aufgabe für alle Berater (wie für alle Menschen in helfenden Berufen und Tätigkeiten – s. dazu auch Kap. 3). Da gibt es viele Möglichkeiten, um sich von dem gerade Erlebten innerlich zu distanzieren und sich wieder neu zu zentrieren für das nächste Gespräch. Man kann z. B. am offenen Fenster tief Luft holen und sich recken oder ein paar Minuten Pause machen (s. o.).[7]

Zur Selbstreflexion:

Welche Möglichkeiten haben Sie bisher in Ihrem Repertoire, um in solchen Situationen „den Kopf wieder frei kriegen" und sich neu zentrieren zu können?
Anregend kann ein entsprechender Austausch in der Supervisions- bzw. Praxisbegleitungsgruppe sein.
Experimentieren Sie im Anschluss mit neuen Möglichkeiten.

7 *Stellvertretend für die zahlreiche Literatur zu diesem Thema sei das Buch von Hamilton (2002) genannt, das z. B. auch eine Lockerungsübung für die Zeit in der Telefonwarteschleife anbietet.*

Vielleicht mögen Sie auch mal die folgende Imagination ausprobieren:

Imagination „Lichtdusche"

Sorgen Sie dafür, dass Sie für einige Minuten ungestört sind, und suchen Sie sich einen für Sie guten Platz, sitzend oder stehend. Entspannen Sie sich und schließen Sie die Augen. Beide Fußsohlen sollten auf dem Boden aufstehen. Sie können sich vorstellen, dass Ihre Füße in der Erde fest verwurzelt sind. Stellen Sie sich nun vor, dass von oben helles, warmes Licht auf Sie einströmt. Dieses Licht überströmt Sie und erfüllt Sie mit frischer Energie.

Anmerkung:

Sie können mit dieser Imagination experimentieren. Zum Beispiel können Sie sich vorstellen, dass das Licht Sie „duscht", oder dass es in Sie hineinströmt und Sie innerlich erfüllt. Sie können auch mit Lichtfarben experimentieren, sich beispielsweise weißes oder goldenes oder orangefarbenes Licht vorstellen. Manche Menschen erleben es auch als hilfreich, sich vorzustellen, die verbrauchte Energie fließe in die Erde ab. Andere tun sich eher schwer mit der Vorstellung, mit Licht zu „duschen" – da kann es leichter fallen, sich ein Duschen mit Wasser vorzustellen oder dass man sich von Wind umwehen lässt.

Viele Berater erleben es als entlastend und hilfreich, sich nach einem Gespräch schriftliche Notizen zu machen und sich das Gespräch so „von der Seele schreiben" zu können. Außerdem stellen solche Notizen eine gute Basis für die Supervision dar. Auch die Erfassung der formalen Gesprächsdaten für die Statistik, die in vielen Beratungsdiensten üblich ist, hilft zu einer inneren Distanzierung vom Gespräch. Meist wird auch als entlastend erlebt, wenn man nach einem belastenden Gespräch mit einem Kollegen (mancherorts auch als Intervision oder gegenseitiges Coaching benannt) oder einer für die Beratungstätigkeit verantwortlichen Person reden kann.

Nach der Beratungstätigkeit

Zur Selbstreflexion:

Welche Ressourcen für Erholung und Entspannung stehen Ihnen nach belastenden oder anstrengenden Beratungseinsätzen zur Verfügung?
Wie schaffen Sie es, sich von der kognitiven und emotionalen Anstrengung zu erholen und (wieder) innere Distanz herzustellen zu den gehörten Schicksalen?
Auch diesbezüglich kann ein Austausch in der Gruppe anregend sein.

Hilfreich zur Erholung – nicht nur von anstrengenden Beratungsgesprächen und -diensten – ist eine Imaginationsübung, die darin besteht, sich in der Phantasie einen Ort ganz für sich selbst zu schaffen, einen ganz privaten und individuellen Zufluchtsort. Diesen kann man aufsuchen, wenn man einen Schlupfwinkel braucht, um sich von Anstrengungen oder Verletzungen zu erholen, um sich zu sammeln oder um seinen inneren Akku aufzuladen. Wie bei allen Imaginationen gilt der Grundsatz, dass diese umso rascher und leichter gelingen, je öfter man übt.

Imagination „Mein innerer Zufluchtsraum“ (nach Lazarus 2004, 31 f.)

Suchen Sie sich einen Ort, an dem Sie sich wohl fühlen. Sorgen Sie dafür, dass Sie für die nächsten 20–30 Minuten möglichst ungestört bleiben werden. Machen Sie es sich so bequem wie möglich und entspannen Sie sich. Lassen Sie es geschehen, dass Ihr Geist auf seine ganz eigene Art und Weise und in seiner eigenen Geschwindigkeit das Bild eines ganz besonderen Raumes erschafft. Sie können sich einen Raum ganz nach Ihren Wünschen und Vorstellungen erschaffen. Dieser Raum gehört Ihnen, einzig und allein Ihnen. Niemand außer Ihnen selbst kennt diesen Raum, niemand hat Zugang zu ihm.
Lassen Sie sich Zeit dafür.
Wenn Sie einen Raum vor Ihrem inneren Auge zu sehen beginnen, probieren Sie ihn aus. Gehen Sie im Geiste darin herum. Schauen Sie aus dem Fenster, falls es eines gibt. Wie wirkt dieser Raum auf Sie? Was für Geräusche und Gerüche nehmen Sie wahr?
Prüfen Sie, ob Sie sich in diesem Raum behaglich fühlen.
Sie können sich diesen Raum nach Ihrem Belieben gestalten, ganz so, wie Sie ihn sich wünschen. Ihrer Phantasie sind keine Grenzen gesetzt. Gestalten Sie sich diesen Raum so, wie Sie ihn haben wollen.
In diesem Raum können Sie ganz Sie selbst sein, sicher und geschützt. Wann immer Sie es wollen oder brauchen, können Sie in diesen Raum kommen, können sich erholen und auftanken.
Und bevor Sie diesen Raum verlassen, schauen Sie sich noch einmal um, nehmen Sie alles in sich auf, so dass Sie jederzeit wieder leichten Zugang haben.

Wichtig ist uns in diesem Zusammenhang der Hinweis auf Supervision bzw. Praxisbegleitung und Fortbildung, die wir für eine verantwortliche Beratungstätigkeit für unverzichtbar halten. Insbesondere in der Supervision kann die Reflexion eigener Anteile (Erlebens-, Denk- und Verhaltensmuster) möglich sein. Zur Anregung für das Erkennen von solchen eigenen Mustern möchten wir Ihnen die folgende Selbstreflexion anbieten:

Zur Selbstreflexion:

a) Erinnern Sie sich an ein Beratungsgespräch, bei dem Sie in gutem Kontakt zu Ihren eigenen Ressourcen und Kompetenzen waren, in einer guten Balance zwischen Nähe und Distanz zu dem Hilfesuchenden, in Überstimmung mit sich selbst und gleichzeitig dem Hilfesuchenden zugewandt.

Was war an diesem Tag anders als sonst?
Wie haben Sie sich auf Ihre Tätigkeit vorbereitet?
Welche weiteren Unterschiede gab es zu sonst?

b) Erinnern Sie sich nun an ein Beratungsgespräch, bei dem Sie sich überfordert erlebten.
Worin bestand die Überforderung?
Was war an diesem Tag anders als sonst?

c) Vergleichen Sie a) und b).
Wie könnten die Unterschiede zustande gekommen sein?
Erkennen Sie eigene Erlebens-, Denk- und Verhaltensmuster, die zu diesen Unterschieden beigetragen haben könnten?

- Ist Ihr Umgang mit den eigenen Bedürfnissen eher liebevoll, wertschätzend, ressourcenorientiert – oder eher selbstkritisch, herabsetzend, defizitorientiert?
- In welchen Situationen stellen Sie sich die Frage: „Was brauche ich für mich?"
- Gehört es zu Ihrem „Normalprogramm", die eigenen Bedürfnisse zu registrieren und zu beachten, oder tun Sie das erst dann, wenn es irgendwo „weh" tut oder kritisch wird?[8]

Welche Konsequenzen könnten Sie aus diesen Erkenntnissen für sich ziehen? ◂

Sekundäre Traumatisierung
In den letzten Jahren ist zunehmend von der sog. **„sekundären Traumatisierung"** die Rede. Damit ist gemeint, dass manche Helferinnen und Helfer, die mit dem Leid, insb. mit den Traumatisierungen anderer befasst sind, selbst Traumatisierungssymptome entwickeln (s. Wagner 2010).
Dies betrifft in erster Linie Personal von Rettungsdiensten, Polizei und Feuerwehr, die häufig und unmittelbar mit schrecklichen Situationen konfrontiert sind. Auch wenn im Vergleich dazu in der Telefon- und niedrigschwelligen Beratung meist eine größere Distanz zu den Schicksalen anderer besteht, so sind solche Phänomene doch auch hier nicht auszuschließen.
Als Risikofaktoren für eine Sekundäre Traumatisierung gelten (nach Schwarzer 2010):

- Hohes Einfühlungsvermögen ohne innere Distanz
- Reaktivierung einer früheren Traumageschichte

---

8 *Hilfreiche Hinweise zum Umgang mit Stress sind beispielsweise in dem Arbeitsheft Stressbewältigung (2003) zu finden.*

- Negative Energiebilanz (Ermüdung, ausgebrannt sein)
- Fehlende Problemlösestrategien
- Fehlende emotionale Bewältigungsstrategien

Wichtige Präventionsstrategien (nach Schwarzer 2010):

- Selbstfürsorge (Ausgeglichenheit, Gelassenheit, optimistische Lebenshaltung, Fähigkeit zur Selbstöffnung, Reflexionsfähigkeit, Arbeits- und Lebensbalance)
- Verhaltensprävention (Wissen über Sekundäre Traumatisierung, Erlernen von Problemlösestrategien unter Extrembelastungen, Trainieren emotionaler Bewältigungsstrategien, Trainieren realitätsnaher Szenarien)
- Gesundes Miteinander im Team (Soziale Einbettung des Einzelnen im Team, Verantwortungsübernahme im Team, Soziale Anerkennung)
- Gesunde Arbeitsbedingungen (Ruhezeiten, Arbeitszeitmodelle, Präventionstrainings, Intervision, Supervision)

▸ **Zur Selbstreflexion:**

Nehmen Sie bei sich selbst Traumatisierungssymptome aufgrund ihrer Beratungstätigkeit wahr?
Wie schätzen Sie sich hinsichtlich der o. a. Risikofaktoren ein?
Insbesondere: Gelingt Ihnen eine gute Balance zwischen Einfühlungsvermögen einerseits und innerer Distanzierung andererseits?
Wie sieht es bei Ihnen mit Präventionsstrategien aus? ◂

Rund um die ehrenamtliche Telefonberatungstätigkeit

Viele Telefonberaterinnen und Telefonberater üben diese Tätigkeit ehrenamtlich aus, zusätzlich zu ihren sonstigen Tätigkeiten und Verpflichtungen, mit denen die meisten zeitlich durchaus „ausgefüllt" sind. Auf die Frage, warum sie das zusätzlich auf sich nehmen, bekommt man Antworten wie:

„Ich wollte etwas anderes als Kaffeeklatsch – etwas Sinnvolles tun, durch die Ausbildung Neues lernen und etwas über mich erfahren. Ich lerne immer noch etwas dazu, erfahre in der Gruppe immer noch etwas über mich – was mir hilfreich ist. Die Telefonberatung gibt die Möglichkeit, die Menschen direkt zu erreichen." (Frau, 59 Jahre)

„Ich bin jetzt neun Jahre dabei. Jeder Dienst, den ich mache, ist anders. Mein Verhalten anderen Menschen gegenüber hat sich durch die Erfahrungen bei und mit der Telefonberatung verändert. Ich habe mehr Verständnis für andere, aber auch

für mich. Ich schätze die Begegnungen mit den Menschen am Telefon und den guten Teamgeist der Mitarbeiterinnen und Mitarbeiter." (Mann, 45 Jahre)

Wie würde Ihre Antwort lauten?
Diesbezüglich möchten wir Sie zu einer Selbstreflexion einladen:

Zur Selbstreflexion:

Welches sind die Motive für Ihre Tätigkeit in der Telefonberatung?
Welchen Nutzen haben Sie davon, welchen Gewinn?
Welchen Sinn gibt Ihnen diese Tätigkeit?
Welche Funktion(en) hat die Telefonberatung in Ihrem derzeitigen Leben?
Welche Ihrer Fähigkeiten kommen bei der Telefonberatung (in besonderer Weise) zum Tragen?
Welchen Preis kostet Sie die Telefonberatungstätigkeit – an Zeit, an Einsatz, an Kraft, an Geld?
Wenn Sie Nutzen und Kosten zueinander in Beziehung setzen – wie sieht dann die Bilanz aus?

- Ist sie so in Ordnung für Sie?
- Möchten Sie etwas daran verändern?
- Wenn ja, in welche Richtung?
- Wie könnten Sie das angehen?

5. Kapitel

Aneinander andocken

Beziehung wahrnehmen und gestalten

Unter „Beziehung“ verstehen wir in unserem Kontext eine fachlich–helfende Beziehung im Dienste der Aufgabenstellung der jeweiligen Beratungseinrichtung. Die fachlich–helfende Beziehung ist kein Selbstzweck wie beispielsweise eine freundschaftliche Beziehung, wo es um den Kontakt als solchen geht. Wir sehen die fachlich–helfende Beziehung vielmehr als notwendige Voraussetzung und als Mittel zum Zweck, um hilfreich sein zu können zur Lösung der Probleme Hilfesuchender oder zur Förderung ihres psychischen Wohlergehens. Dieses Verständnis zeigt sich z. B. darin, dass in vielen Telefonberatungsdiensten die Beraterinnen und Berater anonym bleiben und private Kontakte über das Telefongespräch hinaus in der Regel ausdrücklich untersagt sind.
Dass zwei Personen miteinander reden, ist noch keine Beziehung im genannten Sinne. Eine solche Beziehung kann erst dann entstehen, wenn es mir gelingt, mit dem Hilfesuchenden, seinem Anliegen und seiner inneren Landkarte möglichst passgenau in Kontakt zu kommen – wir bezeichnen dies als **andocken** (diesen metaphorischen Begriff übernehmen wir von Lohse 2006a, 61 ff.), und wenn der Hilfesuchende mich als mitfühlend, mitdenkend, vertrauenswürdig und kompetent erlebt. Hier ist an den Grundsatz der Kommunikation zu erinnern, dass der Empfänger einer Botschaft über die Bedeutung der Botschaft für sich bestimmt. Das heißt, die hilfesuchende Person bestimmt darüber, ob und wann und inwiefern sie sich bestätigt und akzeptiert fühlt oder ob und inwiefern nicht. Als Berater sollte ich auf diesbezügliche Signale achten und ggf. auch ausdrückliches Feedback einholen.
Die Fähigkeit, eine tragfähige und vertrauensvolle Beziehung zum Hilfesuchenden aufzubauen, wird in allen Beratungskonzepten als grundlegend angesehen – das gilt auch für die ressourcenorientierte Beratung. Für „Andocken“ werden anderswo häufig auch andere Begriffe verwendet wie Arbeitsbündnis herstellen, ankoppeln, Pacing, in Rapport kommen.
Wir legen in diesem Kapitel den Schwerpunkt auf die Kooperationsbereitschaft gegenüber den Hilfesuchenden. Kooperation bedeutet vom lateinischen Wortsinn her ein Zusammen-Wirken. **Beide** Gesprächspartner müssen zusammenwirken wollen und auch tatsächlich zusammenwirken für ein gelingendes Gespräch. Dies schließt eine Abgrenzung gegenüber Hilfesuchenden nicht aus (s. u. und Kap. 10).

▸ **Zur Selbstreflexion:**

Formulieren Sie, ob und wie Sie unter welchen Umständen und Bedingungen mit einer hilfesuchenden Person kooperieren bzw. sich abgrenzen möchten. ◂

▸ **Für die Gruppenarbeit:**

Tauschen Sie Ihre diesbezüglichen Standpunkte aus und diskutieren Sie darüber. ◂

Den Gesprächsbeginn gestalten – Selbstwahrnehmung der Helfer

Im direkten Gesprächskontakt beginne ich in dem Moment ein Gespräch zu gestalten, wenn der Hilfesuchende auf mich zukommt bzw. umgekehrt: Wie gestalte ich die Begrüßung? Stehe ich auf oder bleibe ich hinter meinem Schreibtisch sitzen? Welche Worte wähle ich? Wie gestalte ich das Setting (z. B. Sitzplatzwahl)? Was möchte ich damit zum Ausdruck bringen (z. B. eine Einladung aussprechen, Offenheit signalisieren, Abstand wahren, ...)? Achten sollte man – im Rahmen der eigenen Möglichkeiten – auch darauf, welche Wirkungen die vorgegebenen Rahmenbedingungen (z. B. ob es sich um ein „kuscheliges" Beratungszimmer handelt oder um ein nüchternes Büro in einer Behörde) haben bzw. haben könnten.

In der Telefonberatung beginne ich in dem Moment ein Gespräch zu gestalten, wenn es klingelt: Wie lange lasse ich es klingeln, bevor ich abnehme? Melde ich mich sofort? Wie melde ich mich? Wie reagiere ich auf die erste/n Äußerung/en bzw. das Verhalten (z. B. Schweigen) der anrufenden Person?

▸ **Übung zu „schwierigen" Gesprächsanfängen**

Machen Sie ein Rollenspiel mit einer der folgenden Vorgaben für die hilfesuchende Person. Sie können dabei auch die Methode des Reflecting Team einsetzen.

- Die hilfesuchende Person sagt nichts, sie schweigt (in der Telefonberatung ein sog. Schweigeanruf – s. u.).
- Die hilfesuchende Person startet mit einem Redeschwall, einer Fülle von Informationen, Erlebnissen, Gedanken und Gefühlen, spricht „ohne Punkt und Komma".
- Die hilfesuchende Person beginnt das Gespräch mit einer der folgenden Formulierungen:

  „Ich weiß nicht, wie ich anfangen soll."
  „Ich habe ein ganz ausgefallenes Problem."
  „Ich bin völlig fertig mit den Nerven."

„Ich glaube nicht, dass Sie mir helfen können.“
„Ich würde eigentlich lieber mit einem Mann/einer Frau sprechen.“ ◂

Ab der ersten Sekunde beginnt ein gegenseitiger Wahrnehmungs- und Einschätzungsprozess bezüglich der anderen Person. Im direkten Gesprächskontakt beginnt dieser Prozess in der Regel bei visuellen Merkmalen (Geschlecht, Kleidung, Haltung, Gestik und Mimik, geschätztes Alter, etc.), setzt sich fort bei den auditiven (Inhalt des Gesagten, Stimme, Tonfall, Redegeschwindigkeit, etc.) und ggf. auch bei taktilen (Händedruck) und olfaktorischen Merkmalen (Geruch). Bei der Telefonberatung ist die Wahrnehmung auf die auditiven Merkmale beschränkt.

Ich reagiere auf diese ersten Eindrücke vom Hilfesuchenden mit selektiven Wahrnehmungen, Assoziationen, Vermutungen, Gefühlen und Handlungsimpulsen. Zur genaueren Betrachtung und Analyse der Selbstwahrnehmung hat sich das sog. **„Bewusstheitsrad“** nach V. Satir (Satir 1999) bewährt:

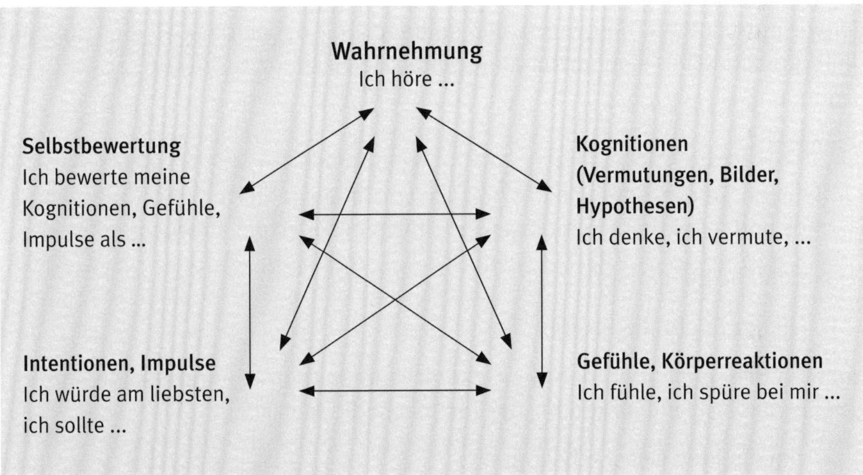

Die Pfeile sollen deutlich machen, dass es sich hier um ein System mit Vernetzung und Wechselwirkung der einzelnen Elemente aufeinander handelt. Eine Veränderung in einem der Elemente wirkt sich auf die anderen Elemente aus: Ich höre z. B. in der Telefonberatung eine abgehetzt wirkende weibliche Stimme. Unmittelbar nach meiner Meldung überfällt sie mich förmlich mit dem Satz: *„Ich muss mit Ihnen sprechen! Ich weiß nicht mehr weiter!“* Und dann sprudelt es aus ihr heraus. Ich werde mit einem Redefluss überschüttet (Wahrnehmung). Vielleicht spüre ich zunächst eine Erstarrung ob dieser überraschenden Gesprächseröffnung. Vielleicht stellt sich auch ein Gefühl des Unwohlseins ein oder ich ärgere mich darüber, dass so viele Worte auf mich einströmen (Gefühle, Körperreaktionen). Meine Erstarrung kann ich vielleicht eher zulassen als meinen Ärger (Selbstbewertung). Im Nachhinein merke ich möglicherweise, dass ich mir gleich ein bestimmtes Bild von der Anruferin mache. Ich vermute, dass sie sich stark unter Druck fühlt, dass sich viel in ihr angesammelt hat, was sie nun auf einmal loswerden möchte. Ich halte sie für dramatisierend. Ich denke, dass die Anruferin öfter so reagiert, wie ich sie jetzt am Telefon erlebe (Kognitionen). Vielleicht ist dieses Sich-dramatisch-zeigen eines ihrer Verhaltensmuster in Problemsituationen, um Aufmerksamkeit zu wecken. Als Gesprächspartner komme ich kaum zu Wort. Vielleicht hält die Anruferin auch sonst mögliche Gesprächspartner so auf Distanz. Vielleicht hat sie Schwierigkeiten, etwas von anderen wirklich anzunehmen. Ein klärendes Gespräch, gegenseitiger Austausch würden dadurch erschwert. Das Problem der Anruferin könnte auch etwas damit zu tun haben, dass sie sich unverstanden fühlt. Vielleicht trägt sie Ärger in sich, der durch Vorwürfe und Rückzug ausagiert wird (weitere Vermutungen, Bilder, Hypothesen). Ich spüre widersprüchliche Impulse bei mir: Einerseits erhöhte Aufmerksamkeit – wegen der gezeigten Dramatik, und andererseits Abschalten bzw. auf Distanz gehen wollen – um mich vor dem Redefluss zu schützen (Intentionen, Impulse). Anderen Menschen, die mit der Anruferin zu tun haben, könnte es ebenso gehen – ein mögliches Abbild der Beziehung der Anruferin zu ihren Mitmenschen: Überschreiten der Grenzen – Rückzug – Ansammeln von Ärger – Dramatisieren – Vorwürfe (Hypothese). Bewusst sein sollte ich mir dabei, dass all dies auf dem Hintergrund meiner eigenen inneren Landkarte zu sehen ist (s. Kap. 2).

▸ Übungen

1. Nehmen Sie den Anfang eines kürzlich von Ihnen geführten Beratungsgespräches und reflektieren Sie diesen schriftlich mit Hilfe des Bewusstheitsrades.
2. Für die Gruppenarbeit
   - in der Telefonberatung:

Nehmen Sie einen oder mehrere Gesprächsanfänge bzw. Anrufersätze und tragen Sie diese/n laut vor (denn „der Ton macht die Musik").

- im direkten Gesprächskontakt

Stellen Sie einen Beratungsanfang möglichst detailliert vor.

Jeder Teilnehmer reflektiert dies anhand des Bewusstheitsrades.
Vergleichen Sie die Reaktionen unter folgenden Gesichtspunkten:

- Wie hängen meine spezifischen Reaktionen – was ich jeweils wahrnehme und welche Bedeutung(en) ich meinen Wahrnehmungen gebe – mit meiner eigenen Situation im Moment des Gesprächs und meiner inneren Landkarte (z. B. eingefahrene Hypothesen oder Bilder über bestimmte Hilfesuchende) zusammen?
- Welche Möglichkeiten für den weiteren Gesprächsverlauf könnten diese Reaktionen eher eröffnen, welche eher verschließen? ◂

Die Arbeit mit dem Bewusstheitsrad macht nicht nur die Unterschiede zwischen verschiedenen Individuen deutlich, sondern auch, dass meine persönlichen Wahrnehmungen und inneren Reaktionen geprägt sind von meinen vorhergegangenen Erfahrungen. Das verweist auf die Bedeutung der Selbsterfahrung in der Ausbildung zum/zur Berater/Beraterin. Hinsichtlich der Gesprächsführung bieten das Bewusstheitsrad und die sog. Repräsentationssysteme (s. u.) dafür gute Übungs- und Feedbackmöglichkeiten.

Andocken können und müssen wir auch an die sog. „innere Landkarte" des Anderen, an dessen Bewusstseinssystem – also wie er Erlebtes abspeichert und dann wiedergibt (s. Kap. 2). Über diese innere Landkarte unseres Gegenübers können wir nur etwas durch dessen Äußerungen erfahren, seien diese verbal, paraverbal oder nonverbal. In unserem Alltagsleben gehen wir davon aus, dass gleiche Worte bzw. gleiche Gesten für verschiedene Menschen gleiches bedeuten. Und mit vielen alltäglichen Dingen und Vorgängen funktioniert das in der Regel recht gut. Jeder von uns weiß aber auch, wie viele Missverständnisse es gibt, weil Menschen die gleichen Worte bzw. Sätze unterschiedlich verstehen. Das fängt bereits bei so banalen Worten wie „rechts" und „links", „vorne" und „hinten" an – die Bedeutung dieser Worte hängt von der Position und Perspektive des jeweiligen Sprechers ab. Auch nonverbale Gesten sind nicht selbstverständlich eindeutig: Kopfnicken gilt bei uns und in vielen anderen Kulturen als Zeichen der Bejahung, der Kenntnisnahme oder des Verstehens. In einigen Ländern des Balkans und in Indien dient das Nicken hingegen als Zeichen der Ablehnung oder Verneinung. Noch viel problematischer wird diese bei komplexeren Sachverhalten. Was könnte z. B. der Satz „Ich sitze im Loch." bedeuten?

▸ Übung

Befragen Sie mehrere Ihrer Kollegen/innen, was dieser Satz „Ich sitze im Loch." für jede/n bedeuten und in ihnen auslösen würde, wenn sie das von einem Hilfesuchenden hören würden. ◂

Solche Äußerungen hören wir auf dem Hintergrund unserer eigenen Landkarte, d. h. wir wenden unsere je persönlichen Symbolisierungsmechanismen darauf an – daher kommt so ein Satz bei jedem anders an und löst anderes aus. Nach unserer Erfahrung interpretieren nicht wenige Berater den Satz „Ich sitze im Loch." als Aussage über einen beklagenswerten und veränderungsbedürftigen Zustand und reagieren mit einem Helferimpuls im Sinne von „Dem muss ich aus dem Loch heraushelfen". Tatsächlich können wir aber aufgrund dieses Satzes nicht wissen, ob der Hilfesuchende das so meint und will. Das müssten wir erst herausfinden, z. B. durch „naives" Fragen im Sinne der Haltung des Nicht-Bescheid-Wissens (s. Kap. 3 – das Beispiel wird in Kap. 8, S. 155 fortgesetzt).
Vielleicht kann Ihnen die folgende Metapher helfen, die Haltung des Nicht-Bescheid-Wissens umzusetzen: Was ein Mensch mir von sich und seinem Leben usw. berichtet, ist wie der Bericht eines Außerirdischen über seinen Heimatpla-

neten. Vielleicht benutzt er auch ein Wort für „Gebirge“, doch sind die Gebirge dort bis 30 km hoch, oder er spricht von „Wald“, doch sind die Lebewesen dort unseren Bäumen und Büschen nur sehr entfernt ähnlich und haben gänzlich andere ökologische Funktionen und Bedeutung.

Die nächsten Abschnitte gehen davon aus, dass Sie in der Telefonberatung tätig sind oder dass Sie sich vorstellen, dies zu sein. Die Ausführungen sind in der Ich-Form gehalten.
Häufig wird in den ersten Momenten und Gesprächssequenzen die Grundlage dafür gelegt, wie sich das Andocken gestalten wird zwischen dem Anrufer und mir.

Das Telefon klingelt. Es kann hilfreich sein, nicht sofort das Telefon abzunehmen, sondern es erst ein paar Mal klingeln zu lassen. In dieser Zeit kann ich nochmals durchatmen und mich auf den folgenden Kontakt einstimmen. Vielleicht rekapituliere ich nochmals die Worte meiner Meldung, oder schaue schon mal auf die Uhr, falls ich die entsprechende Angabe für die statistische Erfassung des Gesprächs eintragen muss.

▶ **Anregung:**

Experimentieren Sie damit, sich selbst ein kleines Ritual zu schaffen für die kurze Zeit zwischen dem ersten Klingeln und dem Abnehmen des Telefons, z. B. zweimal tief durchatmen, auf die Uhr blicken und Uhrzeit notieren oder sich einen Satz sagen, um sich zu sammeln oder neu zu öffnen.
Was würde für Sie am besten passen? ◀

Ich kann in dieser kurzen Zeit auch darauf achten, welche Voreinstellung gegenüber dem kommenden Anruf mich bewegt: Vielleicht befürchte ich den x-ten Scherzanruf einer Gruppe von Kindern, vielleicht erhoffe ich den vereinbarten Anruf einer mir angenehmen Anruferin.
Ich nehme den Hörer ab. In den letzten Jahren habe ich (D. T.) mir angewöhnt, zuerst mal einen kurzen Moment hinzuhorchen, vielleicht eine Sekunde lang, bevor ich mich melde. In diesem kurzen Moment erhalte ich schon erste Eindrücke: Ist es still auf der anderen Seite der Leitung, höre ich Straßengeräusche oder das Getuschel einer Gruppe von Kindern, die sich auf einen Testanruf vorbereiten?

Ich melde mich. Ich sage z. B. *„Guten Tag, hier ist die Telefonseelsorge.“* oder *„Kinder- und Jugendtelefon, hallo.“* Schon durch die Art und Weise der Meldung und Begrüßung erzeuge ich eine Atmosphäre, die sich auf den weiteren Gesprächsverlauf auswirkt. Eine besorgt wirkende Stimme kann z. B. für den Anrufer ein Signal dafür sein, dass es im weiteren Gespräch eher um belastende Ereignisse und Gefühle gehen müsse. Eine sachlich wirkende Stimme könnte eher dazu einladen, nüchtern und sachlich, vielleicht auch emotional unbeteiligt über ein Anliegen zu sprechen.

Anhand meiner Stimme und dessen, was ich bei meiner Meldung sage und wie ich es sage, macht sich die anrufende Person ein Bild von mir: Sie registriert natürlich als erstes mein Geschlecht (Mann oder Frau) und hat in der Regel auch einen unmittelbaren Eindruck davon, ob ihr diese Stimme sympathisch ist oder nicht. Sie reagiert auf meine Worte, Stimme und Tonfall mit selektiven Wahrnehmungen, Assoziationen, Vermutungen, Gefühlen und Handlungsimpulsen (s. o.). So kann beispielsweise eine Dialektfärbung auf den einen Anrufenden einladend wirken, weil er sich damit verbunden und vertraut fühlt – auf einen anderen hingegen abschreckend, weil fremd und unvertraut. Das ist natürlich ein anfängliches, bruchstückhaftes Bild – das aber seinen Einfluss darauf hat, ob die anrufende Person sich überhaupt auf ein Gespräch einlässt (oder vielleicht gleich wieder auflegt) und wie sie das tut.[9]

In vielen Telefonberatungsdiensten ist es üblich, dass die Berater anonym bleiben, d. h. ihren Namen nicht nennen. Diese Anonymität soll vor allem dem Schutz der Berater in ihrem Privatleben dienen. Diese häufige Praxis (s. z. B. die obigen Beispiele) widerspricht sowohl unseren üblichen gesellschaftlichen Konventionen – dass wir uns bei persönlichen wie auch telefonischen Kontakten mit Namen vorstellen (je nach Situation nur mit dem Nachnamen oder mit Vor- und Nachname) – als auch allen fachlichen Erfahrungen und Empfehlungen zum Kontaktaufbau beim Gesprächseinstieg: „Indem Sie Ihren vollen Namen sagen, öffnen Sie sich dem anderen. Sie avancieren von einer anonymen Nummer zu einem Menschen aus Fleisch und Blut, obgleich der Angerufene Sie nicht sieht.“ (Fischer 2010, 26)

Auch wenn hier von einem anderen Setting, nämlich dem des Call-Centers ausgegangen wird, so stellt sich doch die Frage: Welche Wirkung(en) hat diese Entpersonalisierung, die mit einer namenlosen Meldung wie *„Guten Tag, hier ist die Telefonseelsorge.“* ausgedrückt wird?

Da könnte man überlegen, ob die betreffenden Telefonberatungsdienste den Schutz ihrer Mitarbeitenden nicht auch anders gestalten könnten als durch die Namenlosigkeit. Wie wäre es z. B. mit der Nennung des (tatsächlichen oder für die Telefonberatung zugelegten) Vornamens? Dann könnte die Meldung z. B. heißen *„Guten Tag, Sie sind mit der Telefonseelsorge in Kaiserslautern verbunden, Sie sprechen mit Betty.“* Andererseits wäre dabei auch zu bedenken, dass die Nennung nur eines Vornamens eher die Schwelle im Kontakt senkt, d. h. Anrufende eher z. B. zum Duzen oder zu grenzüberschreitenden Verhaltensweisen einlädt.

▸ Zur Selbstreflexion:

Mit welchen Worten melde ich mich, mit welchem Tonfall?
Melde ich mich sofort, oder horche ich erst mal hin, ob auf der anderen Seite was zu hören ist?

---

9 *Mehr zum Thema Stimmqualitäten z. B. bei Fischer 2010, 56 ff. und 70 ff.*

Habe ich mit verschiedenen Arten (Worte, Tonfall, Namensnennung) meiner Meldung unterschiedliche Erfahrungen gemacht?
Was könnte ich ausprobieren? ◂

▸ **Übung für die Gruppenarbeit**

Ein Teilnehmer probiert verschiedene Arten der Meldung aus: Unterschiedliche Worte der Meldung, unterschiedlicher Tonfall, mit oder ohne Namensnennung. Die anderen Teilnehmer geben Rückmeldung, welche Meldung wie bei ihnen ankommt.
Dann nacheinander die anderen Teilnehmer in der gleichen Art und Weise. ◂

In der Regel meldet sich dann der Anrufer (Ausnahme: sog. Aufleger oder Schweigeanrufe – siehe dazu unten „Schweigen nutzen").
Erfahrungsgemäß tun sich viele Telefonberater am ehesten schwer mit Anrufern, die sich herausfordernd oder grenzüberschreitend verhalten, wie z. B. einem Anrufer, der einen duzen möchte, oder einer Anruferin, die sich nachts um 4 Uhr unterhalten möchte, da das Fernsehprogramm so schlecht sei. Gerade in solchen Fällen sind wir herausgefordert, uns als Experten für Gesprächsführung und Beziehungsgestaltung zu erweisen.

Das meint nicht, dass ich mir als Telefonberater alles gefallen lassen sollte, dass ich jede Äußerung und jedes Verhalten mir gegenüber akzeptieren oder hinnehmen sollte. Sich abgrenzen zu können ist eine wichtige und notwendige Kompetenz für die Telefonberatung: So könnte ich das Telefonat mit einem Anrufer, der sich beim Telefonat sexuell stimulieren möchte, ablehnen. Alternativ könnte ich ihm auch deutlich machen, dass ich ihm für eine sexuelle Stimulation nicht zur Verfügung stehe, aber für ein Gespräch darüber, warum er diesen Weg zur Befriedigung seines Bedürfnisses sucht – solange er es nicht gleichzeitig zu seiner sexuellen Stimulation benutzt.
Aber ich könnte es mir zur Einstellung machen, dem Anrufer sozusagen einen „Vorschuss" zu geben: einen Vorschuss an Geduld, Bemühen, Akzeptanz, den ich ohne Vor- oder Gegenleistung zu geben bereit bin, um eine kooperative Arbeitsbeziehung miteinander aufzubauen. Ein derartiges Mich-Einlassen nimmt die Erkenntnis ernst, dass meine Eindrücke, Bilder und Hypothesen vom Anderen nur vorläufig sind und sein können; es gibt mir – und dem Anderen – die Chance, meine Hypothesen und Bilder über ihn zu überprüfen und ggf. neue zu entwickeln. Auch kann ich mit meinen Sicht- und Reaktionsweisen experimentieren, inwiefern sie das Andocken fördern.

▸ **Zur Selbstreflexion:**

Mit welchen Hilfesuchenden (z. B. Männer eines bestimmten Alters, Personen mit aggressivem Tonfall, etc.) tue ich mich leicht, mit welchen schwer? Wie erkläre ich mir das? ◂

▸ Übung und Selbstreflexion

Reflektieren Sie verschiedene Äußerungen von Hilfesuchenden mit Hilfe des Bewusstheitsrades anhand folgender Fragen: Bei welchen Äußerungen bzw. gegenüber welchen Anrufern würde ich mich abgrenzen? Warum? Wie? ◂

Zuhören und paraverbales Verhalten

> „Momo konnte so zuhören, dass dummen Leuten plötzlich sehr gescheite Gedanken kamen. Nicht etwa, weil sie etwas sagte oder fragte, was den anderen auf solche Gedanken brachte, nein, sie saß nur da und hörte einfach zu, mit aller Aufmerksamkeit und aller Anteilnahme. Dabei schaute sie den anderen mit ihren großen, dunklen Augen an, und der Betreffende fühlte, wie in ihm auf einmal Gedanken auftauchten, von denen er nie geahnt hatte, dass sie in ihm steckten.
> Sie konnte so zuhören, dass ratlose oder unentschlossene Leute auf einmal ganz genau wussten, was sie wollten. Oder dass Schüchterne sich plötzlich frei und mutig fühlten. Oder dass Unglückliche und Bedrückte zuversichtlich und froh wurden. Und wenn jemand meinte, sein Leben sei ganz verfehlt und bedeutungslos und er selbst nur irgendeiner unter Millionen, einer auf den es überhaupt nicht ankommt und der ebenso schnell ersetzt werden kann wie ein kaputter Topf – und er ging hin und erzählte alles der kleinen Momo, dann wurde ihm, noch während er redete, auf geheimnisvolle Weise klar, dass er sich gründlich irrte, dass es ihn, genauso wie er war, unter allen Menschen nur ein einziges Mal gab und dass er deshalb auf seine besondere Weise für die Welt wichtig war. So konnte Momo zuhören." (Ende 1973, 15 f.)

Besser als Michael Ende kann man wohl nicht beschreiben, was es im besten Falle bewirken kann, wenn einem eine andere Person wirklich unvoreingenommen, absichtslos und intensiv zuhört: Das Zuhören eines Anderen kann dazu helfen, bisher ungeahnte Lebenspotentiale im Erzählenden zu entdecken und zu entfalten.

Die ressourcenorientierte Beratung setzt freilich nicht allein aufs Zuhören. Da gibt es noch andere wichtige notwendige Fertigkeiten (auch im Buch „Momo" ist es ja mit dem Zuhören allein nicht getan!). Aber immer wieder hören wir von Hilfesuchenden, es sei das Wichtigste für sie, dass ihnen jemand zuhöre und sie ernst nehme. Oft äußern sie keine andere Erwartung – und manches Bemühen über das Zuhören hinaus bringt keinen erkennbaren Fortschritt. Wir gehen davon aus, dass das Zuhören den Hilfesuchenden auch vermittelt, dass wir sie begleiten in ihrer Situation und ihren Nöten und dass wir diese mit ihnen aushalten.
Die meisten Hilfesuchenden spüren sehr genau, ob wir ihnen genau und respektvoll zuhören oder nicht. Dabei achten sie nicht nur auf das, **was** wir sagen (das sog. verbale Verhalten), sondern auch **wie** wir uns im Gespräch verhalten. Im di-

rekten Gesprächskontakt sind da Aspekte wie Zugewandtheit in der Sitzhaltung und angemessener Blickkontakt (nonverbales Verhalten) besonders wichtig. In der Telefonberatung erhält unsere Stimme und unser sog. paraverbales Verhalten eine besondere Bedeutung:

- Tonfall, Tonhöhe, Klang, Lautstärke, Festigkeit, Volumen, Intensität, Modulation der Stimme,
- „Ihre Stimme ist Ihre telefonische Visitenkarte. Der Zuhörer sieht nichts, riecht nichts, kann nichts berühren, aber er schließt von Ihrer Stimme auf Ihre Persönlichkeit..." (Fischer 2010, 70) „Für Männer wie für Frauen gilt: Gehen Sie offen mit sich selbst um, spürt dies der Telefonpartner. Sprechen Sie bestimmt und sicher, haben Sie die Basis für eine Beziehung bereits gelegt. Lächeln Sie, empfindet der andere Wärme. Ihre positive Ausstrahlung steckt an." (Fischer 2010, 57) Oder eben umgekehrt.
- Redegeschwindigkeit, Pausen, Sprechrhythmus
- gelegentliches „Ja" oder „mhm" (Letzteres bezeichnet man auch als sog. Hörersignal).

Dieses sog. Hörersignal hat eine ganz wichtige Funktion: Es signalisiert dem Anderen, dass ich ihm zuhöre und „dabei bin", es entspricht in der Telefonberatung dem nonverbalen Blickkontakt und dem bestätigenden Kopfnicken im persönlichen Kontakt.

Zuhören bringt uns eine Menge Informationen über den Anrufer, seine Befindlichkeit, seine Erlebens-, Denk- und Verhaltensmuster. Diese Informationen erfahren wir nicht nur aus dem Wortlaut des Gehörten, sondern auch aus Wortwahl, Tonfall, Sprechtempo, Stimmlage, Pausen und Bruchstellen im Gesprächsverlauf. Unser Zuhören wird dabei immer durch unsere innere Landkarte bestimmt, d. h. dass wir zwangsläufig reduzieren, generalisieren und verzerren. Diesen Prozess können wir nicht ausschalten, sollten aber versuchen, unsere eigene innere Landkarte immer wieder mal zu reflektieren. Auch können wir versuchen, systematisch zuzuhören, z. B. gezielt auf bestimmte Schlüsselworte oder die verwendeten Repräsentationssysteme (s. u.) zu achten.

Sich rückkoppeln und Einfühlendes Verstehen

Während Andocken in der Raum- oder Schifffahrt einen einmaligen Vorgang meint, verstehen wir in der ressourcenorientierten Gesprächsführung darunter einen fortlaufenden Prozess im Gesprächsverlauf, der nicht nach der Begrüßung oder dem Gesprächseinstieg beendet ist.

Dazu sind folgende Techniken hilfreich:

Wiederholen und Zusammenfassen,
was ich vom Hilfesuchenden verstanden habe – sei es in den Worten des Hilfesuchenden oder in meinen eigenen Worten – hilft sowohl, mir selbst die innere Landkarte des Hilfesuchenden zu verdeutlichen, als auch dem Anderen rückzumelden, was ich gehört und verstanden habe. Dies lässt sich hervorragend dazu nutzen, sich immer wieder mit dem Hilfesuchenden rückzukoppeln: *„Ich habe von Ihnen gehört, dass....“ „Habe ich Sie richtig verstanden ...?“* Mit solchen Äußerungen bringe ich den Prozess des Andockens voran, indem ich dem Hilfesuchenden mein Interesse signalisiere und ihm gleichzeitig die Möglichkeit gebe, sich als Experte seiner Situation zu zeigen, der mich ggf. korrigieren kann. Wiederholen und Zusammenfassen hat deshalb – auch bei einem wörtlichen Wiederholen – nicht nur die Funktion einer technischen Tonbandwiedergabe, sondern immer auch eine Funktion im Gesprächsprozess. Darüber hinaus gibt es dem Hilfesuchenden die Möglichkeit, sich das vom Berater Verstandene und Formulierte nochmals anzuhören.

▶ Übung „Kontrollierter Dialog“

Führen Sie mit einer anderen Person eine Diskussion über ein zuvor vereinbartes Thema in der folgenden Weise, ca. 10 Minuten lang, und beachten Sie dabei folgende Grundregel:
Jeder Beitrag muss dadurch eingeleitet werden, dass der Sprecher wiederholt, was der Andere zuvor gesagt hat.
Person A beginnt mit einer Äußerung.
Person B muss, bevor sie mit einem eigenen Beitrag darauf antwortet, zuerst die Äußerung von Person A inhaltlich und bedeutungsmäßig in eigenen Worten wiederholen. Person A gibt an, ob sie sich von Person B hinreichend verstanden sieht, andernfalls kann sie korrigieren. Person B muss dann nochmals einen Anlauf machen, die Äußerung von Person A inhaltlich und bedeutungsmäßig in eigenen Worten widerzugeben. Erst dann kann Person B mit einer eigenen Äußerung fortfahren.
Nun muss Person A zuerst die Äußerung von Person B in eigenen Worten wiederholen, etc.
Tauschen Sie sich anschließend über ihre Erfahrungen bei der Übung aus.

Variante: Eine dritte Person kann auf die Einhaltung der Regeln achten. In diesem Falle können Sie die Übung auch dreimal durchführen, so dass jede Person einmal jede Position einnimmt.

Diese Übung führt selten zu spektakulären „Ergebnissen“, legt aber einen Grundstein für eine auf den Anderen sich einstellende Kommunikation. Sie ist auch eine gute Basisübung für das Einfühlende Verstehen. ◀

Empathisches/Einfühlendes Verstehen
Diese Gesprächstechnik wird auch mit dem metaphorischen Begriff Spiegeln bezeichnet – gemeint ist damit, dass dem Hilfesuchenden seine Aussagen und deren

Bedeutung quasi wie mit einem Spiegel vor Augen gehalten werden. Wir verwenden hier lieber den Begriff **Empathisches/Einfühlendes Verstehen** (s. Kap. 3), auch wenn dieser möglicherweise zu einem Missverständnis einlädt: Gemeint ist nicht nur Spiegeln von Gefühlen des Hilfesuchenden, sondern seines sog. inneren Bezugsrahmens, die Repräsentation seiner Wirklichkeit. Diese umfasst Gefühle, Empfindungen, Wünsche und Impulse, aber auch Gedanken und vor allem die inneren Bewertungen. Dies zeigt sich meist in der Art und Weise, wie jemand etwas sagt.

Das Einfühlende Verstehen hat zwei Ziele und Funktionen:

1. Der Hilfesuchende soll durch den Berater Bestätigung und Annahme erfahren, gerade in der ganz persönlichen und individuellen Bedeutungsgestaltung seiner äußeren und inneren Erfahrungen. Wenn eine Hilfesuchende z. B. sagt: *„Als mein Mann mich verlassen hat, war ich erst mal völlig schockiert. Erst nach einigen Tagen konnte ich überhaupt mal an was anderes denken.“*, könnte der Berater beispielsweise antworten: *„Es hat Sie tief getroffen und tagelang aus der Fassung gebracht, dass Ihr Mann Sie verlassen hat.“*
2. In diesem spiegelnden Verstandenwerden soll der Hilfesuchende sich selbst erfahren und entdecken; er soll zur Auseinandersetzung mit sich selbst ermutigt werden, auch zur Auseinandersetzung mit als schwierig erlebten oder möglicherweise bisher unentdeckten Aspekten und Bereichen seines inneren Erlebens (die sog. Selbst-Exploration). Im angeführten Beispiel könnte der Berater beispielsweise antworten: *„Es hat Sie fassungslos gemacht, als Sie von Ihrem Mann verlassen wurden; das hatten Sie sich vermutlich nicht vorstellen können, dass Ihnen das passieren könnte.“* Hilfesuchende: *„Ja, das hat mich wirklich umgehauen, hat mich erst mal wie versteinern lassen, bis ich langsam wieder auftaute.“*

Übungen in der Kleingruppe [10]

1. Nehmen Sie eine Äußerung eines Hilfesuchenden aus einem tatsächlichen oder erfundenen Beratungsgespräch. Jeder schreibt eine spiegelnde Beraterreaktion dazu auf.
   Anschließend tauschen Sie sich über die verschiedenen Formulierungen aus: Auf welchen Aspekt bzw. welche Aspekte wird in der jeweiligen Äußerung eingegangen, auf welche nicht? Wie könnte sich das jeweils auf den Hilfesuchenden und den Gesprächsverlauf auswirken?
2. Machen Sie ein Rollenspiel für ca. 15 Minuten. Der Berater spiegelt – wenn im Gesprächsverlauf passend – die Äußerungen des Hilfesuchenden. Nach jeder seiner Äußerungen gibt es eine kleine Pause, in der die Zuhörer/Beobachter alternative einfühlende Äußerungen für sich aufschreiben. Anschließend weiter wie unter 1.

---

10 *Zur Vertiefung verweisen wir hier insbesondere auf Weber 2005, der dieses Thema sehr ausführlich und differenziert darstellt und zahlreiche Übungen dazu anbietet.*

3. Sie können für das Entwerfen von spiegelnden Äußerungen auch Vorgaben machen. So kann jeweils ein Mitglied aus der Gruppe die Aufgabe bekommen, auf jeweils einen speziellen Aspekt einzugehen in seiner Äußerung:
   - Gefühle
   - Bewertungen
   - Wünsche/Impulse
   - Ressourcen
   - etc. ◂

Respekt (unbedingte Wertschätzung) realisieren

Nur wenn die hilfesuchende Person von mir hinreichend Respekt und Wertschätzung (s. Kap. 3) erfährt und wahrnimmt, wird sie sich im weiteren Gesprächsverlauf ggf. auch auf weiterführende Anregungen, Ideen und Lösungsvorschläge einlassen können. Respekt vor dem Anderen können wir auf vielerlei Weise realisieren; im Grunde können und sollen alle dargestellten Techniken der Gesprächsführung aus Respekt vor dem Hilfesuchenden resultieren und Respekt ausdrücken. Hier gilt wie so oft: „Der Ton macht die Musik." Eine wichtige Technik ist auch, die Person und das Erleben des Hilfesuchenden anzuerkennen und zu würdigen. Wenn ich z. B. zu einer alkoholabhängigen Person sage: „Ich verstehe, dass Sie sich durch das Trinken Erleichterung schaffen wollen in Ihrer bedrückenden Situation.", so würdigt diese Äußerung das wertvolle Anliegen der Person (sich Erleichterung schaffen wollen), ohne das Trinken damit gutzuheißen.

Utilisieren

Doch nicht immer wird es einem gelingen, Anliegen, Gefühle und auch innere Bewertungen eines Hilfesuchenden wirklich zu verstehen und zu akzeptieren. Da kann die Technik des sog. **Utilisierens** hilfreich sein: Dieser Begriff (vom lateinischen utilis = nützlich) kommt aus der Erickson'schen Hypnotherapie und meint, alle Beiträge (Äußerungen, Handlungen, Emotionen, Bewertungen, etc. – z. B. auch Schweigen) des Gegenübers als wertvolle Informationen zu interpretieren und für die Kooperation zu nutzen (Erickson und Rossi 1981, Schmidt 2004 und 2005). Diese Beiträge werden als wichtige Informationen darüber interpretiert, was der Andere gerade notwendig findet, um stimmig mit mir zusammen arbeiten zu können. So können sogar vermeintliche „Störungen" genutzt werden, um sie in den Prozess des Andockens einzubeziehen. Die Interpretation dieser Beiträge – wie ja jeden menschlichen Verhaltens – hängt von dem Kontext ab, in den ich sie stelle. Ich suche dazu in einem ersten Schritt nach einem oder evtl. mehreren Kontexten (Lebenssituationen oder -zusammenhängen), in dem der aktuelle Beitrag einen verstehbaren Sinn macht. In einem zweiten Schritt prüfe ich, welcher Umgang von mir mit diesem Beitrag eher zieldienlich, kooperations- und lösungsfördernd sein könnte und welcher Umgang eher destruktiv und problemverstärkend, und versuche, Gesprächsbeiträge im ersten Sinne einzubringen.

Beispiel aus der Telefonberatung

Eine Anruferin redet ununterbrochen, ich komme kaum zu Wort. In einem ersten Schritt überlege ich, in welchen Kontexten dieses Verhalten Sinn machen könnte: Das könnte z. B. der Fall sein, wenn sie bei Unterbrechungen befürchtet, ihren Faden zu verlieren, oder nicht mehr die Kontrolle über sich oder die Beziehung zu haben. Ich unterstelle also – mit innerer Distanz, statt mich persönlich betroffen zu fühlen –, dass ich es mit einer achtenswerten und zur Selbstorganisation fähigen Person zu tun habe, die in ihrer Situation, ihrer Verfassung und in diesem speziellen Beziehungskontext (anonymer Anruf bei der anonymen Telefonberatung) sich eben so zeigt. Ich kann dann statt „Die Anruferin ist beziehungsgestört." denken „Die Anruferin lässt mich – aus gutem Grund – nicht zu Wort kommen."

Wenn ich denke, jemand redet „um den heißen Brei herum", kann ich das deuten als „Der Hilfesuchende verschließt sich," oder als „Der Hilfesuchende zeigt sich vorsichtig und zurückhaltend." Für mich mag das Verhalten der Person problematisch oder schwierig sein, aber im Kontext ihrer Gesprächserfahrungen mit „heißen Themen" oder mit mangelnder Verschwiegenheit von Helfern könnte es sinnvoll sein, sich erst mal vorsichtig zurückzuhalten. So kann ich besser „Ja" zur hilfesuchenden Person sagen, wie sie sich zeigt, auch wenn mich ihr Verhalten vielleicht erst mal stört (s. dazu die Übung zum Umetikettieren/Umdeuten und Gesprächsbeispiel in Kap. 2). Viele vermeintliche „Störungen" können auf diese Weise genutzt werden, um sie in den Prozess des Andockens einzubeziehen.

▸ Übung

Erinnern Sie sich an eine Äußerung oder eine Verhaltensweise aus einem Beratungsgespräch, an der Sie sich störten bzw. mit der Sie sich schwertaten. Betrachten Sie diese Äußerung bzw. Verhaltensweise anhand folgender Fragen:

- Wie erlebt jemand seine Welt, dass er sich im Moment so verhält?
- Auf welche Bedürfnisse weisen die Äußerungen bzw. Verhaltensweisen hin?
- Welche Kompetenzen (Stärken, verborgene Fähigkeiten) könnten darin enthalten sein? ◂

Ja-Haltung dem Hilfesuchenden gegenüber
Ja sagen in diesem Sinne steht nicht im Widerspruch dazu, dass ich die Verhaltensweise dieser Person gleichzeitig auch ethisch verurteilen kann oder mich entscheide, mit ihr nicht zu sprechen. Wenn z. B. ein Mann, der ein Mädchen sexuell missbraucht hat, sich damit in einem Beratungsgespräch auseinander set-

zen will, könnte ich dieses Anliegen, vielleicht sogar seine sexuelle Sehnsucht, wertschätzend anerkennen, auch wenn ich den Missbrauch moralisch verurteile. Und trotz dieser Anerkennung könnte ich mich entscheiden, nicht mit ihm zu sprechen, weil ich fürchte, wegen der in mir ausgelösten Emotionen und Impulse mich nicht hinreichend kooperativ auf ihn einlassen zu können.
Habe ich mich entschieden, ein Gespräch anzubieten, kann ich aus dieser **Ja-Haltung dem Hilfesuchenden gegenüber** heraus versuchen, mich auf eine Art und Weise zu verhalten, zu der auch der Andere wahrscheinlich „Ja" sagen kann. Ich deute das Verhalten des Hilfesuchenden als nützlich für ihn und sage zu ihm etwas, was er wiederum bestätigen kann.

Fallbeispiel

„Ich höre, dass Sie ganz viel mitzuteilen haben und ganz schnell sprechen. Ich deute das so, dass es Ihnen wichtig ist, dass ich Ihnen zuhöre. Stimmt das?" oder: „Ich möchte Sie gerne fragen: Reicht es Ihnen, wenn ich Ihnen zuhöre, oder möchten Sie noch etwas anderes von mir?" oder einfach einfühlend: „Sie haben viel zu sagen, da muss viel raus, scheint mir."

Übung

1. Erinnern Sie sich an eines Ihrer letzten Gespräche, in dem Sie sich von Beginn an mit der hilfesuchenden Person schwertaten.
2. Finden Sie eine Schlüsselszene (oder eine bestimmte Äußerung), auf die Sie reagieren wollen.
   2.1 Bei Durchführung in der Gruppe: Ein Teilnehmer spielt die Schlüsselszene vor (möglicherweise ein paar Mal hintereinander).
3. Beschreiben Sie zunächst Ihre spontane(n) Reaktion(en) auf die Äußerung der hilfesuchenden Person, d. h. was Sie fühlen und empfinden, was Sie über die Person denken, welches Bild Sie sich machen, was Ihr erster Impuls zu reagieren ist (s. das Bewusstheitsrad).
4. Würdigen Sie Ihre spontane(n) Reaktion(en): Welche wertvollen eigenen Bedürfnisse stecken darin? Was könnte Ihnen Ihr Gefühl, Ihr Impuls darüber mitteilen, was Sie brauchen, um sich in diesem Gespräch wohl zu fühlen?
5. Machen Sie sich nun ein positiv besetztes Bild von der hilfesuchenden Person anhand folgender ressourcenorientierter Leitfragen:
   - Wie könnte dieser Mensch seine Welt erleben, dass es Sinn macht, wie er sich im Moment verhält?
   - Auf welche berechtigten Bedürfnisse weisen seine Äußerungen hin?

- Welche Kompetenzen und Ressourcen kommen in seinem Verhalten zum Ausdruck?

6. Formulieren Sie unter Berücksichtigung a) sowohl eines positiv besetzten Bildes des Hilfesuchenden b) als auch dessen, was Sie brauchen, um sich wohl zu fühlen, Ihre Reaktion zum Aufbau einer Ja-Haltung, d. h. eine Äußerung, mit der Sie sich selbst stimmig fühlen und zu der die hilfesuchende Person vermutlich innerlich „Ja" sagen könnte.
   6.1 Bei Durchführung in der Gruppe: Probieren Sie einige Reaktionen in kurzen Rollenspielen aus und reflektieren Sie die jeweilige Wirkung auf die hilfesuchende Person. ◀

Körperhaltung und/oder Sprachstil angleichen

Wie man sich fühlt und was in einem vorgeht, drückt sich auch körperlich aus, d. h. in Körperhaltung, Mimik, Gestik, Stimme: Zum Beispiel wer sich bedrückt fühlt, sitzt in der Regel nicht aufrecht und mit einem strahlenden Gesicht da, sondern eher mit hängenden Schultern und gesenktem Blick, spricht nicht mit fester und froher Stimme, sondern eher matt oder weinerlich. Daher ist es häufig ein hilfreicher und wichtiger Verstehens- bzw. Einfühlungszugang zum Anderen, sich an dessen Körperhaltung anzugleichen, seine Körperhaltung zu „spiegeln": Wie fühlt es sich an, wenn ich die Schultern hängen lasse und den Blick senke? Wichtig ist dabei, nicht selbst in eine bedrückte Haltung zu geraten, also sich zu identifizieren, sondern in der Als-ob-Position zu bleiben (vgl. Kap 3.). Was man durch die gespiegelte Körperhaltung wahrnimmt, kann man wiederum ins Gespräch einbringen und dem Anderen zur Verfügung stellen: „*Wenn Sie von Ihrem Vorsatz für morgen sprechen, wirken Sie gleich etwas aufrechter in Ihrer Körperhaltung.*" und ggf. auch eine weiterführende Intervention daran anschließen: „*Setzen Sie sich doch nochmal so aufrecht hin wie eben: Wenn Sie sich nun morgen früh an diese aufrechte Haltung erinnern und wieder so hinsetzen: Wie könnte Ihnen das helfen für Ihren Vorsatz?*"
In der Telefonberatung bleibt durch das Ausblenden der anderen Wahrnehmungskanäle lediglich die Möglichkeit, „die gleiche Sprache" wie der Anrufer zu sprechen und dadurch anzudocken.

Dafür können wir z. B.
Schlüsselworte wiedergeben.
Viele Hilfesuchende benutzen bei der Beschreibung ihrer inneren Landkarten bevorzugt bestimmte Worte, die sog. „Schlüsselworte". Sie verwenden dieses Wort bzw. diese Worte häufig schon in ihrem ersten Satz, betonen sie besonders und/oder verwenden sie wiederholt. Oft sind es bildhaft verwendete Begriffe, die teilweise auch in eigentümlicher Weise benutzt werden. Zum Beispiel sagt eine sich selbst als depressiv bezeichnende Hilfesuchende: „*Ich würde gerne was ändern, aber ich fühle mich zu **schlapp**. Ich habe keine **Kraft**.*" Das Aufgreifen solcher Schlüsselworte ist quasi eine Sonderform des Spiegelns und kann zu besserem

Verständnis der inneren Landschaft der Hilfesuchenden führen. Ich könnte beispielsweise antworten *„Sie sagen, Sie haben keine* ***Kraft****.“* (Spiegeln der Äußerung) oder *„Ich frage mich: Wo könnte sie denn sein? Ist Ihre* ***Kraft*** *verschwunden, oder ist sie vielleicht nur verschüttet und zurzeit noch nicht auffindbar?“* (Erweiterungsfrage) oder *„Wann haben Sie sich selbst zuletzt* ***kraftvoll*** *erlebt?“* (Frage nach Ressourcen in der Vergangenheit) oder *„Wie könnten Sie wieder zu Ihrer* ***Kraft*** *finden?“* (Erweiterungsfrage mit Blick auf die Zukunft)
Man kann auch darauf achten, wie ein Hilfesuchender über sich selbst spricht: Manche Menschen sprechen über sich nicht in der 1. Person („Ich“), z. B. *„Ich kann das nicht, was Sie da vorschlagen.“*, sondern in der 3. Person, z. B. *„Die Ilse kann das nicht, was Sie da vorschlagen.“* oder *„Maria ist stolz darauf, dass sie das geschafft hat!“* Als Berater kann ich diesen Sprachstil aufgreifen und z. B. fragen: *„Was bräuchte die Ilse denn, um das umsetzen zu können?“* oder *„Was macht es der Ilse schwer, diesen Vorschlag zu verwirklichen?“* oder *„Da kann die Maria wirklich stolz auf sich sein, finde ich.“*

Übungen

1. Formulieren Sie – allein oder in der Gruppe – Antwortmöglichkeiten auf die folgenden Sätze von Hilfesuchenden. Versuchen Sie, wie im o. a. Beispiel in verschiedener Weise die Schlüsselworte aufzugreifen.
   - „Ich habe nur noch *Druck*.“
   - „Mein ganzes Leben ist *zum Kotzen*.“
   - „Es geht mir so *beschissen*.“
   - „Finden Sie das auch nicht *normal*?“
   - „Kann man aus so einer Situation überhaupt wieder *herausfinden*?“
2. Übung in der Kleingruppe (nach Lohse 2006 b, 81)
   Eine Person der Kleingruppe trägt in der Ichform ihre Problemschilderung vor, die anderen notieren sich mögliche Schlüsselworte und wenden diese probeweise an. Die vortragende Person kann rückmelden, welche/s Schlüsselwort/e welche innere Reaktion und Fokussierung bei ihr auslösen würde.

Eine weitere interessante Möglichkeit zum Andocken ist das
Angleichen des eigenen Sprechens an die Repräsentationssysteme des Hilfesuchenden.
Unter Repräsentationssystemen wird verstanden, in welcher sinneskanalbezogener Art und Weise wir Wahrnehmungen und Erfahrungen abspeichern und sprachlich wiedergeben. Das können ganze Sätze sein oder auch nur einzelne Wörter; viele unserer landläufigen und sprichwörtlichen Befindlichkeitsäußerungen lassen sich so einordnen, z. B.: *„Das ist unerträglich.“* (kinästhetisch) oder *„Das stinkt mir.“* (olfaktorisch).
Häufig hat eine Person ein bevorzugtes Repräsentationssystem.

Repräsentations-System	Äußerungen von Hilfe-suchenden	Angeglichene Berater-äußerungen
visuell – Sehen	„Ich *sehe* keinen Sinn mehr in meinem Leben.“	„Sie hätten gerne wieder eine *Perspektive* für Ihr Leben, an der Sie sich *orientieren* könnten.“
auditiv – Hören	„Mein Partner *spricht* schon lange nicht mehr mit mir.“	„In welchen Situationen schenkt er Ihnen am ehesten *Gehör*?“
kinästhetisch – Fühlen und Gleichgewicht	„Das ist sehr *schmerzlich* für mich.“ „Mein Leben ist völlig *aus dem Lot geraten*.“	„Wann war oder ist es denn schon mal *angenehmer* für Sie?“ „Wie könnten Sie wieder *ins Gleichgewicht* kommen?“
olfaktorisch – Geruch	„Die Beziehung zu meiner Mutter *stinkt* mir gewaltig.“	„Wenn Sie das so sagen: Gab oder gibt es da auch Momente mit ihr, wo Sie sie besser *riechen* können?“
gustatorisch – Geschmack	„Diese Entscheidung war ganz schön *bitter* für mich.“	„Das hat Ihnen wenig *geschmeckt*, höre ich.“

Tabelle: Beispielhafte Äußerungen von Hilfesuchenden und dem Repräsentationssystem angeglichene Berateräußerungen

▸ Übungen

1. Suchen Sie Sprichworte, Sätze, Worte in den verschiedenen Repräsentationssystemen, und schreiben Sie diese auf (am besten in einer Tabelle nach den Repräsentationssystemen geordnet).
2. Überlegen Sie sich tatsächliche oder mögliche Äußerungen von Hilfesuchenden in den Repräsentationssystemen und suchen Sie nach Antworten im gleichen Repräsentationssystem.
   Dies ist eine sehr anregende Übung in der Gruppe! ◂

Schweigen aushalten und nutzen

Bei den meisten Menschen in den westlichen Kulturen baut sich bereits nach wenigen Sekunden des Schweigens ein innerer Druck auf, das Schweigen zu

brechen und das Gespräch fortzuführen. Auch viele Berater fühlen sich unwohl, wenn im Gespräch Pausen auftreten und Schweigen herrscht. In der Telefonberatung wird dieses Unbehagen dadurch verstärkt, dass man auf das Hören beschränkt ist und es durch das Fehlen der anderen Sinneskanäle viel schwerer fällt, ein Schweigen einzuordnen.
Schweigen einer Person im Gespräch mit einer anderen hat in der Regel eine Funktion. Es kann Unsicherheit oder ein Zögern ausdrücken, z. B. aus Scham, oder ein inneres Nachdenken. Es kann der unausgesprochene Appell sein, der Andere solle jetzt etwas sagen. Es kann u. U. auch der Ausdruck einer – tatsächlichen oder vermeintlichen – Machtposition sein (im Sinne von „Ich lass‘ Dich mal zappeln, was Dir so einfällt.“).
Wir möchten Sie ermutigen, das Schweigen der Hilfesuchenden zu respektieren und zunächst einmal auszuhalten – auch gemeinsames Schweigen kann verbinden. Erst dann sollten Sie es erkunden, z. B. so: *„Sie schweigen jetzt schon eine ganze Weile. Das macht mich etwas unsicher, weil ich es nicht einschätzen kann. Was bedeutet denn Ihr Schweigen an dieser Stelle?“*

▸ Übungen

1. Rollenspiel:
   Die hilfesuchende Person sucht sich eine Rolle aus, bei der sie immer mal wieder für gewisse Phasen (z. B. 10–20 Sekunden) schweigt. Der Berater achtet insbesondere darauf, was diese Schweigephasen in ihm auslösen (z. B. mit Hilfe des Bewusstheitsrades – s. o.).
   Für die Telefonberatung:
   Die Rollenspielteilnehmer sollten diese Übung am Telefon machen oder sich den Rücken zukehren, damit sie keinen Blickkontakt haben.
2. wie vorige Übung – zusätzlich versucht der Berater, das Schweigen anzusprechen.
3. Rollenspiel für die Telefonberatung (am besten in getrennten Räumen mit tatsächlicher Telefonverbindung):
   Der Telefonberater wird vorher nicht informiert, welche Art von Anruf auf ihn zukommen wird. Der Anrufer sagt nichts, macht aber seine Anwesenheit erkennbar, z. B. durch hörbares Atmen.
   Werten Sie dieses Rollenspiel anhand des Bewusstheitsrades aus.
   Experimentieren Sie damit, wie es Ihnen als Berater gelingen könnte, sowohl in einer Ja-Haltung dem Anrufer gegenüber als auch mit sich stimmig zu bleiben. ◂

Sich selbst einbringen – sich selbst offenbaren

Auch wenn wir als Berater (meist) nichts oder wenig über unsere „Daten“ von uns geben (also z. B. Alter, Familienstand, Beruf, Hobbies, etc.), so zeigen wir doch allein durch unser Äußeres, unsere Sprache und unser paraverbales Verhalten (s. o.) etwas von uns. Sich darüber hinaus selbst einzubringen oder zu offenbaren kann eine wichtige Konkretion der Grundhaltungen der Stimmigkeit/ Authentizität und der Selbstwertschätzung (s. Kap. 3) sein. Auch werden generell Personen, die hin und wieder etwas von sich preisgeben, als sympathischer und menschlich wärmer erlebt als „zugeknöpfte“ Menschen. Der Berater sollte sich aber stets fragen, wem die Selbstoffenbarung in erster Linie dient, ob seine Motive angemessen sind und ob und wie dadurch der Gesprächsverlauf und -prozess vermutlich gefördert wird. (vgl. Sonnenmoser 2010)
Wenn ich z. B. einer frisch geschiedenen Hilfesuchenden mitteile, selbst auch geschieden zu sein, könnte das von ihr positiv aufgenommen werden, sie könnte sich verstanden fühlen und im Berater einen Leidensgenossen oder u. U. sogar ein Vorbild sehen. Sie könnte sich dadurch aber auch weniger ernst genommen („Geht es jetzt um den Berater oder um mich?“) oder nicht verstanden erleben („Bei mir ist das doch ganz anders!“). Motiv sollte nicht sein, das eigene Mitteilungsbedürfnis zu befriedigen oder eigene Lösungsideen zu transportieren und „an den Mann – bzw. die Frau – zu bringen“, sondern etwas beizutragen zur Lösung der Probleme des Gegenübers oder zur Förderung seines Wohlergehens.

Daher sollten die möglichen Auswirkungen für ein Sich-selbst-einbringen in jedem Einzelfall bedacht werden, wenn auch die Wirkung einer Selbstoffenbarung nicht immer kalkulierbar ist. Für diese Wirkung wichtig ist weiterhin das Timing einer Selbstoffenbarung im Gesprächsverlauf: ob ich schon nach den ersten Sätzen sage *„Ich bin auch geschieden“* oder das erst tue, nachdem ich ihrer Geschichte interessiert zugehört habe, dürfte sich anders auswirken. Auch spielt die Einbettung eine Rolle, so könnte ich z. B. die Hilfesuchende zuvor nach ihrem Einverständnis fragen: *„Ich möchte Sie gerne fragen, ob ich an dieser Stelle etwas Persönliches einbringen darf?“*
Darüber hinaus kann es ggf. nützlich sein, als Berater persönliche Erfahrungen mitzuteilen, wenn das dazu dient, dem Anderen zu vermitteln, dass seine Erfahrungen auch von anderen Menschen gemacht werden und dass sie nicht absonderlich sind (z. B. dass die Trauer nach dem Tod eines nahe stehenden Menschen eine geraume Zeit dauern kann und darf).

Die wichtigste Funktion des Sich-selbst-einbringens ist, dem anderen mitzuteilen und transparent zu machen, was sich im und durch den Gesprächsprozess bei mir abspielt,

- um zu klären, wie eine Hilfesuchende ihre eigene Situation erlebt, z. B.: *„Ich bin gerade ein bisschen verwirrt von dem, was Sie sagen. Zuerst sagten Sie,* *dass Sie Ihren Mann verabscheuen wegen seines Alkoholkonsums. Nun meinten Sie, dass Sie sehr an ihm hängen. Wie passt das für Sie zusammen?"*

- um dem Hilfesuchenden Feedback darüber zu geben, was er im Berater auslöst, z. B.: *„Ich möchte Sie gerne fragen, ob Sie daran interessiert wären zu hören, wie Sie auf mich wirken? ... Ich erlebe Sie im Moment recht aggressiv mir gegenüber, als ob ich Ihr Vater wäre, auf den Sie wütend sind, wie Sie sagen. Geht es Ihnen vielleicht mit mir irgendwie wie mit Ihrem Vater?"*

- um mit dem Hilfesuchenden in eine Meta-Kommunikation (s. dazu auch Kap. 10) zu kommen zur Auftrags- und Beziehungsklärung, z. B.: *„Ich höre, dass Sie mir ganz viel sagen möchten. Gleichzeitig merke ich, dass ich so viel Information gar nicht aufnehmen kann und dass ich manches noch nicht recht verstehe. Ich möchte Sie daher gerne fragen, ob es denn o. k. für Sie wäre, dass ich immer wieder mal nachfrage, wenn ich etwas nicht verstehe."*

- um zu klären, was der Hilfesuchende im aktuellen Gespräch möchte oder nicht, gerade auch bei eigenen inneren Ambivalenzen, z. B.: *„Wenn ich Ihnen so zuhöre, habe ich einerseits den Impuls, Sie in den Arm zu nehmen, andererseits spüre ich aber auch eine deutliche Zurückhaltung, weil ich den Eindruck habe, dass Sie das wohl eher nicht möchten. Ich möchte Sie gerne fragen, wie Sie das momentan erleben."*

Durch ein solches Sich-selbst-einbringen realisiert man Transparenz und selektive Authentizität und macht sich dem Gegenüber als Person erkennbar (vgl. Kap. 3).

Übungen

1. Experimentieren mit den Möglichkeiten anzudocken
   Ein Gruppenmitglied bringt sich ein mit einem Problem, das er / sie besser verstehen möchte (H). Ein weiteres Gruppenmitglied übernimmt die Zuhörerrolle (Z). Ziel dieses Gesprächs **ist nicht das Verändern eines Problems, sondern das Verstehen** und das Verwenden möglichst vieler Möglichkeiten anzudocken.
   Eine Hälfte der übrigen Gruppenmitglieder macht sich Notizen darüber, was und wie H jeweils gesagt hat, die andere Hälfte macht sich Notizen darüber, was und wie Z gesagt hat.
   Dauer des Gesprächs: ca. 10 bis max. 15 Minuten

   Auswertung:

- Zunächst tauschen sich die nicht am Rollenspiel beteiligten Gruppenmitglieder zusammen mit Z über das Gehörte aus (als Reflecting Team).
  H nimmt an diesem Gespräch nicht teil und hört nur zu.

Beginnen Sie damit, welche Äußerungen von Z Sie gehört haben und ordnen Sie diese den Möglichkeiten des Andockens zu. Danach entdecken Sie die Treffgenauigkeit (beim Einfühlen und Zusammenfassen) und die Wirkung einzelner Äußerungen von Z, indem Sie die Äußerungen von H denen von Z zuordnen.

- Danach berichtet H, wie er / sie das Gespräch erlebt hat und welchen Rückmeldungen des Reflecting Teams er / sie zustimmen kann.
- Die Auswertung sollte mit einer ehrlichen Anerkennung der Leistung von Z enden.

2. Übung zum Andocken mit Daumenfeedback

- Person H schildert eine Situation aus ihrem Leben.
- Person B hört zu und versucht mit Äußerungen aus dem Repertoire des Andockens darauf zu reagieren.
- Bevor sie das Gespräch fortsetzt, gibt Person H immer mit dem Daumen Rückmeldung, wie die Äußerungen bei ihr jeweils gerade angekommen sind.
- Person C achtet auf die Einhaltung der Regeln und der Zeit: Gesprächssequenz jeweils 5 min., danach Reflektion 5 min.
- Dann Rollenwechsel. Gesamtzeit 30 min. ◂

6. Kapitel

Wie frage ich richtig?

Zum Einsatz von Fragen in der ressourcenorientierten Gesprächsführung

Fragen stellen hat große Bedeutung in der ressourcenorientierten Gesprächsführung – das in diesem Kapitel Dargestellte bietet keinen umfassenden Überblick zum Thema Fragen stellen, sondern fokussiert auf einige wesentliche Aspekte der Umsetzung systemisch-zirkulären Denkens. Zahlreiche Anwendungsbeispiele zum Thema Fragen stellen finden Sie im ganzen Buch.

„Wer fragt, der führt und aktiviert den Dialog!

Mit Fragen führen heißt:

- die Gesprächsführung behalten
- das Gespräch lenken
- Informationen erhalten.

Mit Fragen aktivieren heißt:

- Denkanstöße und Handlungen auslösen.“ (Berger und Häseli 2004, 43)

Diese Hinweise gelten nicht nur für professionelles Telefonieren im Call-Center, sondern für jedes Gespräch, auch in der Telefon- und niedrigschwelligen Beratung. Fragen dienen nicht nur der Informationsgewinnung (mit der inneren Leitlinie: „Was will bzw. muss ich vom Hilfesuchenden wissen, um ihm weiterhelfen zu können?“), sondern lenken das Gespräch und damit ggf. eben auch die hilfesuchende Person in diese oder jene Richtung. Mit anderen Worten: Fragen sind wichtige Instrumente in der Gesprächsführung.

Wir können (fast) jede Frage stellen, sofern dies aus der Haltung des Respekts, des Interesses am Anderen und der Wertschätzung heraus geschieht; Fragen dürfen nicht der Befriedigung der eigenen Neugier dienen. Der Hilfesuchende sollte nie das Gefühl bekommen (können), er werde ausgefragt oder bloßgestellt. Wichtig ist – im Sinne des Andockens (s. Kap. 5) – dabei transparent zu machen, weshalb oder wozu ich etwas frage. *„Ich würde gerne besser verstehen, wie das ist, wenn Ihr Sohn so ausrastet. Was tut er dann genau?“* oder: *„Sie sagen, Sie verachten Ihren Mann, weil er es nicht schaffe, dem Sohn Paroli zu bieten. Darf ich Sie fragen, welche anderen Hintergründe für diese Verachtung es noch geben* *könnte in Ihrer Beziehung?"* Es gibt viele Unterscheidungs- und Benennungsmöglichkeiten für Fragetypen und -arten.[11]

Wir beschränken uns hier auf folgende Unterscheidungen:

Schließende und öffnende Fragen

Gewöhnlich werden diese Fragetypen als geschlossene Fragen und offene Fragen bezeichnet; wir bezeichnen diese lieber als schließende und öffnende Fragen, weil damit die Wirkung dieser Fragetypen deutlicher wird: Schließende Fragen „schließen", d. h. sie engen Antwortmöglichkeiten ein, indem sie nur eine oder zwei zulassen, oder suchen eine Festlegung. Sie werden in der Regel mit einem Verb oder Hilfsverb eingeleitet und eignen sich vorwiegend zum Erfragen von Fakten oder um eine Festlegung herbeizuführen, z. B.: *„Haben Sie noch weitere Kinder?" „War Ihr Sohn ein Wunschkind?" „Wie alt ist Ihr Sohn?" „Zeigt er auch in anderen Situationen dieses Verhalten?" „Wollen Sie nicht doch mal eine Beratungsstelle aufsuchen?" „Meinen Sie nicht, dass Sie da zu streng zu Ihren Kindern waren?"*
Öffnende Fragen hingegen „öffnen", sie geben dem Gesprächspartner mehr Spielraum: Sie laden ihn ein, seine eigene innere Landkarte in seinen eigenen Worten zu beschreiben; das soll bzw. kann dazu führen, dass er dabei auch eher neue oder weniger bekannte Pfade und Landschaften entdeckt bzw. diese neu bewertet. Als Faustregel kann man sich merken, dass öffnende Fragen durch ein Fragewort eingeleitet werden (Wer, Was, Wie, Wo, Weshalb, Wozu, Warum, Weswegen, Wieso, Welche/r/s, Woran, Worin, Worüber, Inwiefern, ...). Im Beratungskontext empfiehlt sich vor allem die Verwendung der Frageworte „Wie", „Was" oder „Welche": *„**Wie** könnte es mit der Beziehung zu Ihrem Sohn weitergehen?" „**Was** könnte Ihnen helfen, mit mehr Gelassenheit Ihrem Sohn zu begegnen?" „**Welche** Gefühle haben Sie gegenüber Ihrem Sohn?"*[12]

---

11 *s. z. B. Lohse 2006 b, 98 ff., Schmitz 2009, Kindl-Beilfuß 2008*

12 *zur Vertiefung s. dazu Prior 2004, 19 f.*

Die folgende Tabelle zeigt Merkmale und Unterschiede der beiden Fragearten im Überblick:

Schließende Fragen	**Öffnende Fragen**
▪ beginnen meist mit einem Verb bzw. Hilfsverb, z. T. auch mit einem Fragewort wie z. B. Wer, Wann, Wo	▪ beginnen meist mit einem Fragewort, z. B. Wie, Was, Welche/r, Wozu, Woran, Wofür, Warum, Wieso
▪ können nur mit Ja oder Nein oder mit einem Fakt beantwortet werden	▪ legen die Antwortmöglichkeiten nicht von vornherein fest
▪ sind nützlich, wenn man vom Gesprächspartner eine klare Entscheidung oder eine eindeutige Information wissen will	▪ sind nützlich, um ausführliche(re) Informationen und um Beschreibungen über Hintergründe und Zusammenhänge zu erkunden
▪ dienen eher dem Verstehen der beratenden Person und deren Sicherheit	▪ können helfen, Sichtweisen beim Anrufenden zu erweitern
▪ lassen die Hauptredezeit der beratenden Person	▪ geben dem Gesprächspartner die Hauptredezeit
▪ provozieren manchmal Abwehr	
▪ helfen Unsicheren beim Kontaktaufbau	

Auch wenn wir in der Beratungstätigkeit meist offene Fragen favorisieren, so ist es uns doch wichtig darauf hinzuweisen, dass bei manchen Gesprächen bzw. Gesprächspartnern schließende Fragen hilfreich und ggf. sogar notwendig sein können: Das gilt z. B. für Gespräche mit unsicheren Hilfesuchenden, z. T. auch mit Kindern und Jugendlichen (s. Kap. 12). Auch bei Gesprächen mit Personen in Krisensituationen kann es je nach Situation und Einschätzung angebracht sein, eher mit schließenden Fragen zu arbeiten, wenn eine Fokussierung auf die kurzfristig notwendige Krisenbewältigung erforderlich ist, z. B. bei desorientiert erscheinenden Personen oder zum Organisieren von notwendiger Hilfe (s. Kap. 11).

Diese Kategorisierung und Gegenüberstellung von öffnenden und schließenden Fragen bildet – wie bei jeder Kategorisierung – die Komplexität der Wirklichkeit nur unzureichend ab.
So kann eine schließende Frage wie z. B. „*War Ihr Sohn ein Wunschkind?*“ vom Hilfesuchenden durchaus auch als Aufforderung verstanden werden, sich darüber eingehender auszulassen, ob und inwiefern der Sohn ein Wunschkind war oder nicht und was alles damit zusammenhängt an Lebensgeschichte, Erinnerungen, Gefühlen, Bewertungen, usw.

Auch können verschiedene Frageworte sowohl eine schließende als auch eine öffnende Frage einleiten: *„Welches Ihrer Kinder ist Ihnen das Liebste?“* vs. *„Welche Gefühle haben Sie, wenn Sie an Ihre Kinder denken?“* oder *„Wann ist Ihr Sohn geboren?“* vs. *„Wann wäre für Sie ein passender Zeitpunkt, dass Sie mal mit Ihrem Mann sprechen würden?“*

Übungen

1. Wandeln Sie in Dreiergruppen folgende schließende Fragen in öffnende Fragen um:
   Haben Sie schon einmal ähnliche Schwierigkeiten gehabt?
   Sind Sie zufrieden mit dem Verlauf unseres Gesprächs?
   Denken Sie, dass Hilfe für Sie möglich ist?
   Haben Sie schon einmal an Selbstmord gedacht?
   Wollen Sie nicht doch einmal eine Beratungsstelle aufsuchen?

   Erfinden Sie in einem nächsten Schritt selbst schließende Fragen und wandeln Sie diese in öffnende Fragen um.

   In einem dritten Schritt können Sie die erarbeiteten schließenden und öffnenden Fragen daraufhin überprüfen, welche in welcher Situation wie wirken (können).

2. Rollenspiel-Übung
   Person A schildert ein Problem.
   Erster Durchgang: Person B stellt vorwiegend schließende Fragen.
   Zweiter Durchgang: Person B stellt vorwiegend öffnende Fragen.
   Vergleichen Sie die beiden Durchgänge und werten Sie sie miteinander aus.

Kausale, strategische, zirkuläre und reflexive Fragen

Bei dieser Kategorisierung geht es vor allem darum, die Auswirkungen von kausal-linearem Denken einerseits und systemisch-zirkulärem Denken andererseits für die Gesprächsführung durch Fragen deutlich zu machen.
Die Kategorisierung beruht auf den beiden **Dimensionen „Absicht“ und „Zugrundeliegende Annahme“.**
Fragen resultieren zum einen daraus, ob ich eine Orientierungs- oder eine Beeinflussungsabsicht habe: Möchte ich mich orientieren über meinen Gesprächspartner, dessen äußere und innere Welt – oder möchte ich ihn beeinflussen?

Zum anderen können Fragen implizite Botschaften, nämlich bestimmte Sichtweisen von Wirklichkeit übermitteln: Kausal-lineare Annahmen gehen von einem Ursache-Wirkungs-Zusammenhang aus, systemisch-zirkuläre Annahmen hingegen von einer wechselseitigen Beeinflussung und Interaktion.[13] Dass es auch Fragen ohne solche zugrundeliegenden Annahmen gibt, wird unten ausgeführt.

Das stellen wir im folgenden Modell dar:[14]

In Abb.1 sehen wir (horizontal) die erste Dimension „Absicht des Beraters“: Fragen können eher dazu dienen, sich zu orientieren (Orientierungsabsicht), oder eher dazu, den Anderen zu beeinflussen (Beeinflussungsabsicht).

Im Folgenden nennen wir alle Fragen, die der Orientierung des Beraters dienen, **Erkundungsfragen** – sie dienen dazu, die äußere und innere Welt des Gegenübers zu erkunden. Alle Fragen mit der Absicht, die Denk- und Handlungsmöglichkeiten der Hilfesuchenden zu erweitern, nennen wir **Erweiterungsfragen.**

13 *s. dazu Tomm 1994, 136ff., insb. 170ff., vgl. auch Kap. 2*

14 *Wir danken für dessen Ausgestaltung und Ergänzung in den nachfolgend dargestellten Entwicklungsschritten und seine Erlaubnis zur Verwendung an dieser Stelle Herrn Hans-Peter Crone – Crone 2010.*

Abb.2 zeigt (vertikal) die zweite Dimension „Zugrundeliegende Annahmen des Beraters“: Kausal-lineare Annahmen implizieren einen Ursache-Wirkungs-Zusammenhang und führen zu **Kausal-linearen Fragen**, systemisch-zirkuläre Annahmen hingegen implizieren eine wechselseitige Beeinflussung und Interaktion und führen zu **Systemisch-zirkulären Fragen**.

Das vollständige Modell zeigt Abb.3:

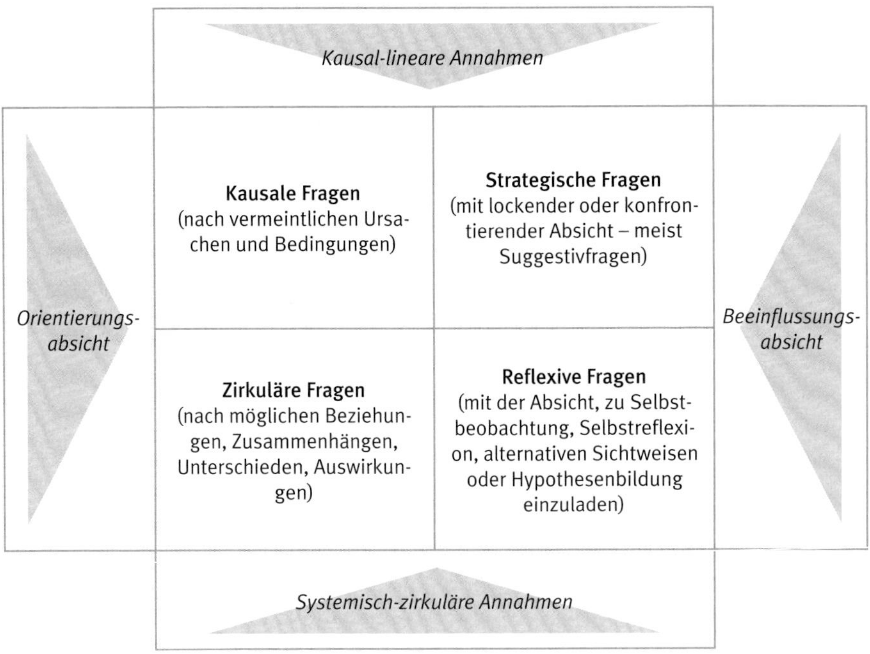

Wir sehen nun vier verschiedene Fragetypen:

- Erkundungsfragen, die von kausal-linearen Annahmen ausgehen, werden **kausale Fragen** genannt;
- Erkundungsfragen, die von systemisch-zirkulären Annahmen ausgehen, nennen wir **zirkuläre Fragen**;
- Erweiterungsfragen, die von kausal-linearen Annahmen ausgehen, sind **strategische Fragen**;
- Erweiterungsfragen, die von systemisch-zirkulären Annahmen ausgehen, heißen **reflexive Fragen**. Solche werden häufig in der Form hypothetischer Fragen gestellt (s. u.).[15]

In Abb. 4 und 5 werden die vier Fragetypen an Beispielen dargestellt:

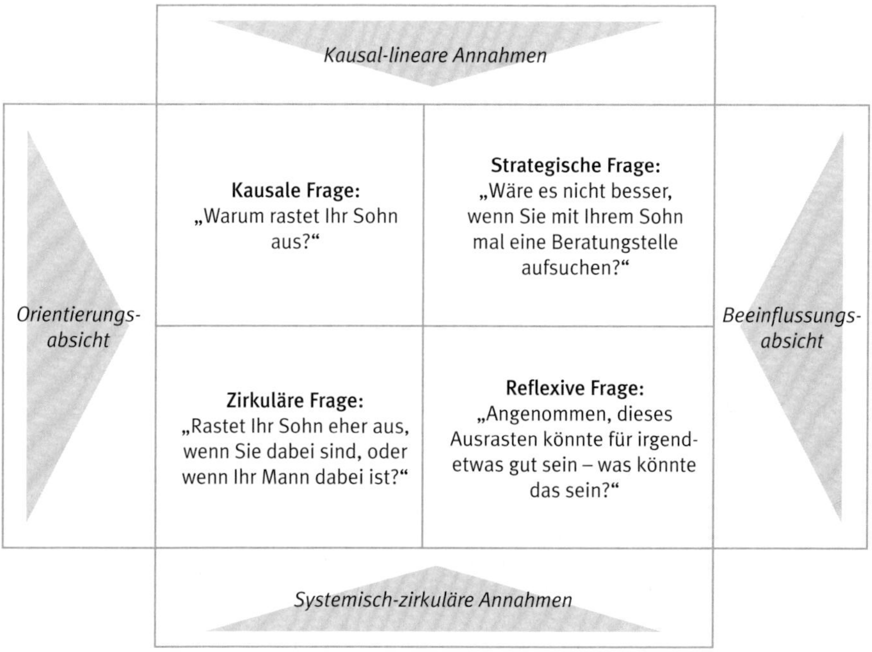

15 *Anderswo werden diese Fragen häufig lösungsorientierte Fragen genannt.*

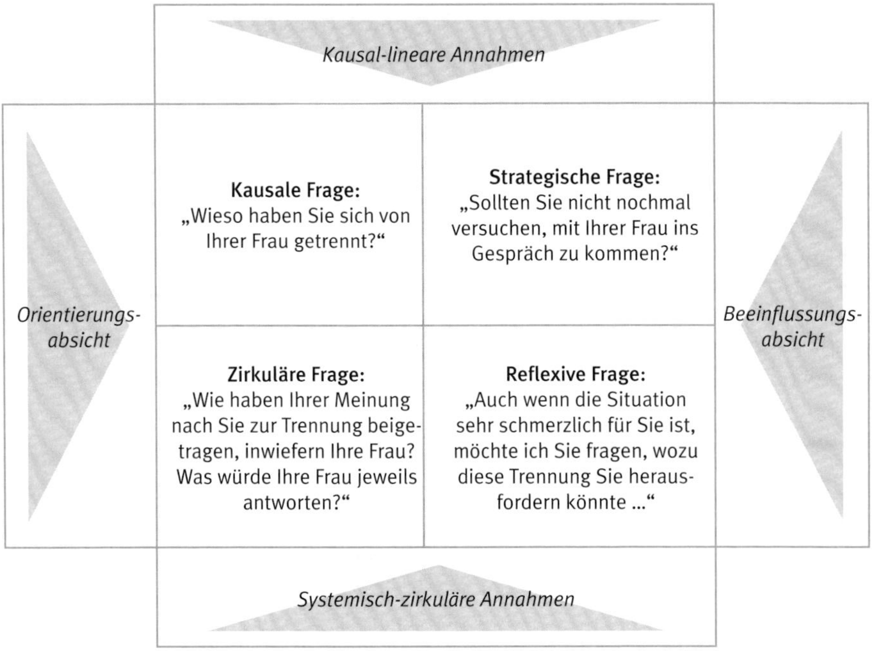

Bei dem oben ausgeführten Schema von kausalen, strategischen, zirkulären und reflexiven Fragen geht es vor allem darum, die Auswirkungen von kausallinearem Denken einerseits und systemisch-zirkulärem Denken andererseits auf die Gesprächsführung und damit letztlich auf die Hilfesuchenden deutlich zu machen. Ein anderer Aspekt wird von diesem Schema nicht erfasst: nämlich die Erkundungsfragen, denen weder eine kausal-lineare noch eine systemisch-zirkuläre Annahme zugrunde liegt. Das sind Fragen, die gewissermaßen „neutral“ nach einem Sachverhalt, nach Umständen oder Zuständen fragen, wie beispielsweise:

„Sind Sie verheiratet?
Wie lange sind Sie verheiratet?
Haben Sie Kinder?
Wie alt sind Ihre Kinder?
Wo und wie leben Sie mit Ihrer Familie?
Wie ist Ihre Beziehung zu Ihrem/r Partner/in?
War das früher anders?“

Diese Art der Erkundungsfragen nennen wir zur Abgrenzung von kausalen Fragen **Sachverhaltsfragen**.

Unterscheidung nach der Dimension „Zugrundeliegende Annahme“

Wenn ich im o. a. ersten Beispiel die Mutter frage: *„Wer oder was ist denn wohl schuld an dem Ausrasten Ihres Sohnes?“*, dann steckt darin implizit als Angebot die Hypothese, es gebe eine bestimmte Ursache oder einen Verursacher – ich gehe also von einer kausalen Annahme aus.

Wenn ich hingegen frage: *„Rastet Ihr Sohn eher aus, wenn Sie dabei sind oder Ihr Mann?“*, gehe ich von einer systemisch-zirkulären Annahme aus. Darin steckt implizit die Annahme, das Ausrasten des Sohnes als Beziehungsphänomen zu sehen und nicht als individuelles Problem des Sohnes: dass das Ausrasten des Sohnes im Zusammenhang mit dessen Beziehungen in der Familie stehen könnte, dass es eine Beziehungsbotschaft enthalten könnte, sei es an einen der Elternteile oder an beide in unterschiedlicher Differenzierung (z. B. als Wunsch nach Aufmerksamkeit) oder an das ganze Familiensystem (z. B. als Hinweis auf mangelnde Grenzen).

Die reflexive Frage *„Angenommen, dieses Ausrasten könnte für irgendetwas gut sein – was könnte das sein?“* macht dies in anderer Weise deutlich: Sie lädt ein, das Verhalten des Sohnes nicht als Problem zu definieren, sondern dessen möglichen Sinn für das Beziehungssystem Familie zu entdecken (vgl. Kap. 2). Fragen mit zirkulären Annahmen bieten der Mutter also neue Ideen für ihr familiäres Beziehungssystem an. Beim ressourcenorientierten Arbeiten bevorzugen wir Fragen mit systemisch-zirkulären Annahmen, da wir Probleme und Symptome im Zusammenhang mit den Wechselwirkungen im Beziehungssystem sehen.

Unterscheidung nach der Dimension „Absicht“

Wenn ich die Mutter frage: *„Wer oder was ist denn wohl schuld an dem Ausrasten Ihres Sohnes?“* oder *„Rastet Ihr Sohn eher aus, wenn Sie dabei sind oder Ihr Mann?“*, erkunde ich die Situation der Hilfesuchenden und ihre Sichtweise, indem ich Erkundungsfragen stelle.

Wenn ich hingegen frage: *„Wäre es nicht besser, wenn Sie mit Ihrem Sohn mal eine Beratungsstelle aufsuchen?“* oder *„Angenommen, dieses Ausrasten könnte für irgendetwas gut sein – was könnte das sein?“*, versuche ich die Hilfesuchende zu beeinflussen, ihre Handlungs- und Denkmöglichkeiten zu erweitern – ich stelle Erweiterungsfragen.

Unterschiede von Erkundungs- und Erweiterungsfragen im Überblick

Erkundungsfragen	Erweiterungsfragen
helfen bzw. sind ggf. notwendig, die Situation der hilfesuchenden Person kennenzulernen und zu verstehen	wollen den Hilfesuchenden beeinflussen zu einer Erweiterung seiner Sichtweisen und Handlungsmöglichkeiten
helfen, das Problem/die Situation in seinen/ihren Zusammenhängen zu verstehen und zu konkretisieren	lenken die Aufmerksamkeit des Hilfesuchenden auf mögliche neue Sichtweisen und Denkmöglichkeiten

helfen, die Wünsche und Anliegen und damit den Auftrag des Hilfesuchenden zu verstehen	
sind daher eher in der Eingangsphase des Gespräches sinnvoll	sind daher eher im weiteren Gesprächsverlauf sinnvoll

Erkundungsfragen werden v. a. in den Gesprächsphasen „Problem klären“ und „Auftrag erkunden, klären und entwickeln“ (siehe Schema S. 68) eingesetzt. Diese werden ausführlich in den Kapiteln 7 (S. 129 f) und 8 (S. 156) dargestellt.

In späteren Phasen des Gesprächs („Aufmerksamkeit gezielt auf Resourcen lenken“, „Strukturieren...“ und „Ausblick anregen“ – s. Schema, Kap. 3, S. 68) arbeitet man eher mit **Erweiterungsfragen** (mehr dazu in den Kapiteln 9 und 10). Strategische Fragen verwenden wir in der Regel nicht, weil sie von Hilfesuchenden als Eingreifversuch in ihre Autonomie erlebt werden können, was meist zu einer ablehnenden Reaktion führt. Sie sollten, wenn überhaupt, nur dann verwendet werden, wenn man sich absolut sicher ist. Stattdessen stellen wir vor allem reflexive Fragen mit dem Ziel einer Perspektivenerweiterung. Diese überlassen die Wahl- und Entscheidungsfreiheit den Hilfesuchenden. Hypothetische Fragen sind eine spezielle Form der reflexiven Fragen, die in der Regel mit „Angenommen ...“ oder „Was wäre, wenn....“ beginnen. Sie entwerfen ein Szenario, das im Moment noch nicht Realität ist, und können damit aus bisherigen Denkmustern heraushelfen (s. weiter dazu Kap. 9).

Reflexive Fragen haben das Ziel, neue Denkanstöße zu geben, neue Sichtweisen und Denkmöglichkeiten aufzuzeigen. Sofern ein Hilfesuchender sich darauf einlässt, braucht er dazu Zeit – Zeit, um die Frage wirken zu lassen, um sich mit der eingebrachten Sichtweise auseinanderzusetzen, eventuell sogar eine neue Perspektive zu entwickeln. Daher sind nachdenkliche Reaktionen auf eine solche Frage wie z. B. *„Das habe ich so noch nie gesehen.“* oder *„Da habe ich keine schnelle Antwort drauf.“*, oder auch ein Zögern oder ein Schweigen Hinweise darauf, dass die Frage wirkt. Wir sollten also nicht schnell von einer solchen Frage zur nächsten springen, sondern nach Möglichkeit bei einer Frage verweilen und der hilfesuchenden Person Zeit lassen für ihre Antwort, dann an der gegebenen Antwort anknüpfen und das vertiefen. Im Einzelfall kann ein Gespräch auch an einer solchen Stelle enden, wenn und weil der Hilfesuchende darüber zunächst für sich nachdenken möchte.

Übungen

1. Fragen konstruieren I
   a) Konstruieren Sie zu den nachfolgenden Beispielsätzen je eine
      - Sachverhaltsfrage
      - kausale Frage
      - zirkuläre Frage
      - strategische Frage
      - reflexive Frage.

Beispielsätze:

- *Ich habe mich von meiner Freundin getrennt, das tut mir jetzt leid und ich würde es gerne rückgängig machen.*
- *Ich weiß nicht, wie ich mit meinen Angstzuständen fertig werden soll.*
- *Mein Mann hat keinerlei Verständnis für mich.*
- *Unser 15-jähriger Sohn hält sich an keinerlei Regeln, egal was wir auch versuchen.*
- *Ich arbeite in einer Papierfabrik, meine Kollegen lassen mich immer die dreckigsten Arbeiten machen und machen sich lustig über mich. Das macht mich krank.*
- *An Weihnachten werden meine beiden Schwestern zu mir kommen – es graut mir jetzt schon davor, mit denen wieder stundenlang zusammenhocken zu müssen, während wir uns sonst das ganze Jahr nichts zu sagen haben.*

Es kann hilfreich sein, für diese Übung folgende Leerform zu verwenden:

Sachverhaltsfrage	
kausale Frage	strategische Frage
zirkuläre Frage	reflexive Frage

b) Vergleichen Sie die konstruierten Fragen untereinander und korrigieren bzw. unterstützen Sie sich ggf. gegenseitig.
c) Setzen Sie diese Übung mit eigenen Beispielen fort.
d) Variante: Sie können diese Übung auch lediglich auf das Konstruieren von Fragen beschränken, denen eine systemisch-zirkuläre Annahme zugrunde liegt, d.h. von zirkulären und reflexiven Fragen.

2. Fragen konstruieren II
Führen Sie die o.a. Übung „Fragen konstruieren I" zu Sätzen aus einem tatsächlichen Beratungsgespräch durch.

3. Rollenspiel-Übung
Die hilfesuchende Person schildert ein Problem.
a) In einer ersten Gesprächsphase (vgl. o.) möchte sich die beratende Person über das Problem im Lebenskontext des Gesprächspartners orientieren.
Erster Durchgang: Der Berater stellt neben Sachverhaltsfragen vorwiegend Erkundungsfragen, denen eine kausal-lineare Annahme zugrunde liegt (sog. kausale Fragen).
Zweiter Durchgang: Der Berater stellt neben Sachverhaltsfragen vorwiegend Erkundungsfragen, denen eine systemisch-zirkuläre Annahme zugrunde liegt (sog. zirkuläre Fragen).
Vergleichen Sie die beiden Durchgänge und werten Sie sie miteinander aus.
b) In einer zweiten Gesprächsphase möchte die beratende Person den Gesprächspartner hinsichtlich seines Problems beeinflussen.
Erster Durchgang: Der Berater stellt vorwiegend Erweiterungsfragen, denen eine kausal-lineare Annahme zugrunde liegt (sog. strategische Fragen).
Zweiter Durchgang: Der Berater stellt vorwiegend Erweiterungsfragen, denen eine systemisch-zirkuläre Annahme zugrunde liegt (sog. reflexive Fragen).
Vergleichen Sie die beiden Durchgänge und werten Sie sie miteinander aus. ◀

7. Kapitel

Wohin soll's gehen?

Erkunden und Entwickeln des Gesprächsauftrags

Im Kapitel 1 haben wir niedrigschwellige Beratung am Beispiel der Telefonberatung mit einem etwas ungewöhnlichen Rettungsschiff verglichen, dessen „Angebot“ eine breite Palette von „Kunden“ mit unterschiedlichsten Problemen und Anliegen anspricht. Die Mitarbeiter der Funkzentrale dieses Schiffes werden dabei in unterschiedlichsten Beziehungsrollen angesprochen, sei es als Retter, Lotse, Auskunft, Beistand in Seenot, Unterhalter oder Freundersatz. Wenn Sie dort Funksprüche entgegen nähmen, müssten Sie also jedes Mal klären, was der Hilfesuchende von Ihnen erwartet und welche Hilfe Sie ihm anbieten könnten und was nicht. Sie müssten also in Erfahrung bringen, in welcher Rolle Sie angefragt sind und was sich Ihr Funkpartner von Ihrem Einsatz erhofft. Sollten Sie als Retter bei einer Havarie angefragt sein, bräuchten Sie genaue Angaben über den Standort des Schiffes, die Art des Notfalls, die Anzahl der Verletzten etc., um geeignete Hilfe zu schicken. Sollten Sie als Lotse angefragt sein, müssten sie mit Ihrem „Kunden“ darüber reden, wo er sich gerade befindet und v. a. wohin seine Fahrt gehen soll. Erst dann könnten Sie ihn dabei beraten, welche Untiefen und Gefahren ihn erwarten und wie er sie umgehen kann. Wenn er sich verirrt hat und nicht weiß wohin, würden Sie ihm dabei helfen, eine Richtung zu finden, die er einschlagen kann, bis er sich wieder selbst zurecht findet.

Auftragsorientierung, Auftragsklärung und Auftragsentwicklung

Auch wenn es in der Beratung immer wieder Gespräche gibt, bei denen ein unausgesprochenes Einverständnis zwischen den Hilfesuchenden und Beratern über Gesprächsinhalte und –ziele besteht, ist es doch ratsam, wie in einer solchen Funkzentrale mit jedem Hilfesuchenden

1. den Hilfewunsch **und** das angestrebte Ziel in Erfahrung zu bringen (Auftragsorientierung am Anliegen der Hilfesuchenden), [16]

16 *Die in der Beratung oft verwendete Bezeichnung Anliegen ist unscharf. Sie kann den Hilfewunsch, das Ziel der Hilfe oder auch einfach nur das Thema beschreiben, über das gesprochen werden soll. Wegen seiner Unschärfe verwenden wir dieses Wort hier im Zusammenhang mit dem Gesprächsauftrag nicht.*

2. davon ausgehend den Hilfewunsch und das zu erreichende Ziel zu präzisieren, beides aufeinander und mit den eigenen Beratungsmöglichkeiten abzustimmen (Auftragsklärung)
3. aus diesem Klärungsprozess heraus möglicherweise ein anderes Hilfsangebot oder Ziel zu entwickeln (Auftragsentwicklung)

Auftragsorientierung – vom Hilfewunsch und Hilfeziel der Hilfesuchenden ausgehen

Unklare Hilfewünsche

Gespräche im niedrigschwelligen Bereich beginnen nach der Begrüßung oft mit einer Klage, Beschwerde oder einem Wunsch: *„Haben Sie im Moment mal Zeit?“* *„Mir geht's heute wieder so schlecht.“ „Ich will Sie nicht lange belästigen, aber...“* *„Kann ich mit Ihnen über alles sprechen?“ „Mein Freund hat mich verlassen.“* Die Erwartungen an die Helfer werden dabei meist unausgesprochen oder unklar geäußert. Das heißt, Berater wissen aus diesen Äußerungen weder etwas darüber, welche Art von Hilfe (zuhören, klären, Tipps geben, zum Nachdenken anregen, bestätigen o. ä.) von ihnen gewünscht ist bzw. welche Rolle ihnen zugedacht ist, noch welches Ziel erreicht werden soll. Das ist auch nicht zu erwarten.

Auch wenn Erwartungen konkret geäußert werden, muss man häufig noch mal nachfragen, was gemeint ist. Zu Gesprächsbeginn wird oft die Bitte *„Hören Sie mir zu“* geäußert. Damit ist nur sehr selten gemeint, nur zuzuhören und nichts zu sagen. Meist wünschen Hilfesuchende damit Anteilnahme, Nachfragen, Trost, manchmal sogar Tipps. Es empfiehlt sich also, solche Hilfewünsche zu klären.

Beispiel aus der Telefonseelsorge

A Kann ich mit Ihnen über alles sprechen?

B Alles?

A Ja ich meine auch über Sex?

B Was meinen Sie damit – über Sex sprechen?

A Ich habe so gewisse Probleme mit meiner Frau, wissen Sie ...

B Das tut mir leid für Sie. Und was erhoffen Sie sich jetzt von unserem Gespräch?

A Ich hab gedacht, Sie haben eine so angenehme Stimme und da könnte ich ...

Wenn Gespräche so beginnen, handelt es sich vermutlich um die Anbahnung des Hilfewunsches erotischer Stimulation, der vielleicht verständlich ist, jedoch nicht zum Auftrag von Telefonberatung, sondern in den Bereich von Erotiktelefonen gehört. Er wird daher nach vorhergehender Klärung abgelehnt.

Ungefragte Hilfsangebote

Ebenso könnten Berater bestimmte Hilfen anbieten wollen, die vom Hilfesuchenden aktuell nicht angefragt sind. Problematisch erweisen sich Gespräche meist, wenn Berater ohne ausdrückliche Nachfrage und Klärung zu wissen glauben, was Hilfesuchende von ihnen wollen. Auch wenn diese über ein Leid oder Problem klagen, heißt das nicht unbedingt, dass sie auch über Veränderungsmöglichkeiten reden wollen. Man sollte sich daher immer vergewissern und Einvernehmen darüber herstellen, welche Hilfe jeweils gewünscht wird und was damit erreicht werden soll. Beraten ohne klaren Auftrag birgt die Gefahr, am Hilfesuchenden vorbei unpassende Hilfsangebote zu machen und eigene Ziele zu verfolgen. Viele Irritationen und Schwierigkeiten im Beratungsprozess entstehen dort, wo Berater eigene Vorstellungen haben, wie ein Problem zu lösen sei und diese Lösungen ungefragt und ungebeten den Hilfesuchenden überstülpen wollen. Auf solche ungebetenen Hilfsangebote (*„Machen Sie doch das...“*, *„Sie sollten mal .....“* oder subtiler *„Finden Sie nicht auch, dass ....“*) reagieren Hilfesuchende oft mit Widerstand (*„Ja, aber .....“*) oder vagen Absichtserklärungen aus Anpassung heraus, ohne wirklich etwas zu unternehmen (*„Ja, ich will's versuchen...“*).[17]

Wenn sich trotz Bemühungen seitens des Beraters oder Anpassungsversuchen der Hilfesuchenden kein „Erfolg“ eingestellt hat, enden solche Beratungsbemühungen leicht in gegenseitigen Abwertungen oder Selbstanklagen (*„Mir kann keiner helfen.“ „Dem ist nicht zu helfen.“ „Das ist ein hoffnungsloser Fall.“ „Ich bin ein unfähiger Berater.“*).

Wenn wir Hilfesuchende als gleichrangige Partner einer kooperativen Arbeitsbeziehung ansehen, gehen wir davon aus, dass diese selbst am besten beschreiben können, welche Art der Unterstützung sie sich wünschen und was erreicht werden soll. Berater sehen sich als Auftragspartner der Hilfesuchenden. Ihr einziges Ziel sollte sein, möglichst hilfreiche Beiträge dafür zu liefern, dass deren Bewältigungskompetenzen genutzt und gefördert werden. Dies stärkt bereits deren Selbstwert und lädt sie ein, ihre Ressourcen und ihre Mit-Verantwortung für das Gelingen des Gesprächs wahrzunehmen.

Erfüllbare Hilfewünsche

Auftragsorientierung bedeutet also, sich zunächst auf eines oder mehrere Hilfsangebote in einer gemeinsamen Schnittmenge der Hilfsmöglichkeiten zu verständigen. Die Hilfe muss ausdrücklich gewünscht sein und sie muss für den

---

17 *Zum Umgang mit Ratschlägen siehe Kap. 8, S. 157f*

Helfer möglich, erlaubt und ethisch vertretbar sein. Dafür sollte dann klar werden, was genau der Helfer tun sollte. Ein erfüllbarer Auftrag (vgl. Michalak 1999) ist bestimmt durch

- den Kontext der Institution (Medium, Setting, Leistungsmöglichkeit, Zeit, Zuständigkeit, Richtlinien, fachliche und ethische Orientierung)
- die Ermächtigung durch den Hilfesuchenden
- die Kompetenz des Beraters zur Erfüllung des gewünschten Auftrags
- die Verhandlung zwischen dem Hilfesuchenden und dem Helfer

Bildlich gesprochen geht es darum, die gemeinsame Schnittmenge der Hilfewünsche und - angebote der Beteiligten zu finden – in unserem Fall der Hilfesuchenden und der Helfer – und diese auf deren Erfüllbarkeit und Zielsetzung abzustimmen. Die Helfer müssen zusätzlich darauf achten, dass sich ihre Hilfsangebote im Rahmen der Erwartungen und Werte ihrer Einrichtungsträger bewegen.

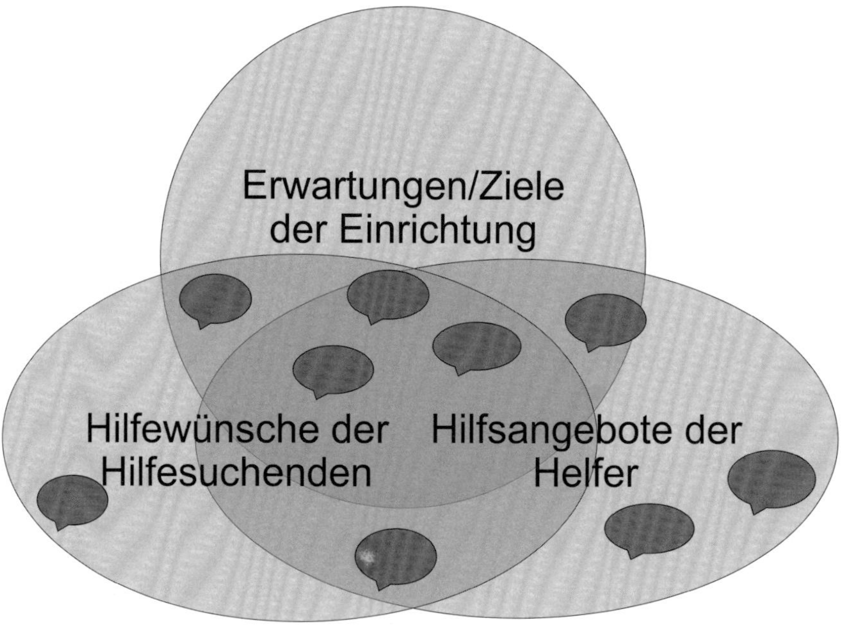

Auftragsgemäße Zusammenarbeit durch
1. Sich Verständigen auf ein oder mehrere Hilfsangebote der gemeinsamen Schnittmenge
2. Klärung der Ziele
3. Berücksichtigung der eigenen Werte und der Vorgaben der Einrichtungsträger

Die Sprechblasen in den drei Ellipsen stellen mögliche Hilfsangebote der Berater bzw. ihrer Einrichtungen sowie die Hilfewünsche der Hilfesuchenden dar. Letztere erwarten bei niedrigschwelligen Angeboten oft, dass man ihnen zuhört, ihnen einen Rat gibt, ihnen Entlastung ermöglicht. Diese Hilfen decken sich in der Regel mit den Möglichkeiten und Wertvorstellungen der Berater und ihrer Einrichtungen. Sie befinden sich also innerhalb der Schnittmenge aller Ellipsen. Hilfesuchende könnten aber auch wünschen, dass man sie besucht (im Sinne eines aufsuchenden Dienstes), sie medizinisch oder juristisch berät oder ihnen mit Geld aushilft. Solche Hilfewünsche können außerhalb der Schnittmenge liegen: Ein Hausbesuch ist bei den meisten Telefonberatungsstellen aus Sicherheits- und organisatorischen Gründen ausgeschlossen. Bei anderen niedrigschwelligen Diensten ist dies jedoch nicht unbedingt der Fall oder sogar üblich. Medizinische oder juristische Beratungen im niedrigschwelligen Bereich sind rechtlich eng eingegrenzt, meist obliegt dies einer speziellen Fachberatung. Beratungsstellen geben keine Geld- oder Sachspenden. So mag das jeweilige Anliegen der Hilfesuchenden nachvollziehbar sein, jedoch nicht unbedingt erfüllbar. Auch Zuhören hat seine zeitlichen Grenzen, wenn jemand z. B. bereits mehrmals am Tag angerufen hat und sein Anruf die Erreichbarkeit für andere Hilfesuchende blockiert. Ein solches Anliegen könnten Telefonberater wegen begrenzter Zugangsmöglichkeiten und aus Gründen der Fairness anderen Anrufern gegenüber nur begrenzt erfüllen.

▸ Übung

Klären Sie, 1) welche Unterstützung Hilfesuchende von Ihnen in Ihrer Einrichtung erwarten könnten, 2) welche Hilfen Sie anbieten, 3) welche Erwartungen Ihre Träger / Leiter an das Beratungsgespräch haben. Notieren Sie diese auf je ein Kärtchen mit einer bestimmten Farbe für die Gruppierungen Hilfesuchende, Berater und Träger / Leiter. Malen Sie drei große, sich überlappende Kreise für die drei Gruppierungen. Legen Sie die Kärtchen jeder Gruppierung in den jeweiligen Kreis und finden Sie die Kärtchen innerhalb der gemeinsamen Schnittmenge aller Kreise. Entdecken Sie, welche Kärtchen außerhalb der gemeinsamen Schnittmenge liegen und diskutieren Sie darüber, wie Sie mit solchen von Ihnen nicht erfüllbaren Erwartungen umgehen. ◂

Selbstauftrag

Es gibt allerdings auch Situationen, in denen Berater eigene Anliegen einbringen wollen und auch sollten, z. B. wenn sie Sorge haben, dass Hilfesuchende Gefährdungspotentiale nicht sehen oder wenn sie Hilfesuchende motivieren möchten, sich mit einem bestimmten Thema auseinanderzusetzen. Dies ist häufig in suizidalen Situationen sowie bei Suchtmittelmissbrauch der Fall, wenn Hilfesuchende nicht von sich aus wegen einer solchen Gefährdung das Gespräch gesucht haben. Dabei soll Eigenmotivation beim Hilfesuchenden herausgearbeitet werden, sich mit der Gefährdung auseinanderzusetzen. Gleichwohl ist auch hier deren

Autonomie zu respektieren und Neutralität zu wahren. In einer solchen „motivierenden Gesprächsführung“ (Miller und Rollnick 2004) geben sich Berater selbst einen Auftrag. Dann werben sie darum, für das Gespräch über ein bisher gemiedenes Thema bzw. Hilfeziel auch von den Hilfesuchenden einen Auftrag zu bekommen. Die Kunst der Gesprächsführung besteht darin, diese einzuladen, sich mit der gemiedenen Thematik ohne Widerstand auseinander zu setzen.

Beispiele

B (bei Suizidgefährdung) Sie haben eben gesagt, Ihnen kann ja doch keiner helfen, am besten machen Sie Schluss und Sie wollten sich nur noch verabschieden. Auf mich wirken Sie so, als ob Sie oder zumindest ein Teil in Ihnen doch noch – allerdings sehr skeptisch – auf der Suche nach einem anderen Ausweg wäre. Könnte das zutreffen?

B (bei Verdacht auf Alkoholmissbrauch) Sie haben von dem vielen Ärger auf der Arbeit und in Ihrer Familie erzählt, dass Sie da Hilfe suchen. In einer solchen Situation wie Sie es sind wäre es ja absolut verständlich, mehr als sonst zu trinken oder Medikamente zu nehmen, um sich von den Problemen abzulenken. Wie sehen Sie das?

Auftragsklärung – Hilfewunsch und Hilfeziel verstehen, präzisieren und auf deren Erfüllbarkeit abstimmen

▶ Übung

Prüfen der Übereinstimmung von Hilfsangebot und Ziel mit den eigenen Werten, Möglichkeiten und Kompetenzen; Achten auf Stimmigkeit

1. Nehmen Sie aus Ihrer Erfahrung mit Beratungsgesprächen einen Hilfewunsch, der Sie irritiert hat, mit dem Sie schlecht umgehen konnten oder nehmen Sie ein Gespräch, bei dem Ihnen kein klarer Hilfewunsch erkennbar war. Schildern Sie in der Lerngruppe kurz die damalige Gesprächssituation. Spielen Sie dann eine entsprechende kurze Schlüsselszene.
2. Die anderen Mitglieder der Lerngruppe achten dabei zunächst nur auf ihre spontane(n) Reaktion(en) auf die Schlüsselszene, d. h. was sie fühlen und körperlich empfinden, was sie über die Person denken, welches Bild sie sich machen, was ihr erster Impuls ist, auf den Hilfesuchenden zu reagieren. Dazu können Sie das Bewusstheitsrad, Kap. 5, S. 83 verwenden).
3. Würdigen Sie Ihre spontane(n) Reaktion(en): Was könnte Ihnen Ihr Gefühl, Ihr Impuls etc. darüber mitteilen, was *Sie* brauchen, um sich in diesem Gespräch stimmig zu fühlen? Was wollen oder können Sie anbieten? Was wollen oder können Sie nicht anbieten?
4. Überlegen Sie gemeinsam: Wie könnten Sie diese Erkenntnisse für das Gespräch nutzen? ◀

Unklare Gesprächsziele

Auftragsklärung bedeutet neben der Klärung des Hilfewunsches Klärung der Ziele: Die angebotene Hilfe soll zieldienlich sein, d. h. auf ein klares und erreichbares Ziel ausgerichtet. Mit *„Hören Sie mir zu"* werden häufig Gespräche bei der Telefonseelsorge eröffnet. Da liegt es meist auf der Hand, dass das Zuhören Entlastung bringen soll. Bei der Eröffnung *„Geben Sie mir einen Rat"* ist das Ziel wesentlich unklarer. Was soll der Rat bewirken? Was erhofft sich jemand davon? Einen Rat, wenn überhaupt, kann man nur geben, wenn man das Ziel kennt, das Ratsuchende sich von der Umsetzung dessen erhoffen. Die Helfer begleiten diesen Prozess mit Erkundungs- und Erweiterungsfragen, ob und wie die gewünschte Hilfe zu welchem Ziel führt, z. B. *„Was erhoffen Sie sich davon, wenn Sie von mir den Tipp bekämen?", „Was würde sich für Sie dadurch verändern?", „Wobei hilft es Ihnen, dass Sie mir das alles so ausführlich erzählen konnten?"*

Beispiel „Mutter mit schulpflichtigem Sohn"

H Unser Sohn ist in der letzten Zeit so schlecht in der Schule. Können Sie mir da einen Rat geben?

B: Wozu hätten Sie denn gern den Rat?

H: Dass der wieder mehr mitmacht. Der hängt immer nur so rum mit seinen Freunden, aber lernt nichts.

H: Das muss schlimm für Sie sein. Ich möchte Ihnen gerne behilflich sein herauszufinden, wie *Sie* damit umgehen könnten. Darf ich Ihnen dazu einige Fragen stellen? Dann könnte ich Ihnen noch gezielter Empfehlungen geben.

Ebenso wie die Hilfewünsche sind auch die Gesprächsziele für die meisten Hilfesuchenden selbst erst mal unklar oder werden nur vage formuliert und müssen deshalb präzisiert werden. Manche Hilfesuchende können auf die Frage nach dem gewünschten Hilfsangebot und ihrem Ziel zunächst keine Antwort geben. Sie reagieren mit *„Weiß ich nicht"* oder sie weisen gar die Frage zurück (*„Das müssen Sie doch wissen, dafür sind Sie doch da!"*). Sie sehen in den Beratern die Experten für geeignete Hilfsangebote, Ziele und Lösungsmöglichkeiten, wie sie es vielleicht aus der medizinischen Behandlung kennen. Sie sagen allenfalls, dass sie wollen, dass es ihnen wieder besser gehe, oder dass das, was ihnen ein Problem macht, weggehen solle. Sie können noch nicht sagen, woran sie merken könnten, dass es ihnen wieder besser ginge oder was an Stelle des Problems treten sollte, um daran zu erkennen, dass das Gespräch auch wirklich geholfen hat. Je besser beobachtbar, differenziert und situationsbezogen jedoch Ziele formuliert werden können, desto besser können die geeigneten Hilfsmittel für den Weg dorthin gefunden werden. Das „Weiß ich nicht" oder die Zuweisung der Expertenrolle könnte man geradezu als Problemanzeige nutzen, um Hilfesuchende darüber zu informieren, dass Berater zur Lösung von Lebensproblemen ihre Mithilfe brauchen, um helfen zu können.

Beispiele

B: Sie möchten, dass es Ihnen wieder besser geht. Um Ihnen dabei helfen zu können, bin ich auf Ihre Mithilfe angewiesen. Darf ich Ihnen dazu eine Frage stellen? .... Woran würden Sie merken, dass es Ihnen besser geht? ... Woran würden es andere merken?

B: Sind Sie einverstanden, dass wir in unserem Gespräch immer wieder mal prüfen, was Ihnen dabei gut tut, wenn wir miteinander reden und wie das Ihnen hilft?“

Abstimmung von Hilfsangebot und Gesprächsziel

Auftragsklärung bedeutet schließlich, darüber zu sprechen, dass Hilfewunsch und Ziel aufeinander abgestimmt sein sollen. Manchmal haben Hilfesuchende schon sehr genaue Vorstellungen von der Art der erwarteten Hilfe, z. B. einen Zuhörer haben, eine Information oder einen Rat bekommen, merken aber im Laufe des Gesprächs, dass damit ihr gewünschtes Ziel nicht erreicht wird. Wenn man während des Gesprächs danach fragt, was das Zuhören, die Information oder der Rat bewirkt haben oder bewirken sollen, wird klarer, ob und wie das gewünschte Ziel dadurch auch erreicht werden könnte bzw. um welches Ziel es überhaupt geht.

Beispiel

B: Wobei hat es Ihnen bisher geholfen, dass ich Ihnen einfach nur zugehört habe?

A: Wenn Sie mir so zuhören, geht’s mir schon ein bisschen besser.

B: Das freut mich. Und reicht Ihnen das schon?

A: Ja, jetzt kann ich wieder weiter machen ...

oder: Eigentlich bräuchte ich von Ihnen noch einen Rat.

Auftragsentwicklung – gemeinsame Entwicklung eines anderen Hilfsangebotes oder Zieles

Der Hilfewunsch kann sich also während des Gespräches verändern. Wer sich vielleicht zunächst nur wünscht, dass man ihm zuhört, merkt im Laufe des Gesprächs, dass das zwar gut ist, aber nicht ausreicht und dass er eigentlich Informationen braucht, etwa über psychiatrische Hilfen. Wenn er diese bekommt, merkt er auf die Rückfrage, ob er auch zum Psychiater gehen wird, dass es ihm eigentlich darum geht, die Angst zu überwinden, psychiatrische Hilfe in Anspruch zu nehmen. Oder wer zunächst nur nach einer Information fragt, merkt, wenn der

Berater ihm aufmerksam und einfühlend zuhört, wie wichtig es ihm eigentlich ist, einen einfühlsamen Zuhörer zu haben.

In der Beratung ist es oft so, dass der zunächst geäußerte Hilfewunsch und das, was mit Hilfe des Gesprächs erreicht werden soll, nicht zusammenpassen. Bei der Klärung der Ziele stellt sich oft heraus, dass diese entweder gar nicht oder nur auf Umwegen erreichbar sind. In solchen Fällen muss man als Berater dafür werben, einen neuen Auftrag zu bekommen:

Beispiel „Krebskranke Frau"

H: Ich suche Ihren Zuspruch. Sagen Sie mir ein gutes Wort.

B: Gerne will ich Sie unterstützen. Was haben Sie denn in der letzten Zeit als hilfreichen Zuspruch, als gutes Wort erlebt?

H: Wenn mir jemand gesagt hat: Du schaffst das schon.

B: Und was hat das bei Ihnen bewirkt? ...

H: Wissen Sie, ich habe Krebs. Vor jeder OP bekomme ich Panik. Das war schon eine Ermutigung, als ich wieder dachte, dass ich es nicht mehr schaffe, mich schon wieder einer OP zu unterziehen.

B: Und jetzt steht wieder eine OP an?

H: Ja, aber ich halt das nicht mehr aus. Ich habe wieder so Angst davor. Was bringt mir das – immer wieder neue Operationen und Behandlungen?

B: Das klingt nach tiefen Zweifeln.... Das „Du schaffst das schon", wie hat das Ihnen bisher in einer solchen Lage geholfen?

H: In dem Moment war es gut. Aber meine Zweifel sind geblieben, ob ich mir diese ganze Tortur wieder und immer wieder antun soll.

B: Klingt so, als ob Sie im Moment eher an dem Punkt sind, darüber nachzudenken, wie Sie mit Ihrer Krebserkrankung überhaupt weiter umgehen wollen anstatt nur ein „Du schaffst das schon" zu hören?

H: Ja, da haben Sie recht.

B: Wollen Sie mit mir darüber sprechen?

Beispiel „14-Jährige, die von zeitweiligem Drogenkonsum sprach"

H: *(erregt)* Meine Mama lässt mich einfach nicht in Ruhe. Die kommt einfach in mein Zimmer. Was soll ich machen?

B: Das ist aber ärgerlich für dich. Was soll denn passieren?

H: Meine Mama soll mich halt einfach in Ruhe lassen, wenn ich es will.

B: Meinst du, deine Mama würde dich derzeit einfach so in Ruhe lassen, wenn sie sich so Sorgen um dich macht, weil sie dich mit Drogen erwischt hat?

H: Nein, eigentlich nicht.

B: Wenn du das also nicht schaffen kannst, was könntest du dann tun? Willst du das mit mir überlegen? ______________________________

Es geht also nicht darum, Hilfewünsche einfach nur zu erfüllen, sondern um eine kritische Begleitung der Hilfesuchenden, ausgehend von ihren Hilfewünschen und -zielen das gemeinsam zu entwickeln, was ihnen weiter hilft.

Auftragsentwicklung ist also

- gemeinsames Erkunden und Reflektieren, welche Hilfe gegeben werden kann und welche nicht,
- gemeinsames Überprüfen, ob und wie die Hilfe zum gewünschten Ziel führt,
- Präzisierung, Konkretisierung und oft Veränderung von Ziel und Art der Hilfe.

Während dieses Prozesses verändern sich meist die Erwartungen und Vorstellungen der Hilfesuchenden. Es ist oft schon viel erreicht, wenn Hilfesuchende im Laufe des Gesprächs konkreter formulieren können, was sie vom Helfer erwarten, was sie erreichen wollen und wie sie dies erreichen könnten.

Wichtig: Im Beratungsgespräch geht es grundsätzlich nicht darum, dass die zunächst vorgestellten Ziele auch wirklich erreicht werden. Meist werden diese im Laufe des Gesprächs verändert oder gar verworfen und man entwickelt andere Ziele. Es geht also immer um einen Prozess der Reflektion und Erweiterung der bisherigen Möglichkeiten. Das vorgestellte und angestrebte Ziel ist lediglich der Weg, um diesen Prozess in Gang zu bringen, der letztlich oft zu einem ganz anderen Ziel oder Ergebnis führt.

Folgende Abbildung zeigt diesen Prozess als Wechselwirkung zwischen dem vom Hilfesuchenden gewünschten Hilfsangebot, seinen Zielvorstellungen und den Werten und Möglichkeiten des Beraters in seiner Organisation. Die im Schaubild formulierten Äußerungen sind paradigmatisch gemeint. Fragen nach Hilfewunsch und Ziel sollen *in diesem Sinn* gestellt werden, nicht genauso. Die Doppelpfeile bedeuten, dass die Veränderung eines der Teile im Prozess der Auftragsklärung und – entwicklung sich automatisch auf die anderen auswirkt und erneute Klärungs- und Entwicklungsprozesse nach sich ziehen kann.

Die nächste Abbildung erläutert diesen Klärungs- und Entwicklungsprozesses anhand des Gesprächsbeispiels von Kap. 3, S. 63 ff

Art der Hilfe		**Ziel/Wirkung des Hilfsangebots**
B soll „Mist abladen" lassen	→	*A sucht Entlastung, aber viele B „können es nicht mehr hören", A könnte sich beschämt fühlen, Mitleid erregen, für verrückt gehalten werden, sich selbst für verrückt halten?*
B bietet Klärung an, was A will und worüber gesprochen werden soll	→	*A will Arbeit bekommen*
B bietet Klärung an, wie die Wahrscheinlichkeit erhöht werden kann, Arbeit zu bekommen	→	*A will sich gut darstellen*
B bietet Klärung an, was dafür als erstes konkret zu tun ist	→	*A will mit dem Trinken aufhören* *A will sich selbst mehr achten* *A will einerseits Entzug machen, andererseits fürchtet er ihn*
B bietet Klärung der Ambivalenz an	→	*Entscheidung zum Entzug ist mit dem Thema Selbstachtung gekoppelt und bleibt noch offen*

▸ *Übung „Mutmaßungen über den Auftrag“* (nach Schmitz 2009, 45)

Denken Sie an eine Person, die Sie um Hilfe bitten könnte oder erinnern Sie sich an eine hilfesuchende Person, mit der Sie sich in einem Ihrer letzten Gespräche schwer taten. Charakterisieren Sie kurz für sich oder in einer Lerngruppe deren Situation.

1. Unterhalten Sie danach sich über folgende Fragen und äußern Sie Ihre Vermutungen dazu:
   - Welche Hilfe könnte diese Person sich von Ihnen erwarten oder was sollen Sie für sie tun?
   - Was erhofft sich diese Person vermutlich dadurch für sich bzw. ihre aktuelle Situation?
   - Was denken Sie, soll für diese Person ***nicht mehr*** sein? Formulieren Sie dazu ein von Ihnen vermutetes oder von der Person geäußertes *negatives Ziel:*

     Was soll in Zukunft ***nicht mehr*** so sein?

     Was möchte diese Person ***nicht mehr*** tun?
   - Formulieren Sie dieses Ziel in ein ***positives Ziel*** um:

     Was soll in Zukunft ***stattdessen*** sein?

     Was möchte diese Person ***stattdessen*** tun?
2. Wie könnten Sie es anstellen, mehr über ihre Situation, ihren Hilfewunsch und ihr Ziel zu erfahren?
3. Wobei könnten Sie diese Person unterstützen?
4. Wo sehen Sie die Grenzen Ihres möglichen Hilfsangebots? ◂

Möglichkeiten der Auftragsklärung

Im niedrigschwelligen Bereich ist das Spektrum der Hilfsangebote sehr weit. Daher ist es sinnvoll, zunächst die *Art der gewünschten Hilfe* zu klären. Auf diese Weise kann man sich erst einmal über die Form der Hilfe einigen und auf dieser Basis zusammenarbeiten. Danach empfiehlt es sich zu erkunden, welches Ziel durch das Hilfsangebot erreicht werden soll.

▸ Übung

Eine Frau schildert Ihnen folgende Situation: Ihr Mann trinke zu viel. Er habe bereits seinen Führerschein verloren. Den Arbeitsplatz habe er noch. Wenn er getrunken habe, sei er unberechenbar und gewaltbereit. Sie habe dann Angst um sich und ihre beiden Kindern, denen er ansonsten ein rührender Vater sei. Sie selbst habe einen alkoholabhängigen Stiefvater gehabt, der sie zeitweise auch sexuell belästigt habe. Sie habe die Sorge, dass ihr Mann noch die ganze Familie ruiniere.

Welche Fragen könnten Sie stellen, um herauszufinden,

- was diese Frau im Beratungsgespräch von Ihnen will?
- was ein für dieses Gespräch erreichbares Beratungsziel sein könnte? ◂

Zur Auftragsklärung stellen wir in der Regel direkte oder indirekte Erkundungsfragen. Dabei kommt es auf den richtigen Zeitpunkt an. Fragen, besonders zu einem frühen Zeitpunkt des Gesprächs, können bei Hilfesuchenden leicht als neugieriges Ausfragen, als Überforderung, sogar als Zurückweisung oder Unverständnis erlebt werden. Sie können verunsichern, wenn Hilfesuchende erwarten, dass die Berater alles wissen und nicht darauf eingestellt sind, dass sie selbst mitarbeiten sollen, oder wenn sie Angst davor haben, Stellung zu beziehen. Deshalb ist es wichtig,

- den richtigen Zeitpunkt zu beachten: Fragen nicht zu früh zu stellen – erst nach dem Aufbau einer vertrauensvollen Beziehung und der Würdigung des Problemerlebens
- erst anzudocken, eine Ja-Haltung zu etablieren: Fragen mit Äußerungen vorzubereiten, auf die Gesprächspartner mit großer Wahrscheinlichkeit bejahend reagieren (Aufbau der Ja-Haltung) und sich an die Sprache der Hilfesuchenden anzupassen
- das Vorgehen transparent zu machen: Erklären, weshalb man Mithilfe benötigt und dazu Fragen stellt

Dann können Erkundungsfragen nach dem Auftrag sogar als wertschätzende und die innere Landkarte erweiternde Intervention erlebt werden.

Direkte Auftragsklärung

Man fragt direkt nach der Art der gewünschten Hilfe bzw. nach dem gewünschten Ergebnis der Hilfe.

Beispielhafte Fragen nach der Art der Hilfe:

„Ich möchte Ihnen gerne helfen. Dazu brauche ich Ihre Mithilfe. ....“ oder *„Sie haben ja angerufen (sind ja gekommen) in der Hoffnung, dass Ihnen unser Gespräch irgendwie helfen könnte ... Es soll sich ja für Sie lohnen, hier angerufen zu haben ... (hierhergekommen zu sein)* **(Äußerungen zum Aufbau der Ja-Haltung)** *Um Ihnen noch besser helfen zu können, bräuchte ich Ihre Mithilfe.“* **(Erklärung)**

„Was haben Sie sich denn selbst schon gedacht, wie ich Ihnen im Moment am besten helfen könnte? Möchten Sie, dass ich Ihnen erst einmal nur aufmerksam zuhöre, oder hätten Sie gerne einen Rat oder was könnte es sonst sein?“ **(Erkundungsfrage nach der gewünschten Hilfe mit Angabe verschiedener Hilfsmöglichkeiten)**

Beispielhafte Fragen nach Ziel und Auswirkung der Hilfe:

„Woran haben Sie bisher gemerkt, dass Ihnen unser Gespräch was bringt?“ „Wobei könnte Ihnen unser Gespräch bestenfalls helfen?“

In den Äußerungen der Hilfesuchenden dazu zeigen sich erste Hinweise nach dem erhofften Gesprächsziel. Danach könnte man weiter klären, wie diese Zielvision noch konkreter aussehen und wie sie erreicht werden könnte (mehr dazu s. Kap. 9).

Indirekte Auftragsklärung durch Mutmaßungen

Manfred Prior (2006) schlägt vor, bereits sehr früh im Gespräch mögliche Ziele ausloten. Dabei soll der Berater Mutmaßungen als laut geäußerte erste Hypothesen darüber anstellen, was sich Hilfesuchende von dem Gespräch erhoffen könnten. Dies sei hilfreich, um zu verdeutlichen, dass das Gespräch dazu dienen solle, ein wenn vielleicht winziges, so doch erreichbares Ziel zu erreichen und dies bereits von Anfang an, wenn auch erst vage, anzudeuten. Das vom Berater angebotene Ziel müsse keineswegs vom Hilfesuchenden übernommen werden. Das Angebot erleichtere jedoch wie bei einem Multiple Choice Test herauszufinden, was man selbst möchte. „Mit verständnisvollen offenen Zielformulierungen lässt sich die Problemlastigkeit des Erlebens des Hilfesuchenden in eine positive Zielrichtung verändern. Ohne die Schwere des Leidens zu bagatellisieren, werden erreichbare Ziele formuliert. Oft ist es eine Gratwanderung zwischen dem Ernstnehmen und Verstehen des Leidens unter dem ungelösten und oft unlösbar erlebten Problem und den beiläufigen Bemühungen, durch die Orientierung auf die Ziele das Problem als lösbar zu definieren.“ (Prior a. a.O. 53)

Beispiele

Eine Frau klagt über ein Missgeschick und sagt: „Wann werd ich endlich gescheit?“
B: Sie möchten gerne klüger mit der Sache umgehen?

Ein Mann klagt über “zu viel Streit“ in der Partnerschaft.
B: ... und da möchten Sie jetzt Möglichkeiten finden, dem Streit aus dem Weg zu gehen oder besser mit den Konflikten umzugehen?

Ein Anrufer bei der Telefonseesorge will „nur reden".

B: ... und das hilft Ihnen, sich einfach was von der Seele zu reden? Dann geht es Ihnen besser? Das erleichtert Sie? Da kriegen Sie ein wenig Abstand?

Eine Hilfesuchende erzählt von ihrer schweren Lebenssituation und vielfältigen Problemen.

B: ... Da ist enorm viel zusammengekommen. Während ich Ihnen so zuhöre, denke ich dass Sie vielleicht Unterstützung dafür suchen, wie Sie sich da Schritt für Schritt langsam rausarbeiten können? ______

Übung

Formulieren Sie selbst:

Eine junge Frau klagt, dass ihr Freund sie verlassen hat, weil sie so blockiert gewesen ist.
Ihre Antwort: ...

Eine Frau ruft nachts bei einem Krisentelefon. Sie leidet unter einer Panikattacke.
Sie flüstert: „Helfen Sie mir!"
Ihre Antwort: ...

Ein Mann kommt zum Beratungsgespräch und will sich „nur mal unterhalten"
Ihre Antwort ...

Setzen Sie die Übung mit eigenen Beispielen fort.

Indirekte Auftragsklärung durch öffnende Fragen

Zieldienliche Fragen der indirekten Auftragsklärung sind öffnende Erkundungsfragen:

Beispielhafte Fragen der indirekten Auftragsklärung:

a) Bedeutung des Zeitpunktes und der aktuellen Gesprächssituation

Was führt Sie gerade jetzt hierher? Was ist passiert?

Am Telefon: *„Was ist passiert, dass Sie gerade jetzt anrufen?" „Wie viel Zeit können wir uns nehmen?" „Wie ungestört können Sie sprechen?" „Was bedeutet es für dich, dass deine Freundin im Hintergrund mithört?"*

b) Bedeutung der angefragten Einrichtung

„Wie sind Sie auf die Idee gekommen, wegen Ihrer Frage nach der Pflege der Eltern nicht zur Sozialstation zu gehen, sondern zu mir zu kom-

men (hier bei uns anzurufen), was ist für Sie der Unterschied?" „Was erhoffen Sie sich gerade von unserem Dienst (der Telefonseelsorge, vom Elterntelefon etc.) in Ihrer Situation?"

c) Bedeutung der Person des Helfers für die erhoffte Hilfe

„Was bedeutet es für Sie, dass Sie jetzt leider nicht mit einer Frau sprechen können?" „... dass ich älter/jünger bin, als Sie gedacht haben? ... dass ich keine Kinder habe, ... deine Mama sein könnte, " etc. „Wie könnte ich Ihnen/dir trotzdem hilfreich sein?"

d) Geschichte der Lösungsversuche

„Was haben Sie bisher versucht?" „Wie haben Sie es bisher geschafft, mit Ihrem Problem fertig zu werden?" „Was hat Ihnen bisher geholfen?" „Wie erklären Sie sich, dass bisher nichts geholfen hat?" „Was meinen Sie würde Ihnen jetzt helfen?" „Wie hat es Ihnen bisher geholfen, wenn Sie einfach alles mal erzählen konnten?" „Woran haben Sie das gemerkt?" „Woran würden Sie heute am ehesten merken, dass unser Gespräch gut für Sie war?"

„Haben Sie in der letzten Zeit schon öfter angerufen?" „Wie hat Ihnen das letzte Gespräch helfen können?" „Was hat mein Kollege/meine Kollegin getan, was Ihnen hilfreich war?" „Woran haben Sie gemerkt, dass es hilfreich für Sie war?"

e) Erwartungen an das Gespräch, erhofftes Ergebnis

„Was wünschen Sie sich jetzt am ehesten von mir?" „Was meinten Herr oder Frau X (Arzt, Therapeut, Freund, Kollege, Berater aus früheren Gesprächen etc.), was Sie tun sollten?" „Was meinen Sie selbst dazu?"

„Wie lange werden Sie vermutlich brauchen, bevor Sie wieder alleine (oder mit anderer Hilfe) weiterkommen?" „Wenn Sie uns mal nicht erreichen, was würde Ihnen dann helfen?" „Wollen Sie mit mir gemeinsam überlegen, wer Ihnen in diesem Fall hilfreich sein könnte?"

Jede dieser Fragen ist für Hilfesuchende bereits eine Anregung, ihre eigene Situation, Sichtweise und ihr Gesprächsanliegen zu überdenken. Die Fragen liefern also schon Anregungen für Lösungsschritte. Sie stellen an Hilfesuchende aber auch den Anspruch, über die eigene Erwartung nachzudenken, die eigene Problematik von verschiedenen Seiten zu betrachten und an einer Lösung mitzuwirken. Dabei geht es nicht um „richtige" Antworten und Informationen, sondern um einen kreativen Suchprozess, der durch das Fragen entsteht. Daher ist es wichtig, das Fragen nicht als Ausfragen zu verstehen, auf das Hilfesuchende Rede und

Antwort stehen müssten. Oft genug geben sie keine oder überraschende Antworten, die gerade dadurch eine wichtige Information darstellen, mit der man dann weiterarbeiten kann. Alle Reaktionen, auch ein *„Ich weiß nicht"* oder die Abwehr solcher Fragen, sind ein sinnvoller Beitrag zum Gespräch. Egal wie sie ausfallen, können sie als wichtige Rückmeldung der Hilfesuchenden für den weiteren Reflexionsprozess der Auftragsklärung genutzt werden. Möglicherweise bringen uns Hilfesuchende dadurch auf ein ganz anderes Problem oder sie brauchen einige Umwege, um sich manchen „heißen Fragen" wieder anzunähern. Dann kann man die gestellte Frage später wieder aufgreifen. Es kommt also darauf an, den Prozess zu berücksichtigen, in den das Fragen führt, d. h. die Reaktionen der Hilfesuchenden darauf genau wahrzunehmen und sich von diesen für das weitere Vorgehen führen zu lassen. Mit Hilfe der Auftragsklärung begeben sich Helfer und Hilfesuchende also in einen gemeinsamen kreativen Suchprozess, der nicht selten überraschende Lösungen zu Tage bringt, wie folgendes Beispiel zeigt:

Fallbeispiel „Zum Trinken verdonnert"

Gedächtnisprotokoll eines Telefonseelsorge-Gesprächs:
Frau, ca. 50, Anruf um 12.10, Dauer 20 Minuten
A = Anruferin; TS = Telefonseelsorger, männlich

TS: Hier ist die Telefonseelsorge, guten Tag.

A: Okay, mein Name ist P ...

TS: Kleinen Moment noch bitte, ich würde gerne noch die Tür schließen.

A: *(erregt)* Wenn Sie jetzt keine Zeit haben, dann ist alles verloren.

TS: Ich habe Zeit für Sie. Ich komme gleich zurück. Ich schließe gerade eben die Tür. Bleiben Sie dran. (*Der Mitarbeiter schließt die Tür*) Jetzt bin ich wieder da.

A: Ich weiß überhaupt nicht, wo ich anfangen soll.

TS: Es scheint so viel zu sein.

A: (*Druckst herum und äußert sich sehr zögerlich*) Für mich ist es viel, ich bin Alkoholikerin.

TS: Das scheint nicht so leicht für Sie zu sein, das auszusprechen.
(Aufbau einer Ja-Haltung)

A: Ja, weiß Gott nicht.

TS: Ich empfinde das als eine Leistung, dass Sie sich dazu bekennen. Das schaffen viele nicht. **(Kompliment als Aufbau einer Ja-Haltung)**

A: Es müsste mir leichter fallen. (*Dann mit flehentlicher Stimme*) Ich will nicht mehr trinken, aber ich habe so einen Saufdruck. Ich will nicht mehr kaputt gehen. Ich will nicht mehr.

TS: Ist etwas Bestimmtes gewesen? **(Erkundungsfrage zum Situationskontext)**

A: Das spielt gar keine Rolle! Ich bin es, die trinkt! *(Die Anruferin erzählt dann, dass sie sich momentan als gefährdet ansieht. Sie sei 10 Jahre trocken gewesen. Danach habe sie einen Rückfall gehabt und sei noch einmal 5 Jahre trocken gewesen. Dann weiter mit flehentlicher Stimme und immer wieder:)* Ich will nicht rückfällig werden, ich will nicht mehr trinken, ich will nimmer!

TS: Wie sind Sie auf die Idee gekommen, dafür die Telefonseelsorge anzurufen? **(Erkundungsfrage zur Klärung des Auftrags)**

A: Ich hab gerade vorhin noch einen alten Freund von den AA *(Anonyme Alkoholiker)* angerufen. Ich habe ihn gefragt, ob er heute Zeit hat zu mir nach Hause zu kommen. Aber er hat keine Zeit. Und er will nicht kommen. Wenn man jemand braucht, wird man im Stich gelassen. Wenn ich heute von der Arbeit nach Hause komme, kann ich nicht alleine sein. Dieser Scheiss Alkohol! Entschuldigung. Ich will nimmer trinken!

TS: Sie rufen aus der Arbeit an? **(Erkundungsfrage zum Situationskontext)**

A: Nein, ich bin noch zu Hause. Ich gehe jetzt in die Arbeit. Aber wenn ich nach Hause komme, heute Abend um sieben Uhr, dann bin ich alleine.

TS: Haben Sie Alkohol zu Hause, Bier, Wein oder Schnaps, oder so was? **(Erkundungsfrage zum Situationskontext)**

A: Das ist doch egal, ich will auf jeden Fall nicht wieder trinken.

TS: Wie haben Sie es denn bisher geschafft, wenn Sie so einen Saufdruck hatten? **(Erweiterungsfrage nach bisherigen Lösungsversuchen)**

A: Da war jemand da. Ich kann nicht alleine sein. Mein Mann ist heute ins Krankenhaus gekommen.

TS: Ist es etwas Ernsthaftes? **(Kontextklärung)**

A: Ja, wie man es nimmt. Wegen einer Herzoperation. *(Die Anruferin berichtet, dass ihr Mann herzkrank sei, und wegen eines Eingriffs längere Zeit im Krankenhaus bleiben müsse. Sie mache sich auch Sorgen um ihn. Sie meint aber, dass ihr Mann sich noch mehr Angst um sie mache. Sie könne das Alleinsein zu Hause nicht aushalten.)*

TS: Kennen Sie das, dass Sie alleine nach der Arbeit nach Hause kamen?

A: Ja schon.

TS: Wie haben Sie es da geschafft, den ersten Schluck zu vermeiden? **(Erweiterungsfrage nach bisheriger Bewältigung)**

A: Ich habe angerufen, ich hab mit Leuten von den AA gesprochen.

TS: Und wie hat Ihnen das geholfen? **(Erweiterungsfrage nach der Auswirkung)**

A: Ich hab dann doch getrunken.

TS: Dann hat Ihnen das Reden alleine am Telefon nicht geholfen.

A: Nein, es hat nicht geholfen.

TS: Was meinen Sie, würde Ihnen dann helfen? **(Erkundungsfrage zur Klärung des Auftrags)**

A: Kennen Sie Frau S.?

TS: Nein, die kenne ich nicht.

A: Die habe ich schon angerufen. Die sagt mir dann: Lass den Scheiss weg! Der bin ich nicht egal. Ich brauche jemand, dem ich nicht egal bin. Die kommt sonst zu mir. Aber heute kann die auch nicht kommen. Können Sie denn kommen oder jemand schicken?

TS: Nein, das kann ich leider nicht. **(Zurückweisung des Auftrags)**

A: Immer, wenn man jemand braucht, ist keiner da!

TS: Heißt das, dass Sie jetzt dazu verdonnert sind, heute Abend zu trinken? **(Erweiterungsfrage nach den Auswirkungen)**

A: Ich will nimmer trinken, ich will nimmer trinken!

TS: Da haben Sie heute eine sehr schwere Situation. Wie könnten Sie es denn trotzdem schaffen, auch wenn tatsächlich heute Abend niemand kommt? **(Erweiterungsfrage)**

A: Kann ich die Telefonseelsorge anrufen?

TS: *(Zögerlich)* Natürlich können Sie sie anrufen.

A: Sie zögern so.

TS: Ja, ich überlege gerade, ob Ihnen das was hilft, wenn Sie sagen, Sie haben schon die Erfahrung gemacht, dass Sie anrufen und dann doch hinterher trinken.

A: Ja. Wenn niemand da ist. Ich bin dann so allein. Aber ich will nimmer trinken!

TS: Es könnte ja auch sein, dass Sie bei der Telefonseelsorge niemand erreichen, wenn z. B. besetzt ist.

A: *(Wütend)* Wenn man jemand braucht, ist niemand da!

TS: Dann sind Sie also dazu verdonnert zu trinken, wenn niemand da ist? **(Erweiterungsfrage nach den Auswirkungen)**

A: Nein. Ich bekomme dann so eine Wut.

TS: Auf wen bekommen Sie eine Wut, auf sich selber oder auf die anderen?

A: Ich bekomme so eine Wut auf die anderen.

TS: Und wie wirkt sich das dann aus? Fangen Sie dann an zu trinken oder lassen Sie es? **(Erweiterungsfrage nach den Auswirkungen)**

A: *(mit fester Stimme)* Dann trinke ich nicht.

TS: Sie machen es dann gerade zum Trotz nicht?

A: Ja, das hilft mir.

TS: Da haben Sie ja eine ganz gute Lösung. Dann muss ich ja jetzt aufpassen, dass Sie auch von mir enttäuscht sind.

A: *(lacht kurz)* Jetzt reicht es mir. Jetzt hören wir besser auf. Ich glaube, ich schaffe es jetzt.

TS: Dann wünsche ich Ihnen alles Gute, dass Sie heute den ersten Schluck vermeiden und trocken bleiben. Auf Wiederhören.

A: Auf Wiederhören.

In diesem Beispiel war für die Anruferin von Anfang an das Ziel völlig klar, die heutige Abstinenz, nur der Weg dorthin, das zieldienliche Mittel musste gesucht werden, nachdem die vertrauten Hilfen nicht möglich waren. In diesem Fall ermöglichte es der Trotz als Ressource der Anruferin, die Wahrscheinlichkeit für Abstinenz zu erhöhen.

Übung

Überlegen Sie, in welcher Situation, wie und mit welcher Hilfserwartung Sie (oder ein Mensch, den Sie gut kennen) einen Berater anfragen würden.

Machen Sie ein Rollenspiel mit den Rollen Hilfesuchender (H), Berater (B), mehreren Beobachtern als „Reflecting Team“ (R).

Lassen Sie das Gespräch erst einmal laufen, zumindest lang genug für den Aufbau der Beziehung, die Würdigung des Problemerlebens und erste Klärungen des Auftrags (max. 10 Minuten). Danach reflektieren die Beobachter (R) etwa 10 Minuten miteinander ohne Beteiligung, aber im Beisein von H und B den bisherigen Gesprächsabschnitt mit Hilfe folgender Fragestellungen. H und B kommentieren in dieser Zeit die Äußerungen des Reflecting Teams nicht.

Auswertungsfragen:

1. Andocken – Ja-Haltung aufbauen
   Welche Äußerungen von B waren bisher hilfreich dazu? Woran konnte man das beobachten?
2. Hilfe- und Beziehungswünsche
   Welche Hilfserwartungen wurden bereits offen geäußert? Wenn nicht: Welche Hilfserwartung könnte vorliegen? Wie wurde der Hilfewunsch im Gespräch geklärt oder wie könnte das in einem späteren Gesprächsabschnitt geklärt werden?
3. Gesprächsziele
   Welche/s Ziel/e wurde/n bereits formuliert? Wenn noch unklar: Was könnte H mit Hilfe des Gesprächs erreichen wollen? Wie wurde das Gesprächsziel

geklärt und veranschaulicht oder wie könnte es zu einem späteren Zeitpunkt geklärt und veranschaulicht werden?

4. Reflektion des bisherigen Gesprächsverlaufs
   Was bewirkte der bisherige Gesprächsverlauf bei H oder was könnte er bewirken, wenn das Gespräch so weiter geht? Wäre das von H so gewünscht? Wie wurde die Wirkung des Gesprächsverlaufs im Gespräch geklärt oder wie könnte das in einem späteren Gesprächsabschnitt geklärt werden?

5. Fazit und Empfehlung an B
   Was an der bisherigen Gesprächsführung sollte beibehalten werden, was geändert werden?

Danach kann B zu dem Reflexionsprozess Fragen stellen. H hört weiterhin nur zu. Dann setzt B das Gespräch wieder einige Minuten fort. Es bleibt B freigestellt, welche Anregungen er aufnimmt.
Danach folgt eine weitere Runde des Reflecting Teams usf.
Am Schluss kommentiert H die Wirkung des Gesprächs und die Anregungen des Reflecting Teams. Das letzte Wort sollte H haben. ◀

8. Kapitel

Hilfe kennt viele Möglichkeiten

Anpassen der Gesprächsführung an die Hilfewünsche der Hilfesuchenden

Je niedrigschwelliger und unspezifischer Hilfseinrichtungen arbeiten, desto vielfältiger sind die Erwartungen an sie. Niedrigschwellige Angebote sind deshalb mit einer breiten Vielfalt von Hilfe- und Beziehungswünschen konfrontiert. Freilich können und wollen Berater nicht alle diese Wünsche befriedigen. Telefonberatungsangebote etwa sind nicht da für reinen Zeitvertreib (wie Talk Lines von Rundfunkanstalten) oder für die Befriedigung von Stimulationsbedürfnissen (wie etwa Sextelefone). Auch wollen und können sie kein Freundschaftsbedürfnis befriedigen (wie Telefonketten kontaktbedürftiger Einsamer).

Im Kapitel 3 haben wir sechs verschiedene Hilfe- und Beziehungswünsche von Hilfesuchenden unterschieden, mit denen niedrigschwellige Beratungsangebote im Rahmen ihres Selbstverständnisses und ihrer Möglichkeiten in der Regel umzugehen haben. Diesen entsprechen dazu passende Hilfs- und Beziehungsangebote der Berater sowie spezifische Vorgehensweisen in der Gesprächsführung. Die Hilfe- und Beziehungswünsche werden durch die Auftragsklärung deutlich. Dies sind Wünsche nach

Dabei ist zu berücksichtigen, dass sich die gewünschte Hilfe im Laufe des Gesprächs und bei jedem neuen Kontakt ändern kann. In bestimmten Fällen sind gleich mehrere Arten der Hilfe angefragt, wie z. B. im Fall einer Lebenskrise momentaner Beistand, Information, Hilfe zur Selbstvergewisserung und Problemlösung, das Bedürfnis nach Sinnfindung und ggf. auch nach längerfristiger Begleitung. Im Laufe eines oder mehrerer Krisengespräche(s) müssten also alle diese Erwartungen berücksichtigt werden.

Wunsch nach momentaner Entlastung / Beistand / Unterhaltung

Der **Wunsch nach Entlastung / Beistand** wird meist so ausgedrückt:
„Ich muss das einfach mal loswerden." „ Können Sie mir zuhören?" „Ich hab so Panik..." „Ich glaub ich werd noch verrückt ...".
Häufig handelt es sich dabei um Menschen, die unter einer momentan belastenden Situation leiden (Einsamkeit, Angst, Panikattacken, Schmerzen, Schlaflosigkeit, depressive Verstimmungen etc.) und Entlastung durch Aussprache und Beistand erwarten, etwa in Form von Anteilnahme, Aushalten, Zuhören, Verständnis, Zuspruch, Trost, Ermutigung oder (bei Panikattacken oder akuten Selbstverletzungen) durch das Lenken der Aufmerksamkeit auf momentan verfügbare Ressourcen. Dazu kann man mit gezielten Anleitungen arbeiten (s. Kap.11).

In Krisensituationen ist die Frage nach dem Auftrag in der Regel zunächst unangebracht. Berater hören am besten erst mal zu und stehen mit Zuspruch und Ermutigung bei (s. Kap. 5). Wichtig dabei ist, sowohl das geschilderte Problem- oder Leiderleben ohne Schönung auszuhalten als auch die Aufmerksamkeit auf Stärken und sonstige Kraftquellen der Hilfesuchenden zu lenken (s. Kap. 9). Zwischendurch und gegen Ende eines solchen Entlastungsgesprächs kann man mit Fragen danach, ob sich der Hilfesuchende nun besser fühlt und woran er dies merkt, klären, inwieweit das Gespräch tatsächlich entlastet hat. Befinden sich Hilfesuchende in einer akuten Krise, sollten sich die Berater nach der ersten Entlastung auf eine mögliche aktuelle Gefährdung und nächste kurzfristige Schritte der Bewältigung konzentrieren (s. Kap. 11).

Der **Wunsch nach Unterhaltung** zeigt sich z. B. in folgenden Äußerungen:
„Ich wollt mich nur mal unterhalten." „Haben Sie schon von ... gehört?"
Hilfesuchende fangen auch oft einfach an zu erzählen. Selbst wenn sie sich dabei über bestimmte Dinge beschweren, benennen sie weder eine Erwartung noch ein Bedürfnis nach Veränderung. Den Beratern wird allenfalls der Auftrag erteilt, zuzuhören. Diese Form der Hilfe wird häufig von einsamen, kranken oder behinderten Menschen gewünscht, die in ihrem Alltag kaum Ansprache haben. Andere befriedigen auf diese Weise ihre Rede- und Mitteilungsbedürfnisse, wenn ihre Mitmenschen ihnen nicht mehr zuhören wollen. Das Angebot von Unterhaltung kann also durchaus hilfreich sein für Menschen, die sich mit Kontakt schwer tun oder als Einstieg, um Vertrauen aufzubauen, um dann ein Problem zu bespre-

chen. In diesen Fällen ist Unterhaltung ein Mittel zum Zweck und gehört damit auch zur Aufgabe von niedrigschwelliger Beratung.

Unterhaltung Suchenden sollte man nicht als Hilfesuchende behandeln, die Probleme besprechen oder lösen möchten. Angemessener wäre eher ein Small Talk, eine „Gastgeber-Konversation“, bei dem man vom „Besucher“ kein Gespräch über Probleme oder Lösungen erwartet. Wichtig ist dabei allerdings, auf angemessene zeitliche Rahmenbedingungen der Unterhaltung zu achten (Zeitbegrenzung, s. Kap. 10, S. 191ff). Berater sollten darauf achten, dass sie beim Zuhören authentisch bleiben können, denn auch hier geht es um die Wertschätzung der eigenen Person *und* des Gesprächspartners. Können sie der Geschichte auch mit Interesse zuhören? Falls sie dabei selbst Probleme bekommen – z. B. wenn sie die Telefonleitung nicht so lange belegen wollen, andere Hilfesuchende bereits auf sie warten oder wenn sie den Eindruck haben, dass die Unterhaltung nur der Einstieg zu einem anderen Thema und Hilfewunsch sein könnte, sollten sie im Interesse der Wertschätzung ihr eigenes Dilemma darlegen und um eine Zeitbegrenzung oder einen anderen Auftrag werben: *„Entschuldigen Sie, dass ich Sie unterbreche, aber ich habe da ein Problem. Ich unterhalte mich gerne mit Ihnen, aber leider kann ich Ihnen nur eine begrenzte Zeit einräumen. Könnten Sie sich darauf einlassen?“ „Mir scheint, dass Sie noch ein Anliegen haben, was Sie mir noch nicht gesagt haben. Wie sehen Sie das?“ „Ich glaub’, du wolltest mir nicht nur was vom Fußball erzählen. Was meinst du?“*

Wunsch nach stützender Begleitung / Freundschaft

Hilfesuchende, die **längerfristige oder andauernde stützende Begleitung** erwarten, erkennen wir daran, dass sie meist keine Erwartung nennen, über eine solche Frage möglicherweise sogar befremdet sind. Manche sprudeln darauf los (*„Ich will einfach mal darüber sprechen …“*), fangen an zu klagen oder fragen nach unserem Urteil (*„Was sagen Sie dazu?“*). Sie nehmen regelmäßig Kontakt zu niedrigschwelligen Angeboten auf. In der Telefonberatung sind sie bekannt als Anrufende, die versuchen über eine längere Zeit mehrmals wöchentlich oder gar mehrmals am Tag Gespräche zu führen. Oft handelt es sich um einsame Menschen mit Behinderungen, körperlichen oder psychischen Erkrankungen. Sie sehen sich als unter einer unveränderlichen Situation leidend und erwarten über längere Zeit oder dauerhaft Stabilisierung durch fremde Hilfe, z. B. durch Trost, Bestätigung, Zuhören und Zuspruch. Das gibt ihnen eine gewisse Sicherheit und Geborgenheit. Gegen ihre Beschwerden wollen oder können sie aktiv nichts unternehmen. Veränderung wird trotz Leidensdruck nicht für möglich gehalten.

Stützende Begleitung heißt, sich zur Verfügung zu stellen, Menschen in einer vielleicht unabänderlichen Problemlage vorübergehend oder auch dauerhaft zu unterstützen und an ihrem Erleben Anteil zu nehmen. Es geht hier nicht um Veränderung, sondern um Stabilisierung des Status quo. Begleitung Suchende sollte man also auf keinen Fall als Veränderung Suchende betrachten. Begleitung bedeutet, Menschen einen begrenzten Raum zu geben, ihre Geschichte(n) zu erzählen. Dadurch erleben sie sich als unverwechselbare Person angenommen und wertgeschätzt.

Anteilnahme geschieht durch

- empathisches Zuhören
- Anerkennung
- sich selbst einbringende Aussagen („Das berührt mich, was Sie da sagen …“),
- Fragen nach kritischen Lebensereignissen („Was war für Sie besonders schwer?”) und deren Bewältigung („Wie sind Sie damals mit den Schwierigkeiten fertig geworden?” „Wie halten Sie Ihre Depressionen aus?“ „Wie schaffen Sie es, in dem Zustand hier noch anrufen zu können?”)
- und sinnstiftende Deutungsangebote, die das Verständnis für das eigene Geworden Sein wecken („Es wirkt für mich so, als ob es für Sie derzeit besser ist, sich so schnell nicht wieder auf eine engere Beziehung einzulassen und lieber alleine zu bleiben.“).

Wichtig bei der stützenden Begleitung ist die Klärung der eigenen und der institutionellen Möglichkeiten und Grenzen. Die häufige Inanspruchnahme *einer* Hilfeeinrichtung durch *eine* Person schmälert die Chancen anderer Hilfesuchender, wenn – wie z. B. bei den meisten Telefonberatungsstellen – nur immer *eine* Leitung erreichbar ist. Meist ist es nötig, bei Würdigung der Bedürfnisse nach Begleitung und Geborgenheit auf die engen zeitlichen Grenzen der Institution hinzuweisen (z. B. mit der Information, dass meist nur *eine* Leitung besetzt ist), um Verständnis für die Begrenzung zu werben (z. B. mit Rücksichtnahme auf weitere Hilfesuchende) und klare zeitliche Absprachen zu treffen. Auf keinen Fall sollte man zeitliche Begrenzungen mit erzieherischen Motiven begründen wie *„Wir glauben, dass es gut für Sie ist, wenn Sie weniger anrufen. Sie machen sich sonst von uns abhängig.“* Damit würde Hilfe zur Kontrolle (s. Kap. 3). Dadurch würde man eher einen Machtkampf darüber inszenieren, wer Recht hat.

Manche suchen über dauerhafte Begleitung hinaus **freundschaftliche Beziehungen**. Dies finden wir in Äußerungen wie: *„Sagen Sie mir ein gutes Wort.“ „Nur Sie können mir helfen.“ „Sie können ruhig Du zu mir sagen.“ „Sie sind meine beste Freundin.“* Sie fordern Zeichen von Zuneigung und Liebesbeweise ein, die sie meist an bestimmte feste Vorstellungen knüpfen, wie Berater sich verhalten sollten, z. B. bestimmte Handlungen, Anredeformen, Extrazeit. Auch freundschaftliche Treffen außerhalb der Dienstzeiten können gewünscht werden.

Die Äußerung solcher Wünsche kann man als Beziehungsmuster der Kontrolle verstehen. Bei starken eigenen Selbstzweifeln möchten Freundschaft Suchende eine solche Beziehung erzwingen und bei sich selbst den Eindruck erzeugen, geliebt zu werden. Berater sollten aufgrund eigener Authentizität, eigener Grenzen und aus Interesse an echter Beziehungsfähigkeit diesen Wünschen *nicht* entsprechen. Wertschätzung für solche Hilfesuchenden bedeutet demgegenüber, diese Wünsche als Ausdruck einer tiefen Beziehungssehnsucht zu würdigen, ohne sie zu befriedigen. Stattdessen könnte man

- zu einem Gespräch darüber einladen, woran Freundschaft oder Liebe zu erkennen seien und wie und mit welcher Hilfe die Person freundschaftliche Beziehungen entwickeln könnte.
- danach fragen, was sich verändern würde, wenn der Freundschaftswunsch erfüllt würde (Frage nach hypothetischen Lösungen oder Wunderfrage, s. Kap. 9). Das regt an, darüber nachzudenken, welches Bedürfnis im Freundschaftswunsch steckt und was davon wo und wie erfüllt werden kann. Oft sind das tiefe kindliche Wünsche nach Gehaltenwerden und geliebt zu sein oder auch erotische Sehnsüchte.

Fallbeispiel „Haben Sie mich lieb!"

Eine ca. 40-jährige psychisch kranke Frau rief regelmäßig eine Telefonberatung an. Darüber gab es eine zeitliche Abmachung, die sie seit Jahren genau einhielt. Zusätzlich kam sie 2 – 3 mal im Jahr zu einem persönlichen Gespräch mit einem bestimmten männlichen Berater. Am Telefon thematisierte sie in dieser Zeit öfter den Wunsch, von diesem Mann in den Arm genommen zu werden. Das folgende Gespräch wurde mit dem betreffenden Berater am Telefon geführt.

A: Hallo, hier ist K.

B: Hallo K. ... Was kann ich für Sie tun?

A: Mich lieb haben.

B: *(stutzt)* Das ist ja mehr so' ne Einstellung. Das ist ja nicht was zum Tun ...
Ich glaube schon, dass das was ganz Wichtiges ist, was Sie sagen. Nur kann ich mir noch nicht so genau vorstellen, was Sie damit meinen. Jemanden lieb haben ist ja ein ganz großes Wort. Woran würden Sie denn merken, dass jemand Sie lieb hat?

A: Wenn ich respektiert werde. Wenn meine Wünsche respektiert werden.

B: Was müsste bei Ihnen respektiert werden?

A: Wenn ich will, dass mich jemand in den Arm nimmt, dass er das dann auch tut...

B: Respektieren heißt dann für Sie, dass der Wunsch auch erfüllt wird?

A: Ja das ist für mich ganz wichtig. Dass der andere die Nähe, die ich brauche, zulässt. Das habe ich ja früher nicht gehabt *(erwähnt, dass sie ohne körperliche Zuwendung aufgewachsen sei und Angst vor Nähe gehabt habe. Sie habe eine Phantasiefigur Tarzan gehabt, die für sie ein Vaterersatz gewesen sei. Komisch sei nur gewesen, dass sie die Figur immer nur dann phantasierte, wenn sie krank war.)* ...
Wenn es mir bei Ihnen schlecht ginge, würden Sie mich dann in den Arm nehmen?

B: Dann wäre das ja wie in diesem Bild: Ich werde nur lieb gehabt, wenn ich krank bin. Um in den Arm genommen zu werden, muss ich mich möglichst bedürftig anbieten, muss es mir schlecht gehen oder so was? Das wollt' ich nicht unterstützen.

A: Was muss ich denn dann tun, damit Sie mich in den Arm nehmen?

B: Das wirkt auf mich so wie Berechnung. Für mich ist jemanden respektieren oder lieb haben was anderes als ihm seine Wünsche unbedingt zu erfüllen.

A: Das versteh ich nicht. Wenn ich's doch brauch'!

B: Ich höre das schon, dass es für Sie ein ganz dringendes Bedürfnis ist, von mir in den Arm genommen zu werden. Angenommen ich würde es machen. Ihr sehnlicher Wunsch würde einfach erfüllt. Es ist passiert, einfach so. Was würde sich für Sie dadurch verändern?

A: Ich würde mich geliebt und gewollt, froh, zufrieden und glücklich fühlen, mich freuen. Ich hätte mehr Kraft. Es ist schön.

B: Was würden Sie dann tun?

A: Ich würde mich nicht schneiden. Ich wäre unabhängiger. Das ist doch gut, wenn ich mich nicht mehr schneide... Ich würd' mit dem Hund spazieren gehen. Mit Freude. Ich würde die Menschen umarmen, die mir begegnen. Und wenn die das nicht wollen, würd' ich sagen: Auch recht.

B: Toll. Und was wäre noch? Was würde in Ihrem Kopf herumgehen? Was würden Sie denken?

A: Ich würde denken: Ich bin ein wertvoller Mensch. Ja vielleicht nicht ganz so. Aber zumindest zu 5 %. Zumeist denke ich ja, dass ich nicht wertvoll bin. Ich würde denken, ich habe ein Recht zu leben.

B: Was würden Sie denn an sich wertvoll sehen?

A: Dass ich lieb haben kann. Ich kann Komplimente machen *(lacht)*.

B: Das klingt toll, dass Sie das können, dass Sie andere lieb haben können.

A: Ja das wäre, wenn ich diese Tankstelle hätte bei Ihnen, aber real, nicht nur in der Phantasie.

B: ... Haben Sie denn wenigstens ein ganz klein wenig von dieser Erfahrung von der Tankstelle auch schon in der letzten Zeit gemacht?

A: Ja heute Nacht. *(Sie berichtet von einer Freundin, mit der sie sich gerne knuddelt. Die sei für sie wie eine gute Mutter. Manchmal umarme diese sie. Heute Nacht habe die Freundin sie in den Arm genommen, später habe sie keine Lust mehr dazu gehabt. Das habe der Anruferin aber nichts ausgemacht, weil sie wüsste, dass sie in fünf Tagen wieder eine solche Umarmung mit ihr haben könne. Sie habe sich stattdessen selbst gebürstet und in die Wanne gelegt.)*

B fragt, wieso es so wichtig für sie sei, dass sie von ihm in den Arm genommen werde. A begründet das mit dem gewachsenen Vertrauen. Wenn sie diese Art der Nähe aber bei ihm nicht bekomme, was dann? Wie könne sie trotzdem schon ein wenig Ja zu sich sagen? Am Schluss bemerkt A, sie habe jetzt viel Stoff zum Nachdenken. B und A vereinbaren, darüber ein anderes Mal weiter zu sprechen.

Wunsch nach Information / Anleitung

Hilfesuchende, die diesen Wunsch haben, fragen meist direkt danach, z. B. *„Wohin kann ich mich wenden?“ „Welche Rechte habe ich ...?“ „Halten Sie mich für depressiv?“ „Können Sie mir dabei helfen, wie man eine Bewerbung schreibt?“ „Ich hab da ein Problem. In unserer Beziehung klappt's sexuell nicht. Können Sie mir da was raten?“*. Sie äußern, dass es ihnen an Wissen oder bestimmten Fertigkeiten fehlt und erwarten von dem Gespräch die Zurverfügungstellung von Wissen.

Hier wird ein klarer Auftrag gegeben. Ein auftragsgemäßer Umgang damit bedeutet, präzisierende Fragen zu stellen und die gewünschte Information oder Anleitung zu geben, nicht aber Hintergründe dieser Anfrage zu problematisieren, wenn der Hilfesuchende dem nicht ausdrücklich zustimmt. Allerdings können Berater in ein Dilemma geraten, wenn sie bestimmte Informationen nicht geben dürfen oder können. Die Weitergabe von rechtlichen und medizinischen Informationen am Telefon z. B. unterliegt gesetzlichen Bestimmungen und ist daher den dazu befugten Fachleuten zu überlassen. Soweit es die Richtlinien und Kompetenzen erlauben, sollten Berater Informationen nur mit Hinweis auf die persönlichen und sachlichen Grenzen geben.

Nicht selten verbirgt sich in dem Informationswunsch eine komplexere Problemstellung, die mit einer einfachen Information oder Anleitung nicht gelöst werden kann. Dann könnte man versuchen, einen Auftrag zur Klärung und Problemlösung zu bekommen, z. B.: „Am Telefon kann ich nicht beurteilen, ob Sie depressiv sind. Dazu müssten Sie zu einem Arzt oder Psychologen gehen. Mir scheint aber, dass diese Frage für Sie von großer Bedeutung ist. Ich würde gerne verstehen, was Ihnen daran so wichtig ist, dass Sie deswegen jetzt hier anrufen.“ „Wenn's beim Sex nicht so klappt, könnte das ein Zeichen für vielerlei sein. Es könnte auf ein Problem in der Beziehung hinweisen oder eine körperliche Ursache haben.

Da müsste ich erst mal mehr dazu fragen, womit Sie glauben, dass es zusammenhängt. Am besten wäre es natürlich, gleich einen Fachmann aufzusuchen. Was meinen Sie?“

Wunsch nach Feedback / Selbstvergewisserung / Bestätigung

Hilfesuchende, die sich ein Feedback wünschen, zeigen sich unsicher über das, was sie tun wollen oder getan haben. Sie scheinen unter einem Selbstbild zu leiden, das es ihnen schwer macht, sich selbst und die eigene Lebensgeschichte zu verstehen und anzunehmen. Sie erhoffen sich Rückmeldungen zur eigenen Selbstvergewisserung. Manchmal wirkt das Gespräch selbst bereits mit Scham und Selbstzweifeln behaftet. Bisweilen fragen Hilfesuchende, wie man sie erlebt: *„Was halten Sie davon?“ „Wie wirke ich auf Sie?“ „Verstehen Sie mich...?“ „Ich schäme mich so ...“* Oft haben solche Gespräche auch Verantwortung und Schuld zum Thema. Beim Wunsch nach Feedback geht es primär um die Bewertung des eigenen Verhaltens und der eigenen Person, der eigenen Identität (Wie wirke ich auf andere? Wie denken andere über mich? Wer bin ich?) und erst sekundär um die eigene mögliche Verhaltensänderung.

Wird man um Feedback gebeten, sollte dieses das Selbstwertgefühl der Hilfesuchenden stärken und Sinn stiften. Dazu gehört, dass man versucht, deren Erleben und Verhalten im Zusammenhang mit ihrer jeweiligen Lebenssituation zu verstehen. Manchmal hilft ein neuer Blick darauf, wie sinnvoll auch deren problematisch bewertetes eigenes Verhalten war und was sie unter schwierigen Lebensumständen geleistet haben. Manchmal geht es auch um schmerzhafte Einsichten in Schuld, Lebensangst, Versagen und Grenzen. Dann ist es wichtig, dass Berater dies auch zulassen und aushalten. Solches Feedback und Aushalten existentieller Betroffenheit kann zur Erweiterung der Selbstsicht der Hilfesuchenden und zur Neuorientierung führen.

Beispiele aus der Telefonseelsorge

Eine junge Frau ruft an und bekommt zunächst kein Wort heraus. Sie schäme sich, angerufen zu haben und sie würde sich jetzt auch schämen, wenn sie wieder auflegte. Was tun? Der Telefonseelsorger hat keine Ahnung, wie er da helfen könne und sagt das auch. Er möchte ihre Scham ernst nehmen und ihre Gefühle nicht mit dem gut gemeinten Hinweis abwerten, dass sie sich doch hier am Telefon nicht zu schämen brauche. Die Frau reagiert auf die Hilflosigkeit ein wenig empört. Der Mitarbeiter sei wie viele Menschen doch wirklich ahnungslos. Sie müsse ihn erst einmal über ihr Schicksal aufklären. Wie oft habe sie sich geschämt, wenn sie ihren Vater, den sie gleichzeitig auch liebte, betrunken aus Wirtshäusern holen musste. Ihre Scham sei ja so etwas wie eine Anstandswahrung gewesen, meint der Telefonseelsorger anerkennend. So etwas zu hören tue ihr gut, sagt die Frau und erzählt dann voller Stolz, dass sie trotz eigener Eheprobleme und dieser

Familiengeschichte nicht trinke, die Wohnung sauber halte und zweimalige Patentante sei.

Eine 18-jährige schildert die Aggressivität, die in ihrer Familie gegenüber der dementen Großmutter geherrscht habe. Niemand habe die seltsamen Launen ihrer Oma in den letzten Jahren verstanden. Man habe die Oma abgelehnt. Jetzt nach ihrem Tod macht die Anruferin sich schwere Vorwürfe, ihre Oma auch so behandelt zu haben. Der Berater versucht ihre Schuldgefühle damit zu relativieren, sie hätte halt zu wenig Sachkenntnis über Demenz gehabt. Das sei richtig, aber helfe ihr wenig, meint die Anruferin. Sich zu ihrem Versagen zu bekennen sei ihr wichtig, betont sie mit Betroffenheit am Ende des Gesprächs.

Aus vielen Telefonberatungsstellen sind **Testanrufe** bekannt. Bei Jugendlichen handelt es sich dabei oft um ein Probehandeln, mit dem sie Reaktionen der Helfer testen, sie in Verlegenheit bringen oder sie – wenn andere mithören – öffentlich vorführen wollen. Ohne ein Feedback direkt zu erfragen, dienen solche Anrufe zur eigenen Vergewisserung darüber, wie man auf andere wirkt (s. dazu Kap. 12).

Mit sog. **Fakeanrufen** (von englisch fake: Betrug, Schwindel, Kniff, Fälschung) kann man auch die eigene Wirkung auf andere erfahren. Anrufende inszenieren ein Problem mit z. T. gekonnt skurrilen Darstellungen und Geschichten und geben oft auch ein falsches Geschlecht oder Alter an. Sie sind darauf aus, bei ihren Gesprächspartnern Reaktionen und Handlungen hervorzurufen, die bei diesen Besorgnis, Entsetzen oder Ohnmachtsgefühle hinterlassen sollen und ihnen selbst das Gefühl von Macht und Kontrolle geben. Oft geht es darum, Spaß zu haben und das persönliche Geltungsbedürfnis zu befriedigen. Es ist aber auch möglich, dass solcher Anrufe auf dem Hintergrund einer äußerst bedrohlichen Lebenssituation getätigt werden, der sich Menschen ausgeliefert fühlen und die sie nicht zu thematisieren wagen.[18]

Es empfiehlt sich, Fakeanrufer nicht mit detektivischen Fragen zu entlarven, sondern ihnen mit einem So-tun-als-ob und mit Fragen nach dem Auftrag zu begegnen. Man tut so, als ob die Erzählung des Anrufers wahr wäre, fragt danach, welche Hilfe er sich wünscht, welches Ergebnis er sich vom Gespräch erhofft und betont dabei die eigenen Begrenzungen. Anrufer haben dabei wie in einem Rollenspiel die Möglichkeit, neue Erkenntnisse über sich selbst und die Reaktionen anderer zu gewinnen, ohne dass das Spiel aufgedeckt werden muss.[19]

18 *Häufig spielen Erfahrungen sexueller und körperlicher Gewalt oder aussichtslos erlebte Lebenssituationen eine Rolle. In dem Spielfilm „Die Anruferin“ gibt sich eine erwachsene Frau als Kind aus und bekommt dadurch viel Zuwendung, während sie in ihrer Realität mit der Pflege der suchtkranken Mutter völlig überfordert ist.*

19 *Ausführliche Artikel dazu in Evangelische-Katholische Kommission für Telefonseelsorge und Offene Tür (Hrsg.) „Auf Draht“, Nr. 60/Dez. 2005*

Beim **Wunsch nach Bestätigung** geht es im Grunde nicht um ein Feedback, sondern schlicht darum, für die eigenen Handlungen oder Ansichten Recht zu bekommen („Finden Sie nicht auch, dass ...“). Berater bekommen von den Hilfesuchenden den Auftrag, sich mit ihnen zu verbünden, um deren Sicht der Dinge zu bestätigen, Recht zu sprechen oder gar für sie Partei zu ergreifen. Damit geraten Berater in ein Dilemma. Eine einseitige Parteinahme missachtet, dass man immer nur von einer Seite einer Problemdarstellung erfährt und gefährdet die Beratungs-Neutralität (s. Kap. 3). Auf einseitige Parteinahmen reagieren Hilfesuchende zwar einerseits geschmeichelt, andererseits lösen sie nicht den Konflikt. Manchmal bewirken sie sogar Gegenreaktionen, bei denen der vorher Gescholtene plötzlich verteidigt wird. Berater sollten daher immer auf die Bedeutung der eigenen Unparteilichkeit oder Allparteilichkeit (s. Kap. 3, S. 60) hinweisen. Sie könnten allenfalls erörtern, welche Folgen es hätte, wenn man sich verbünden würde, um mehr über die eigentlichen Anliegen der Hilfesuchenden zu erfahren.

Beispiel

H: Finden Sie nicht auch, dass ....

B: Wenn ich Ihnen da jetzt Recht gebe, was würde sich für Sie dadurch verändern? ... Wenn ich Ihnen widerspreche, was hätte das für Folgen? ...Wollen Sie von mir lieber eine ehrliche oder eine geschmeichelte Antwort?

Es gibt aber auch Situationen, in denen eine klare Positionsbeziehung vom Berater gefordert ist, insbesondere gegenüber Tätern und Opfern von psychischer, physischer und sexueller Gewalt sowie sonstigen Straftaten. Diese Stellungnahme dient der Klärung und Orientierung. In solchen Fällen sollten Berater eindeutig wertend gegen das beklagte Verhalten Position beziehen, nicht aber gegen die Person und ihre Motive selbst, z. B. bei einem sexuellen Übergriff: *„Dein Onkel hätte dich nicht so berühren dürfen.“*, oder wenn ein Kind meint, es wäre besser nicht am Leben, weil es der Mama nur Stress mache: *„Wenn deine Mama zu dir sagt, wenn du nicht wärst, ging's ihr viel besser, hat das nichts mit dir zu tun. Kinder dürfen auch stressig für die Eltern sein. Vielleicht hat deine Mama selber wegen irgendetwas Kummer oder Stress und sagt zu dir deshalb, es wäre besser, wenn du nicht da wärst. Was meinst du?“*

Wunsch nach Veränderung / Problemklärung und Problemlösung

Der Wunsch nach Änderung einer als unerträglich erlebten Situation bedeutet nicht unbedingt, dass Hilfesuchende eine Änderung generell für möglich halten, noch dass sie glauben, selbst etwas zur Änderung eines Problems beitragen zu können. Die Berater werden häufig von Menschen in Anspruch genommen, die sich selbst als Opfer anderer oder der Umstände ansehen und erwarten, dass man ihre Sichtweise übernimmt und wenn möglich bei der Änderung anderer hilft. Der Wunsch nach Veränderung kann sich somit äußern in dem Wunsch nach Veränderung *anderer* oder nach Veränderung eigener Verstehens- und Verhaltensmöglichkeiten.

Wunsch nach Veränderung anderer oder der Lebensumstände als Sehnsuchtsziel

Die Hilfesuchenden beklagen sich über das Verhalten von anderen oder die Lebensumstände. Sie sehen sich als Opfer von Ursachen, die sie selbst nicht zu verantworten haben. Sie glauben zunächst, selbst nichts zu einer Lösung beitragen zu können. Die Umstände oder die Anderen sollen sich ändern: *„Wenn man mir doch wieder Arbeit geben würde ...“ „Wenn ich nicht diese Krankheit hätte ...“ „Wenn mein Mann nicht mehr trinken würde. Aber er will ja nicht hören. Können Sie meinem Mann helfen?“* Damit haben die Berater ein Problem. Berater haben nicht die Macht, die Umstände oder am Gespräch unbeteiligte Menschen zu verändern. Generell kann man niemanden gegen seinen Willen in eine bestimmte Richtung lenken (s. Kap. 2). Man muss also Hilfesuchende genau da enttäuschen, wo sie Änderung suchen.

Das Sich-Beklagen kann aber auch durchaus nützlich sein, wenn es dazu dient, sich einen Kummer von der Seele zu reden. Wichtig ist also zunächst einmal, die missliche Lage der Klagenden zu verstehen und deren Leid, Zielvorstellungen und bisherige Lösungsversuche zu würdigen. Erst wenn sich Klagende darin wertgeschätzt erleben, ist die Zeit gekommen, ihre Erwartungen zu enttäuschen. Dies kann man direkt machen. Dazu noch einmal das Beispiel von Kapitel 7, S. 123.

„14-jährige Anruferin, die von zeitweiligem Drogenkonsum sprach“

A: Meine Mama lässt mich einfach nicht in Ruhe. Die kommt einfach in mein Zimmer. Was soll ich machen?

B: Das ist aber ärgerlich für dich. Was soll denn passieren?

A: Meine Mama soll mich halt einfach in Ruhe lassen.

B: Das wäre sicher schön für dich. Leider kannst du das aber deiner Mutter nicht einfach so befehlen. Das kann niemand – ich auch nicht, wenn deine Mama glaubt, gute Gründe dafür zu haben. Meinst du, du könntest selbst was dazu tun?

Eine indirekte Form der Erwartungsenttäuschung ist, über die Wahrscheinlichkeit der Einflussnahme des Hilfesuchenden oder anderer Personen auf die beklagte Person zu sprechen. Meist fragt man dann, wie wahrscheinlich Hilfesuchende eine Änderung einschätzen.

B Meinst du, deine Mama würde dich derzeit einfach so in Ruhe lassen, wenn sie sich so Sorgen um dich macht, weil sie dich mit Drogen erwischt hat? Würde sie sich das von jemand ausreden lassen?

A: Nein, eigentlich nicht.

B: Wenn du das also nicht schaffen kannst, was könntest du dann tun? Willst du das mit mir überlegen?

Wird von den Hilfesuchenden zumindest eine gewisse Wahrscheinlichkeit der Einflussnahme gesehen, sollte man daran anknüpfend fragen, an welchen Beobachtungen sie das festmachen, dass in bestimmten Situationen oder bei einem bestimmten Umgang mit der beklagten Person durchaus Verbesserungen auftraten (Fragen nach Ausnahmen des Problems, s. Kap. 9). Wenn Hilfesuchende solche Ausnahmen aus der Vergangenheit berichten, könnte man in einem weiteren Schritt anregen, darüber nachzudenken, was sie vermutlich selbst zu einer Änderung oder Entspannung beigetragen haben, und was davon sie in Zukunft nutzen und vermehrt machen könnten.

B: Du hast eben gesagt, dass deine Mama dich mehr in Ruhe lässt, wenn du nicht gleich auf dein Zimmer verschwindest, wenn du von der Schule kommst, sondern ihr auch mal irgendwie zeigst, dass sie dir vertrauen kann. Wie machst du das? ... Wie könntest du das noch mehr machen?

Bei sehr geringer Wahrscheinlichkeit der Einflussnahme ist es besser für einen anderen Auftrag werben, nämlich ein Gespräch über das, was Hilfesuchende selbst direkt beeinflussen können. Ziel ist immer, dass Hilfesuchende ihren eigenen Spielraum erweitern. Die Beklagten, unter denen sie leiden, kann man dabei wie eine erschwerende unbeeinflussbare Umweltbedingung – so wie schlechtes Wetter – beschreiben, das wir nicht ändern, mit dem wir aber unterschiedlich umgehen können. So begeben sich die Hilfesuchenden auf die Suche nach Möglichkeiten eines besseren Umgangs mit dem Unbeeinflussbaren (z.B. mehr Abstand halten, es besser aushalten, sich selbst anders verhalten). Um Hilfesuchende zur Mitarbeit dazu zu gewinnen, sollten Berater jedoch immer deren Sehnsucht wertschätzen, dass es am besten wäre, wenn die Andern sich ändern würden, auch wenn diese nicht erfüllt werden kann. Solche Gespräche kann man daher als „Sympathisanten-Konversation" charakterisieren.

Beratungsbeispiel „Klagende Mutter"

Eine Frau beginnt mit Klagen über ihre gegenwärtige Lebenssituation. Die 16-jährige Tochter Sabrina habe nun schon zum wiederholten Mal die Familie geschädigt. Nachdem sie vor einigen Wochen schon Geld aus ihrer Geldbörse gestohlen habe, habe sie nun für viel Geld Bestellungen über das Internet gemacht. Sie sei zur Rede gestellt worden. Die Tochter sehe jedoch nicht ein, dass die Familie nicht das Geld dafür habe. Sie als Mutter habe die Rechnung inzwischen von ihrem eigenen Sparkonto beglichen. Sie klagt weiter über ihre Erkrankungen und dass sie einen großen Teil ihrer Arztrechnungen selber begleichen müsse und auch ihre Medikamente nicht mehr wie früher übernommen würden. Sie klagt und klagt.

B: *(unterbricht, als sie kurz innehält)* Sie haben's ja wirklich sehr schwer. Das ist ja kaum auszuhalten, was da alles zusammenkommt.

H: Das stimmt.

B: Sie hören sich ja auch total erschöpft an ... Gibt es etwas, was wir tun könnten oder Sie? Sie sind ja sicher gekommen, damit Ihnen unser Gespräch irgendwie hilft.

H: Ja, wie kann die Situation leichter werden? ...

Ich hab immer gedacht, wenn Sabrina groß ist, dann wird alles besser. Und dann haben wir mehr Geld. Und mit meiner Krankheit wird es besser. Aber es wird alles immer schlimmer. Es ist so viel. Ich verlier' den Überblick. Und das wollt' ich Ihnen sagen. Es ist wirklich so. Die Leute glauben mir nicht. Glauben Sie mir denn?

B: Ich habe keinen Anlass an dem, was Sie sagen, zu zweifeln. Ich kann das schon einigermaßen nachvollziehen. Ich weiß, wie das ist, wenn man Kinder hat und Geldsorgen. Aber bei Ihnen kommen ja noch die Krankheiten dazu. Da kann ich nur erahnen, wie es Ihnen gehen mag. Was ich verstanden habe ist, dass es Ihnen wichtig ist, dass man Ihnen glaubt.

H: Ja, dass man an *mich* glaubt. Das erlebe ich nur hier bei Ihnen. Die meisten Menschen tun es ab. Da sag ich es lieber gar nicht. Da hab ich Angst, dass die einen nur verachten oder darüber herziehen ...

B: Und Ihnen hilft schon allein das Erzählen?

H: Ja dann denk ich, ich kann es wenigstens mal sagen. Und dann geht es mir wieder besser. ... Das hilft mir schon ein wenig ... Wenn ich das so erzählen kann, dann hab ich wieder mehr Raum zu merken, was mir am meisten zu schaffen macht.

B: Sie merken dann, was Ihnen am meisten zu schaffen macht. Was könnte das jetzt sein?

H: Das ist Sabrina. Das ist so grotesk. Wir halten das Geld zusammen, und sie gibt es mit vollen Händen aus. Und ich hab den Zugang zu ihr verloren. Sie lässt keinen an sich ran.

B: Keinen, auch nicht ihren Vater oder ihren Bruder?

H: Nein, sie lässt sich nichts sagen und hält uns für altmodisch.

B: Und wie kann die Situation da leichter werden?

H: Sabrina soll zurückstecken lernen. Alles im Leben hat seinen Preis. *(Beklagt sich über das Unverständnis Ihrer Tochter)*

B: Wenn Sie mir das jetzt sagen, verstehe ich Sie sehr wohl und kann Ihnen zustimmen. Aber würde Sabrina zustimmen und sich von diesem Appell überzeugen lassen? Wie wahrscheinlich ist das?

H: Nein, sie denkt, alles ist da. Wir haben ein schönes Haus. Aber sie sieht nicht, dass wir woanders zurückstecken müssen.

B: Und sie ist von niemandem zu beeinflussen?

H: Nein. Vielleicht höchstens von dem Berater in der Jugendberatungsstelle. Da hab ich einen Termin ausgemacht. Da muss sie mit.

B: *(erkundigt sich nach diesem Termin, den er in einem früheren Gespräch wegen des Verdachts des Drogenmissbrauchs von Sabrina angeregt hatte. Die Ratsuchende will zunächst alleine dorthin, dann zusammen mit ihrer Tochter)*

Vielleicht haben Sie ja Glück und sie findet da einen Erwachsenen, von dem sie sich was sagen lässt. Aber bis dahin und für unser Gespräch heute, wie könnte es da für Sie leichter werden? Das haben Sie sich doch gewünscht? Oder geht das gar nicht?

H: Mein Mann erträgt das besser als ich. Der hat so eine stoische Ruhe. Aber ich kann das nicht.

B: Ja, das geht bei Ihnen nicht. Dafür fühlen Sie sich viel zu sehr mit ihr als Mutter verbunden? Dass Sie keine stoische Ruhe empfinden können zeigt ja, wie nah Ihnen Ihre Tochter steht.

H: Das stimmt.

B: Welche Möglichkeiten haben Sie noch, dass es Ihnen leichter wird, wenn Ihre Tochter sich einfach nichts sagen lässt und sich zu Hause wie eine Kriminelle, wie ein Dieb verhält?

H: Ja wir haben schon unser Geld versteckt. Und was sie gestohlen hat, muss sie abarbeiten. Und wenn die wieder was über's Internet bestellt, ruf ich da an und sage, dass meine Tochter nicht berechtigt ist, solche Käufe zu machen. Da habe ich jetzt keine Hemmungen mehr.

B: Und wie sieht das Ihr Mann?

H: Der denkt genauso und unterstützt mich da.

B: Das ist also kein Problem. Ich sehe im Moment zwei Möglichkeiten der Erleichterung. Sie beaufsichtigen Ihre Tochter und verhindern, dass sie Sie bestiehlt und das Geld zum Fenster hinauswirft. Und da haben Sie mit Ihrem Mann ja schon angefangen und ganz gute Ideen. Das andere ist, was Sie für sich selbst tun können, dass Sie das überhaupt aushalten, wie schwer es mit ihr ist und wie wenig Einfluss Sie haben, damit sie sich wieder gut entwickelt. Worauf sollen wir uns jetzt konzentrieren? Möchten Sie, dass ich Ihnen dabei helfe, wie Sie ihre Tochter noch besser beaufsichtigen können oder wie Sie es besser aushalten können?

H: Das zweite. Ich möchte es aushalten können. Aber das ist nicht das richtige Wort.

B: Ja was wäre es denn, was Sie sich wünschen?

H: Das weiß ich nicht so recht.

B: Wollen Sie das mit mir überlegen?

Dieses Gesprächsbeispiel wird in Kap. 9, S. 182 f. fortgesetzt

Wenn andere sich ändern sollen – Hilfreiche Schritte im Umgang mit Klagenden und deren Sehnsuchtszielen

(nach Ideen von G. Schmidt und A. Retzer)

1. **Zuhören; Leid, Zielvorstellungen und bisherige Lösungsversuche würdigen; Auswirkungen der Lösungsversuche erkunden**
   „Sie haben's ja wirklich sehr schwer." „Das ist ja kaum auszuhalten ..."
   „Was haben Sie bereits unternommen?" „Was hat das gebracht?"

2. **Zielvorstellungen des Gesprächs erkunden**
   „Wie hilft Ihnen das, wenn Sie mir das erzählen?"
   „Was erhoffen Sie sich von unserem Gespräch?"

3. **a) Direkte Erwartungsenttäuschung**
   Eigenes Dilemma darlegen, dass eine Änderung anderer in eine bestimmte Richtung ohne deren Mitwirkung nicht möglich ist, und dass der Vorschlag, etwas anderes zu machen als bisher, die bisherigen Bemühungen des Hilfesuchenden entwerten könnte
   „Ich würde Ihnen gern dabei helfen, aber da muss ich Sie leider enttäuschen."
   „Das Beste wäre sicherlich, wenn ..., aber ..."

   oder b) indirekte Erwartungsenttäuschung
   Die Wahrscheinlichkeit der Einflussnahme erkunden
   „Für wie wahrscheinlich halten Sie es, dass ..."
   „Woran machen Sie Ihre Einschätzung fest?"

4. **a) Werben für einen anderen Umgang mit der beklagten Situation bzw. Person**
   Bei hoher Wahrscheinlichkeit der Einflussnahme beim Hilfesuchenden dafür werben, darüber nachzudenken, was er selbst zu einer gewünschten Änderung oder zur Entspannung beitragen könnte
   „An welche Situation denken Sie ...?
   „Was war da anders?" „Was haben Sie da anders gemacht als sonst?"
   „Was davon könnten Sie übernehmen?"

oder b) Eigene Gestaltungsmöglichkeiten erweitern
Bei geringer Wahrscheinlichkeit der Einflussnahme Erlaubnis zur Arbeit mit der zweitbesten Lösung einholen und Aufmerksamkeit auf diese lenken unter Wertschätzung des ursprünglichen Sehsuchtszieles der Veränderung anderer

„Ich kann Ihren Wunsch sehr gut nachvollziehen ..., doch leider ist das ja sehr unwahrscheinlich ...“

„Ich würde am liebsten zaubern können, damit Ihr Wunsch erfüllt wird.“

„Wie wär`s da wenigstens mit einer zweit- oder drittbesten Lösung? ... Möchten Sie mit mir nach dieser zweit- oder drittbesten Lösung suchen?“

„Wann in der letzten Zeit haben Sie gemerkt, dass etwas Ihnen in der momentanen Situation gut tut, ohne dass sie sich verändert hat ... Was war das?“

Übung (nach Schmitz 2009, 110 f.)

Person A übernimmt die Rolle einer klagenden Hilfesuchenden, Person B die Rolle des Beratenden. Person C ist Beobachterin und Zeitnehmerin. Experimentieren Sie:

Person A: Jammern und klagen Sie über eine für Sie wirklich bejammerns- und beklagenswerte Angelegenheit. Wenn Ihnen das nicht möglich ist, versetzen Sie sich in eine Person, die Sie gut kennen und in die Sie sich gut einfühlen können.

Person B: Hören Sie zunächst ca. 5 Minuten lediglich ehrlich mitfühlend zu. Äußern Sie Anerkennung und Mitgefühl für das bedauernswerte Leid, die schwierige Situation und die bislang ergebnislosen Lösungsversuche, die Enttäuschungen und die Hoffnungslosigkeit.

Erst wenn der Klagefluss spärlicher wird, experimentieren Sie mit folgenden Gesprächsmöglichkeiten (Fragen oder Mutmaßungen) zum Erkunden des Auftrags, warten jeweils die Reaktion ab und gehen darauf näher ein.

- „Wobei hilft Ihnen im Moment, dass Sie mir das erzählen?“
- „Was erhoffen Sie sich von unserem Gespräch noch?“
- „Was werden Sie jetzt machen?“

Auf die Antwort „Ich weiß es nicht.“ Fragen Sie nach:

- „Was haben Sie sich bereits überlegt?“ und warten Sie die Antworten ab.

Erst wenn erneut zu diesem Zeitpunkt ein unerreichbares Sehnsuchtsziel genannt wird, enttäuschen Sie die Erwartung und werben für eine Alternative. Vielleicht ist Ihre Werbung erfolgreich und Sie finden gemeinsam ein erreichbares Ziel.

Person C: Geben sie nach 5 Minuten das Signal zum Wechsel vom Zuhören zum Erkunden des Auftrags. Teilen Sie in der Auswertung Ihre Beobachtungen mit.

Die Übung kann danach im Wechsel erneut durchgeführt werden. ◂

Manche Hilfesuchende haben bereits selbst Ideen, wie ihre „Problemmacher“ zu behandeln sind und erwarten von den Beratern, dass sie dem nicht nur zustimmen, sondern diese ebenso nach ihren Vorstellungen behandeln, z. B. mit denen mal als Respektsperson ein ernstes Wort sprechen. Die Berater selbst sollen auf die „Problemmacher“ im Sinn der Hilfesuchenden einwirken. Wenn sie das nicht tun, wird ihre Kompetenz in Frage gestellt. Solche Gesprächssituationen sind daher für die Berater selbst oft schwierig. Hier empfiehlt sich eine „kollegiale Konversation“. Berater wehren die Ideen der Hilfesuchenden nicht ab, sondern binden deren Wissen ein. Ihre Lösungsideen werden ernst genommen, jedoch daraufhin geprüft, ob und wie sie zum gewünschten Erfolg führen in der Hoffnung, dass bei einem kollegialen Gespräch ursprüngliche Ziele und Vorgehensweisen in Frage gestellt werden können.

Beispiel

B: Sie hätten gern, dass ich Frau X anrufe und ihr sage, dass sie ... tun soll ... Was erhoffen Sie sich davon? ... Wie wird Frau X vermutlich darauf reagieren, wenn ich ...? Was denken Sie? ... Wie könnte Frau X noch reagieren? ... Ich habe Bedenken, dass mein Anruf bei ihr ... bewirken könnte und damit wäre Ihnen nicht geholfen. Was könnte statt dessen getan werden? ... Was wäre statt dessen überhaupt erreichbar?

Siehe dazu auch das Fallbeispiel „Lärmbelästigung“ auf S. 159

Wunsch nach Veränderung eigener Verhaltensmöglichkeiten

Hilfesuchende leiden unter einem Problem und erwarten Förderung ihrer Möglichkeiten zu dessen Verständnis und Lösung. Sie wünschen entweder einen Rat (*„Können Sie mir sagen, was ich tun soll?“ „Was würden Sie an meiner Stelle tun?“*) oder suchen nach Klärung bzw. Lösung des Problems und sehen dabei Möglichkeiten, selbst etwas zu ändern (*„Ich möchte das gerne besser verstehen ...“, „Was kann ich tun, dass mein Sohn nicht mehr trinkt?“, „Wie kann ich anders darauf reagieren, wenn mein Sohn trinkt?“, „Ich möchte mich mehr abgrenzen.“*). In der Regel besteht jedoch eine Ambivalenz hinsichtlich Veränderung und Nicht-Veränderung.

Problemklärung und -lösung

Hilfestellung zur Klärung und Problemlösung zu geben bedeutet bei niedrigschwelligen Angeboten, in einer begrenzten Zeit und meist einem einzigen Gespräch Anregungen zur Aufweichung oder Lösung des Problems zu geben und die Möglichkeiten der Hilfesuchenden dazu zu fördern. Daher besteht bei Beratern die Gefahr, zu schnell zuzupacken und zu viel in einem Gespräch erreichen zu wollen. Nach ein paar Sätzen glaubt man zu wissen, wo der Schuh drückt, und ist auch schon bereit, nach Lösungen zu suchen oder gar schon Lösungsvorschläge zu machen. Das Problemerleben der Hilfesuchenden hat aber mit deren innerer Landkarte und ihrer eingeengten und spezifischen Sichtweise zu tun (dazu Kap. 2 und 5, S. 85 f). Daher liegt die Aufgabe der Berater zunächst darin, mehr über die Situation, die Problemsicht und die bisherigen Lösungsversuche zu erfahren. Wichtig ist v. a. die Klärung: *Was genau sieht jemand als sein Problem? Für welches Problem sucht jemand eine Lösung?*

Beispiel

Ein Mann sagt, er habe ein Problem damit, dass sein Freund unehrlich zu seiner Partnerin sei und sie betrüge. Er möge sie beide und komme mit der Situation nicht klar. Er könnte eine Lösung dafür suchen

a) wie er seinem Freund vermitteln könnte, ehrlich zu sein;

b) wie er im Kontakt mit der Frau des Freundes damit zurechtkommt, dass er etwas über sie bzw. ihren Partner weiß, was sie selbst nicht weiß; oder

c) dass ihn die Situation an eine eigene Thematik in seiner Partnerschaft erinnert und ihn deshalb das Problem nicht loslässt.

Klären und Nachfragen hilft, sich ein möglichst klares und plastisches Bild der aktuellen Situation des Hilfesuchenden zu machen und dabei Zusammenhänge des Problems (nicht Ursachen!) zu finden. Außerdem erfährt man dadurch mehr über die subjektive Bedeutung, die dieser der geschilderten Situation gibt. So kann man sich allein aus der Bemerkung *„Es wäre sehr schlimm für mich, wenn meine Frau sich von mir trennen würde."* sehr verschiedene Vorstellungen darüber machen, was dies für den Partner bedeutet, z. B.:

„Das wird mir monatelang nachgehen, aber ich werde darüber hinwegkommen."

„Ich bin mir nicht sicher, ob ich darüber hinwegkommen werde."

„Wenn das geschieht, werde ich nie mehr heiraten."

„Dann sehe ich keine Perspektive mehr für mein Leben, dann werde ich mich umbringen."

Daher liefert diese Bemerkung alleine keine ausreichende Basis für die weitere Verständigung.

Die in Kap. 6 beschriebenen Erkundungsfragen helfen, die innere Landkarte des Hilfesuchenden und seine Problemsicht kennen zu lernen. Sie dienen auch dem Hilfesuchenden selbst seine eigene Situation zu erhellen und diese von verschiedenen Seiten zu betrachten. Ein plastisches Bild bekommt man nur bei möglichst konkreten öffnenden Fragen. Am besten stellt man sich vor, man müsste anhand der Beschreibung des Hilfesuchenden genaue Regieanweisungen für ein Drehbuch geben können, das seine Situation darstellt.

Übungsbeispiel „Ich sitze im Loch" (vgl. Kap. 5, S 85)

Jemand beschreibt sein Problem mit der Metapher: „Ich sitze im Loch." Um eine Vorstellung zu bekommen, was der andere in seiner inneren Landkarte damit meint, stellen wir aus der Haltung des Nicht-Bescheid-Wissens heraus einfach naive Erkundungsfragen wie z.B.: *„Ich würde mir gerne ein Bild machen von deinem Loch. Würdest du es mir bitte näher beschreiben." „Wie sieht das Loch aus?" „Wie groß ist es?" „Wie sind die Außenwände beschaffen?" „Wie ist die Temperatur drinnen –und draußen?" „An welcher Stelle im Loch befindest du dich?" „Bist du allein?" „Gibt es eine Öffnung? Wo und wie groß ist die Öffnung?" „Was ist draußen – wie sieht es da wohl aus?" „Was empfindest du dort im Loch?"* etc. Mit solchen Fragen entsteht ein plastisches Bild über das Problemerleben einer Person.

Etwaige Lösungen oder Erleichterungen können im Anschluss daran in der Bildsprache der Metapher gefunden werden, z.B. *„Würdest du gerne herauskommen oder nur mal kurz herauslugen oder lieber erst mal drin bleiben?" „Was denkst du wird passieren, wenn du das tust?" „Inwiefern kann es auch nützlich sein, (noch) im Loch zu sitzen?" „Du sitzt. Kannst Du auch mal herumlaufen, dich hinlegen oder sonst was anderes tun?" „Gibt es einen Geheimausgang?"* etc. Mit Hilfe solcher Fragen kann eine Problemmetapher in eine Lösungsmetapher umgewandelt werden.

Bereits einige der im Folgenden aufgelisteten Fragen können helfen, die Situation und das Problemerleben besser zu verstehen.

Erkundungsfragen zur Problemklärung

Der Hilfesuchende beginnt mit einer Leidschilderung bzw. Beschwerde

- Was daran wird als Problem erlebt? Von wem?
  „Was sehen Sie als Ihr Problem?" „Worin besteht für Sie genau das Problem?"
- In welchen Situationen / In welcher Situation tritt / trat das auf?
  „Wann tritt das Problem auf, wann nicht oder weniger?" „... in welcher Situation?" „Woran merken Sie das Problem?" „Woran merken es andere?"
- Was genau passiert/e da?
  Wer tut / tat was?
  Wer denkt / dachte was?
  Wer fühlt / fühlte was?
  Wer möchte am liebsten was tun?
- Welche Folgen hat / hatte das? Für wen?
  „Wie reagieren andere auf das Problem?" „Was bedeutet deren Reaktion für Sie?" „Welche Folgen erwarten Sie, wenn es so weiter geht?" „Welche Folgen sehen andere?"
- Welche Erklärungen gibt es?
  „Wie erklären Sie sich das Problem?" „Wie erklären es andere?" „Welche unterschiedlichen Auswirkungen haben die jeweiligen Erklärungen?"
- Welche Lösungsversuche gab es bereits? Mit welchem Ergebnis?
  „Was haben Sie bereits getan?" „Was haben die bisherigen Lösungsversuche gebracht?"
- Was soll erreicht werden?
  „Welche Auswege schweben Ihnen vor?" „Was denken Sie, müsste getan werden?... von wem?... mit welchem Ziel?"

Fallbeispiel

Eine Mutter beklagt sich über ihren Sohn und möchte einen Rat:

A: Mein Sohn ist immer so aggressiv.

B: Was tut er, dass Sie ihn so erleben? ... Wann und in welchen Situationen tritt das vor allem auf? ... Könnten Sie mir ein Beispiel dazu erzählen? ... Wann tritt es weniger auf? ...

B: Wie erklären Sie sich das Verhalten Ihres Sohnes?

A: Das kommt daher, dass ich ihm nicht genug Liebe gegeben habe.

B: Wenn Sie das so sehen, was würde das dann für Sie bedeuten? Was denken Sie, müssten Sie dann tun? ...

B: Wie könnten Sie es sich noch erklären? ... Angenommen, der reagiert zurzeit seine Wut über den geschiedenen Vater an Ihnen aus, was würde das dann für Sie bedeuten? ... Angenommen, der braucht derzeit einfach mehr klare Grenzen von Ihnen, was müssten Sie dann tun? ______________________________

Wunsch nach einem Rat

Häufig besteht die Vorstellung, mit einem Ratschlag entscheidende Änderungen erreichen zu können. Damit geraten Berater in eine schwierige Situation, denn das menschliche Verhalten und seine Auswirkungen sind eine sehr komplexe Realität (s. Kap. 2). Wir können nicht einfach Verhältnisse einer Lebenssituation auf eine andere übertragen. Man muss Lösungen finden, die zur inneren Landkarte und spezifischen Situation der jeweiligen Person passen. Ratschläge funktionieren daher in der Regel nicht. Das merkt man spätestens dann, wenn Ratsuchende beginnen, gut gemeinte Ratschläge mit einem „Ja – aber" zu entwerten, oder wenn sie die Helfer für den „guten Rat" loben, ihn aber hinterher nicht umsetzen. Ratschläge bergen die Gefahr, dass man damit unausgesprochen zugleich die Botschaft vermittelt, der Ratsuchende sei in Bezug auf seine Problemlösefähigkeiten inkompetent. Das kann Selbstunsicherheit und Scham hinterlassen. Andererseits gibt es Ratschläge, in denen Erfahrungswerte stecken, die Ratsuchenden neue Verhaltensmöglichkeiten eröffnen, auf die sie nicht gekommen sind, wenn ihnen z. B. wichtige Informationen fehlen. Geben wir also einen Rat, erhalten wir möglicherweise ein Problem weiter aufrecht, forcieren gar Abhängigkeit. Verweigern wir einen Rat, lassen wir Ratsuchende möglicherweise ohne die Unterstützung stehen, die sie brauchen, um sich selbst klarer entscheiden zu können.
Wir sollten also weder einfach Ratschläge geben noch sie einfach verweigern.

Möglichkeiten, auf den Wunsch nach einem Rat zu reagieren

- Die eigene Schwierigkeit darlegen und besprechen: *„Wenn ich Ihnen jetzt einen Rat gebe, dann passt der vielleicht nicht ganz zu Ihrer Situation. Wenn ich Ihnen keinen Rat gebe, dann fühlen Sie sich von mir allein gelassen. Wie sollten wir damit umgehen?"*
- Erkunden, wen der Ratsuchende bereits um Rat gefragt hat und welche Ratschläge er erhalten hat. Meist erfahren wir dann von sich widersprechenden Ratschlägen. Dann könnte man erkunden, wobei und wie diese Ratschläge geholfen haben und ob der Hilfesuchende glaubt, ob weitere Ratschläge anders oder noch besser wirken als die bereits erhaltenen.
- Zugeben, dass man auch keinen Rat weiß, aber bereit sei, gemeinsam nach Lösungen zu suchen.
- Lösungsmöglichkeiten in Form von hypothetischen Fragen anbieten und deren Auswirkungen durchspielen: *„Angenommen, Sie würden das und das tun, wie würde sich das auswirken?" „Wie würde dann Ihr Mann reagieren, wie würde sich das Verhältnis zu Ihren Kindern ändern?"*
- Aus der eigenen Lebenserfahrung Hinweise oder Verhaltensempfehlungen geben und gleichzeitig zu bedenken geben, ob der Ratsuchende diese befolgen sollte: *„Ich würde das und das tun, aber ich hätte da auch Bedenken: Sie sind ja in einer ganz anderen Situation ..."*. Damit streut man u. U. hilfreiche Anregungen ein, sowohl über Alternativen als auch deren mögliche Auswirkungen. Der Ratsuchende bekommt mehr Informationen und behält die Freiheit, Alternativen abzuwägen und sich selbst zu entscheiden.

Ressourcenorientierte Gesprächsführung überlässt den Hilfesuchenden die Verantwortung für die Lösung ihrer Probleme und entmündigt sie nicht mit eigenen Lösungsvorschlägen. Stattdessen will sie Anregungen dazu geben, dass diese die Sichtweisen ihrer schwierigen Situationen erweitern. Es sollte ein *Unterschied* zur bisherigen Problemsicht erreicht werden. Es geht auch nicht um das Erarbeiten von fertigen Lösungen. Das stetige Anregen, das „Ausstreuen von Samenkörnern" genügt. Der Ausgang bleibt offen. Aha – Erlebnisse oder Lösungen (*„Jetzt weiß ich, was ich tu ..."*) sind eher selten. Langfristig nützlicher sind oft viele kleine Anstöße, die wie ein kreativer Prozess weiter die Selbstorganisation der Hilfesuchenden anregen. Bei der Problemklärung sollte man sich auch nicht unnötig in Einzelheiten verlieren. Nach einer ersten Verständigung über das Problem und der Würdigung des Problemerlebens lenkt man die Aufmerksamkeit der Hilfesuchenden kontinuierlich auf deren Kompetenzen und Bewältigungspotentiale, um Lösungen zu (er-)finden (dazu ausführlich Kap. 9).

Wunsch nach Lebensorientierung / Sinndeutung

Hilfesuchende sprechen diesen Wunsch in der Regel nicht direkt aus. Lebensorientierung bedeutet mehr als die Lösung eines momentanen Problems oder Konflikts. Es geht eher um Fragen grundsätzlicher Art, um Lebensziele und Werte angesichts schwieriger Lebenssituationen. Menschen stellen sich diese Fragen insbesondere dann, wenn sie mit ihrer bisherigen Art zu leben an leidvolle Grenzen stoßen, also besonders in Krisenzeiten infolge von Verlusten, schweren Erkrankungen und Unfällen oder bei Lebensübergängen.

Fallbeispiel „Lärmbelästigung"

Eine Witwe beklagt sich am Beratungstelefon über den lauten Fernseher der Nachbarin. Sie möchte, dass die Mitarbeiterin bei dieser anruft, damit sie den Fernseher leiser stellt. Diese nimmt Anteil an der Not der Anruferin, stellt jedoch die Zieldienlichkeit einer solchen Aktion in Frage und sucht nach einem anderen Auftrag. Daraus entwickelt sich ein Gespräch über die Einsamkeit und Not der Anruferin seit dem Tod ihres Mannes. Sie sprechen über ein Leben ohne den schützenden Partner angesichts zunehmender Vereinsamung und wie sie diese Lebensphase bewältigt.

Beratung ist hier Orientierungshilfe. Sie geschieht durch Infragestellung von bisherigen Lösungsideen. Dadurch erst wird das Gespräch über die Suche nach Leben angesichts von Alter und Vereinsamung ermöglicht.

Der Wunsch nach Sinndeutung verbirgt sich in Äußerungen wie *„Das macht doch alles keinen Sinn!"*, *„Warum muss ausgerechnet mir das passieren?"* Dann besteht die Kunst der Gesprächsführung darin, die in diesen Äußerungen verborgene Enttäuschung, Wut oder Verzweiflung zu hören, anzusprechen und die erlebte Sinnlosigkeit mit auszuhalten – in diesem Sinn zu trösten. Durch Anteilnahme und Aushalten werden oft bereits Sinnfindungsprozesse angeregt. Unterstützt werden diese durch Deutungsangebote spiritueller und lebensweisheitlicher Praxis, insofern sie den Beratern zur Verfügung stehen. Das können Metaphern, Gleichnisse, Geschichten, Poesie, Bilder oder spirituelle Handlungen sein.

Die Sinngebung ist eine sehr persönliche Konstruktion, die es Menschen ermöglicht, ihr Leben unter den ihnen gegebenen Möglichkeiten und Begrenzungen zu bewältigen oder vielleicht auch nur auszuhalten. Bei Krisen geht es neben der Angstreduktion um die Umwandlung der Warum-Frage („Warum musste mir das passieren?") in ein Wozu. Die Warum-Frage eröffnet keine Zukunftsperspektive, ein Wozu dagegen kann die Suche nach einem existentiellen Sinn für das weitere Leben eröffnen: Wozu fordert mich das Problem / die Krise heraus? Was könnte ich dadurch Neues im Leben entdecken oder entwickeln?

Fallbeispiele

Eine Frau klagt, dass sie, obwohl sie mittlerweile die Trennung bejaht, dauernd an ihren Mann denken muss, der sie verlassen hat. „Warum?", fragt sie, und kämpft dagegen an. Ein konstruktiver Umgang mit diesen sich aufdrängenden Gedanken wäre, mit ihr zusammen aufzuspüren, was dieser Mann für sie bedeutet hat oder noch bedeutet: Was hat er an Positivem in ihr Leben gebracht? Welche Sehnsüchte hat sie in ihn hineingelegt? Was hat sie ihm gegenüber noch nicht ausgesprochen?

Eine andere Frau kommt mit ihren Gefühlen nicht zurecht. Sie hat sich in einen anderen Mann verliebt, obwohl sie verheiratet ist und zu ihrem Ehemann stehen will. Die Frage: „Was hat dieser neue Mann in Ihrem Leben belebt, geweckt?" könnte sie anregen zu entdecken, was in ihrer Ehe brachliegt. Diese Sicht ihrer Gefühle könnte ihr helfen, ihr Problem im Zusammenhang mit einem anstehenden Entwicklungsschritt zu sehen (z. B. in ihrer Ehe wieder gefühlvoller werden oder Trennendes in der Partnerschaft zuzulassen). Damit erhält die Krise einen möglichen Sinn und kann bereichern.

Lesen Sie dazu des Weiteren auch das Gesprächsbeispiel: „Klemmen zwischen Bleiben und Gehen", Kap. 9, S. 169 f.

Die Frage nach dem Wozu regt Suchprozesse der Sinnkonstruktion an und kann oft erst durch veränderte Lebenspraxis im Nachhinein beantwortet werden. Gespräche dieser Art werden meist unter den Begriffen Seelsorge oder Lebensberatung subsummiert.

9. Kapitel

„Oh, wie schön ist Panama!“

Die Aufmerksamkeit gezielt auf Lösungspotentiale lenken

In einer Kinderbuchgeschichte (Janosch 1978) suchen der kleine Bär und der kleine Tiger ihr Traumland Panama. Seitdem sie von seiner Existenz erfahren haben, stellen sie es sich viel schöner vor als ihr Zuhause. Nach langer Suche glauben sie von einem Baumwipfel aus schließlich das ersehnte Land entdeckt zu haben. In Wirklichkeit sehen sie aber nur ihr Zuhause von oben, ohne es zu wissen. Der Perspektivenwechsel verändert gründlich ihren Blick auf das Altbekannte. Weil sie glauben, in Panama zu sein, finden sie das Haus und dessen Umgebung, wo sie bisher auch gelebt hatten, viel schöner als vorher. Ihre Aktivitäten bleiben die gleichen. Sie gehen fischen, finden Pilze, aber sie tun es mit mehr Zufriedenheit – und sie gönnen sich darüber hinaus ein Sofa aus Plüsch. Ihre Bewertung der alltäglichen Dinge und ihrer Aktivitäten ändert sich zum Positiven – und das regt sie an, wieder zufriedener zu leben.

Wie in dieser Geschichte geht es beim ressourcenorientierten Arbeiten um einen Perspektivenwechsel, die Erweiterung des Blickwinkels. Wir lenken die auf „das Problem“ fixierte Aufmerksamkeit auf die Suche nach Ressourcen, also auf mit positiven Empfindungen verbundene Visionen, Erfahrungen und Lösungspotentiale. Wir bewegen uns weg von der Problemtrance hin zu einer Lösungstrance, d. h. zu inneren Bildern über erwünschte Veränderungen. Die Lösungstrance bewirkt ganz von selbst die Weitung der inneren Landkarte, also neues Denken, Fühlen und Verhalten bezüglich der beklagten Situation. Dies ermöglicht Lösungen (vgl. Kap. 2).

Unter Lösung verstehen wir dabei den Prozess, von einem negativ bewerteten Ist-Zustand zu einem positiv bewerteten Soll-Zustand (Ziel) zu gelangen.

Ist-Zustand ⟶ Soll-Zustand (Ziel)

Es gibt folgende Lösungsmöglichkeiten:

- Man entwickelt erreichbare Ziele und strebt diese Schritt für Schritt an.
- Man praktiziert wie bei einem Experiment das erwünschte Verhalten oder tut so, als ob das Gewünschte schon da wäre, und macht dadurch neue Erfahrungen.

- Man bewertet die bisherigen Ist-Zustände positiver, indem man sie in einen sinnvollen Zusammenhang stellt oder darin enthaltene wichtige Anliegen / Sehnsüchte (er-)findet.
- Man akzeptiert, dass man den Ist-Zustand nicht ändern kann oder will und findet Wege, wie man am besten damit zurechtkommt (*Sich-lösen* statt *etwas lösen*).

Die Lösung eines Problems bedeutet oft eine Änderung der Ziele und die Neubewertung der aktuellen Situation.

Im Bereich der Psychotherapie und Beratung gibt es eine Reihe von Möglichkeiten, die Aufmerksamkeit der Klienten auf die Suche nach Lösungspotentialen zu lenken und sie so in eine Lösungstrance einzuladen. Nicht alle sind für die niedrigschwellige Beratung geeignet. Spezifisch dafür halten wir folgende Möglichkeiten für sehr effektiv und möchten sie hier ausführlicher darstellen.

Möglichkeiten lösungsorientierten Arbeitens

- Den Blick auf die bereits vorhandene Lösungstendenzen und -kompetenzen richten
- Probleme positiv umdeuten oder in einen sinnstiftenden Zusammenhang setzen
- Zeitreisen in die Zukunft anbieten und den Blickwinkel auf die zukünftigen Auswirkungen des Problems erweitern
- Lösungsvisionen entwickeln und Ziele formen
- Entdecken und Nutzen positiver Ausnahmen des Problems
- Unterstützung im Umfeld in Anspruch nehmen

Zunächst müssen wir die „Türen“ zur jeweiligen Lösungstrance öffnen. Dazu gibt es wieder verschiedene Möglichkeiten. Wir können die „Türen“ eher beiläufig öffnen, indem wir Umdeutungen anbieten, problembesetzte Beschreibungen umetikettieren, Komplimente machen oder die in den Äußerungen der Hilfesuchenden enthaltenen Wünsche und Ziele aufgreifen und spiegeln. Wir können die „Türen“ aber auch gezielt durch entsprechende Schlüssel- oder Einstiegsfragen öffnen. Dies sind Erweiterungsfragen, die die Aufmerksamkeit auf bestimmte Lösungspotentiale lenken. Nach einer Einstiegsfrage ermöglichen weitere Fragen dann dem Hilfesuchenden, seine Erzählung möglichst konkret und anschaulich zu präzisieren.

Den Blick auf bereits vorhandene Lösungstendenzen und -kompetenzen richten

Empathische Äußerungen können sich entweder auf das Problemerleben und die damit verbundenen Gefühle, Affekte und Bewertungen beziehen oder auf die in den Äußerungen enthaltenen Wünsche und Ziele (Weber 2005, 69 f., 77), z. B.

H: Ich bin nimmer normal. Die Betreuerin habe ich auch mit rein gerissen. Wann werd ich endlich gescheit?

B1: Sie zweifeln an Ihrem Verstand und das macht Ihnen Sorge?

oder

B2: Sie würden gerne in Zukunft klüger reagieren?

Das Spiegeln des Problemerlebens (B1) richtet die Aufmerksamkeit auf das Problem, während wir mit dem Spiegeln der Wünsche und Ziele (B2) die Aufmerksamkeit eher auf die Lösungspotentiale lenken. Problemorientiertes Spiegeln ist immer dann von Bedeutung, wenn es zum Aufbau der Kooperation mit dem Hilfesuchenden darum geht, dessen innere Landkarte besser zu verstehen und auch zu würdigen (beim Andocken). Den Blick auf bereits vorhandene Lösungstendenzen und -kompetenzen öffnen wir jedoch durch das **konsequente Spiegeln der in den Äußerungen der Hilfesuchenden enthaltenen Wünsche und Ziele** (an den Ressourcen ausgerichtete Empathie). Am besten fährt man mit einer ausgewogenen Balance von problem- und lösungsorientiertem Spiegeln (s. Kap. 2).

Die Tür zu Lösungstendenzen können wir auch öffnen durch **direkte Fragen nach Lösungsideen** oder durch **Fragen nach der Herausforderung**, die im Problemerleben liegt, z. B.
„Welche Lehre würden Sie denn aus Ihrer Erfahrung ziehen?"
„Was bedeutet diese Erfahrung für Sie, wozu fordert sie Sie heraus?"

Solche Fragen helfen, mehr als bisher auf die bereits gezeigten Stärken und Lösungspotentiale zu achten. Dies ermöglicht, bereits nach kurzer Zeit den Gesprächsinhalt vom Problemerleben weg und hin zu Bewältigungskompetenzen zu lenken.

Fallbeispiel „Mir graut vor mir selber"

Eine Frau, ca. 65, allein lebend, berichtet sehr aufgeregt, dass sie einer psychisch kranken Bekannten sehr viel Geld versprochen und bereits überwiesen habe, dies aber nach einem Zerwürfnis bedaure. Sie könne es zwar wieder zurückerhalten, aber sie zweifle an ihrer eigenen Zurechnungsfähigkeit, dieser Frau überhaupt so viel Geld versprochen zu haben.

H: *(gehetzte Stimme)* Ich müsst' Ihnen einen ganzen Roman erzählen ... Mir graut vor mir selber ... Ich habe mich da zu was hinreißen lassen ... Ich bin nimmer normal. Die Betreuerin habe ich auch mit rein gerissen. Wann werd ich endlich gescheit?

B: Sie würden gerne in Zukunft klüger reagieren?

H: Ich hab Angst vor mir selbst. Ich bin ja gefährdet, wenn ich so was wieder mache.

B: Was bedeutet das für Sie, wenn Sie das jetzt so sehen?

H: Ich muss bei Zusagen besser aufpassen. Jetzt bin ich total unruhig. Das ist wie eine Strafe für mich. Das ist mir so peinlich besonders wegen der Betreuerin, dass ich so unbedacht gehandelt habe.

B: Das verstehe ich, dass Ihnen das besonders unangenehm ist. Glauben Sie denn, dass Sie in Zukunft besser aufpassen werden?

H: Da bin ich mir so unsicher. Ich traue mir da nicht recht. Ich bräucht' schon jemand, der da auf mich aufpasst.

B: Meinen Sie so jemand, mit dem Sie solche weit reichenden Entscheidungen vorher gründlich durchsprechen?

H: Ja, ich glaub, ich bin jetzt geheilt. Da bin ich richtig erschrocken über mich selbst ... Ja, und da hab ich jetzt mein Lehrgeld bezahlt.

B: Welche Lehre würden Sie denn für die Zukunft daraus ziehen?

H: Ja, ich kann mir da selbst nicht trauen.

B: Heißt das, dass Sie sich da Unterstützung gönnen, dass Sie mit mehr Bedacht entscheiden?

H: Ja, ich muss vorsichtiger sein. Ich bin ein bisschen leichtsinnig. Vielleicht brauche ich jemanden, der auf mich aufpasst, bevor ich wieder mein Geld irgendwo leichtsinnig ausgebe.

B: Ja, das könnte eine gute Idee sein, dass Sie jede weit reichende Entscheidung vorher mit jemandem besprechen, zu dem Sie Vertrauen haben und sich dabei beraten lassen. Was denken Sie über die Idee?

H: Ja das wäre wohl gut. Ich hab sowieso schon daran gedacht, Ende des Jahres in ein Heim zu gehen ...

Eine weitere Möglichkeit ist die Arbeit mit sog. **Bewältigungsfragen**, z. B.

„Wie haben Sie es geschafft, dass Sie trotz Ihrer quälenden depressiven Gedanken jetzt hier doch anrufen konnten?“

„Was hat Sie bisher davon abgehalten, sich das Leben zu nehmen?“

„Wie konntest du die vielen Schläge aushalten, die du erdulden musstest?“

„Wie haben Sie es geschafft, mit der Trennung von Ihrer Frau fertig zu werden?“

Bewältigungsfragen[20]

Bevor Sie Fragen stellen, docken Sie erst an benennen das mutmaßliche Ziel der hilfesuchenden Person:

„Sie haben mir Ihre derzeitige schwierige Situation beschrieben. Ich kann verstehen, dass Sie diese Situation viel Kraft und Energie kostet und dass Sie sich eine Veränderung dahin wünschen, dass ... (Zielbeschreibung)

Dann stellen Sie Fragen solcher Art:

- Was haben Sie bisher versucht, um die Situation zu verändern?
- Was davon war ein wichtiger Schritt in die gewünschte Richtung?
- Welche wichtige Erfahrung haben Sie gewonnen?
- Was hilft Ihnen derzeit am meisten, um in dieser schwierigen Lage zurecht zu kommen?
- Wie schaffen Sie es trotz dieser Situation in Ihrem Alltag zurecht zu kommen?
- Wie schaffen Sie es, trotz dieser Belastungen, Ihre Arbeit gut zu erledigen?
- Wenn wie jetzt dichte Wolken Schatten auf Ihr Leben werfen, wem gelingt es dann, Sie liebevoll zu begleiten? Wer bleibt in Ihrer Nähe und unterstützt Sie?
- Wobei hilft Ihnen das?

▸ **Übung für eine Lerngruppe** (nach Schmitz 2009, 55 f.)

Jeder Teilnehmer beschreibt auf der Vorderseite eines Blattes Papier eine eigene unbefriedigende Situation. Notieren Sie alles, was Ihnen dazu wichtig ist. Versehen Sie das Blatt mit einem Zeichen, damit Sie es später schnell wiedererkennen.

Danach werden alle Blätter verdeckt eingesammelt, gemischt und an Kleingruppen zu 2–3 Personen verteilt. Diese erhalten jeweils ihrer Anzahl nach 2–3 Blätter zur Bearbeitung, die sie nicht selbst erstellt haben. Schreiben Sie in den Kleingruppen auf die Rückseite des Blattes Bewältigungsfragen, die Sie in einem Gespräch in einer solchen Situation stellen würden und versehen Sie diese mit Ihrem Namen.

Jeder erhält wieder sein ursprüngliches Blatt. Tauschen sie sich gemeinsam darüber aus, wie die Bewältigungsfragen auf Sie wirken.

20 *Viele anregende Beispiele dazu in Kindl-Beilfuß 2008*

Diese Übung setzt großes Vertrauen in der Lerngruppe voraus. Sie können diese Übung daher zunächst mit einer wenig problematischen Alltagssituation beginnen und später mit einer für Sie persönlich schwierigeren fortsetzen. ◂

Wichtig ist wie immer die Einstellung, mit der man solche Fragen stellt. Sie kommen dann positiv an, wenn man sie mit dem nötigen Respekt vor der Schwere des Leids stellt und wenn dabei auch die Bewunderung vor der Leistung der Hilfesuchenden mitschwingt, dass sie es geschafft haben, angesichts ihrer Leiden und Schwierigkeiten nicht noch schlimmer dran zu sein. Es kommt also darauf an, *wie* man diese Fragen stellt und wie man sie einleitet. Die Fragen laden Hilfesuchende dazu ein, sich an hilfreiche Bewältigungsmuster zu erinnern, auf denen sie jetzt aufbauen können. Das kann bereits die Tatsache des Aufsuchens einer Beratung oder des Anrufs sein, die man würdigen kann als Fähigkeit, aktiv Hilfe zu suchen. Manchmal sagen Hilfesuchende selbst, sie hätten sich auch schon gefragt, wie sie bisher zurecht gekommen sind. Daran könnte sich ein Gespräch über Lösungspotentiale anknüpfen.

Fallbeispiel

Eine 75-jährige Witwe ruft bei der Telefonseelsorge an. Sie habe noch nie eine Telefonberatung angerufen. Ihr Mann sei vor vier Jahren gestorben. Seitdem sei sie alleine. Die Kinder meldeten sich kaum. Aber über ihre Kinder zu klagen helfe ihr auch nicht. Ihr einziger Trost sei, dass sie täglich zum Friedhof gehe. Dort könne sie mit ihrem Mann reden. Das Leben erscheine ihr nur noch als ein Muss. Manchmal denke sie, ihr Mann habe es gut, dass er zuerst gestorben sei.

B: ... Wie schaffen Sie es denn, dass Sie trotz der Schwere nach dem Tod Ihres Mannes weiterleben?

A: Ja das hab ich mich auch schon gefragt.

B: Wenn Sie so mit Ihrem Mann am Grab reden, was sagt der Ihnen denn dann?

A: Da hab ich neulich einen Traum gehabt. Da saß der auf einem Stuhl und hat zu mir gesagt: „Das hast du gut gemacht." Da denk ich immer drüber nach, was der damit meint. Das weiß ich nicht.

B: Meint der damit eher, dass Sie gut machen, wie Sie jetzt leben, oder mehr etwas in Ihrer Vergangenheit?

A: Ich glaub eher jetzt. *(Sie erzählt dann, dass sie nette Nachbarn und auch Freunde habe, die nähmen sie öfter mal mit oder sie spielten zusammen. Und dann gehe es ihr auch gut.)* Ich könnt' doch auch mal alleine bummeln gehen. Ich mein' immer, ich müsst' jemand dabei haben, der mich berät. Wenn ich so weg gewesen bin, denk ich: „Du müsstest das öfter machen." Aber ich tu's nicht.

B: So ein guter Vorsatz genügt nicht?

A: Ja das reicht nicht.

B: Ist es denn immer so, dass Sie nur rumstarren, wenn Sie alleine sind? Gibt es denn auch mal Zeiten, wo Sie sich ein wenig besser fühlen, auch wenn Sie alleine sind?

A: *(erzählt daraufhin, dass Sie gerne Kreuzworträtsel löse, lese, dass sie Brieffreundinnen habe, dass sie an Ausflugsfahrten teilnehme, dass sie sehr gerne Fotoalben ansehe und am liebsten einen Videofilm, den ihr Mann gedreht habe. Da blühe sie auf. Leider könne sie das Videogerät nicht selbst bedienen, das müsse ihr Sohn machen. Sie erzählt dann weiter, dass sie am besten mit der Brieffreundin reden könne, die habe auch vor kurzem ihren Mann verloren.)* Die andern können einen nicht richtig verstehen. Das muss man selbst erlebt haben.

B: Ja. Ein Außenstehender wie ich kann das ja nur erahnen, wie es Ihnen geht ... Wie haben Sie denn jetzt unser Gespräch erlebt? Wie hat es Ihnen bis jetzt geholfen?

A: Ja jetzt fühl ich mich schon leichter. Wenn man mit jemand reden kann...

Probleme positiv umdeuten oder in einen sinnstiftenden Zusammenhang setzen

In Kapitel 2 ist das Arbeiten mit Umdeutungen und Umetikettierungen bereits beschrieben. In der Gesprächsführung setzen wir Umdeutungen ein, indem wir

- **bisherige negative Beschreibungen des Hilfesuchenden in positive umformulieren oder erweitern**, z. B.: *„Sie sind ent-täuscht. Sie lebten mit einer Täuschung und sehen jetzt klarer." „Sie wollen so nicht weiterleben" statt „Sie wollen nicht weiter leben".*
- **die Aufmerksamkeit auf die positiven Anliegen richten, die in der Äußerung von Problemen liegen.**

Fallbeispiele

Eine Anruferin kündigt ihren Suizid als ‚endgültigen Beschluss' an. Der Berater bewertet die Tatsache ihres Anrufs in einer solchen Situation als Ressource, als aktiven Schritt, mit einem wildfremden Menschen Kontakt aufzunehmen, um wenigstens noch jemandem zu sagen, was sie vorhat. Er gibt ihr daher Anerkennung dafür, dass sie nicht einfach so aus dem Leben scheidet, sondern vorher noch mal mit jemandem reden will. Er öffnet die Tür für die Erweiterung der suizidalen Einengung und die Suche weiteren Lösungen.

Eine Jugendliche sagt mit vehementer Stimme: „Auch Sie können mich nicht davon abbringen, dass ich mich umbringe!" Der Berater richtet die Aufmerksamkeit auf die Energie, die in ihrer Äußerung steckt – die aggressive Selbstbehauptung und erwidert anerkennend: „Da spricht ja ein starker Selbstbehauptungswillen aus dir! Du willst Dich nicht unterkriegen lassen." So besteht die Chance, ihre Selbstwahrnehmung zu erweitern und sie zu motivieren, für ihr Leben zu kämpfen.

Positive Umdeutung geschieht auch dadurch, dass man mit Hilfe von Erweiterungsfragen dazu einlädt, **das beklagte „Problem" in einen sinnstiftenden Zusammenhang zu setzen**, quasi das „Gute" am vermeintlich Schlechten zu (er-)finden und zu würdigen. Solche Fragen zum „Guten" im „Schlechten" erscheinen in der Regel zunächst sehr befremdlich. Damit Hilfesuchende sich überhaupt auf diese neue Perspektive einlassen, ist es nötig, die Fragen entsprechend einzuführen:
„Ich stelle Ihnen jetzt mal eine ziemlich verrückte Frage. Die könnte Sie aber vielleicht auf eine neue Idee bringen: Angenommen, irgendetwas wäre gut daran, dass Ihr Problem noch besteht, was könnte das sein?"
„Jedes Ding hat zwei Seiten. Man kann es so und so sehen. Was könnte die andere, vielleicht sogar gute Seite Ihres Problems sein?"
„Wozu könnte Sie Ihr Problem herausfordern? Was könnten Sie durch das Problem lernen?"
„Für wen in Ihrer Umgebung wäre es vielleicht sogar nützlich, dass das Problem besteht? Wer hätte was davon?"
Bei der Antwort sollte man sich nicht nur mit einer einzigen begnügen, sondern eine ganze Reihe von Möglichkeiten nennen lassen. Anrufer und Berater können dadurch verstehen, welches unbewusste positive Anliegen mit dem problematischem Verhalten befriedigt werden soll.

Übung (nach Kindl-Beilfuß 2008, 24 f.)

Nehmen Sie eine Ihrer „schlechten Verhaltensweisen" aufs Korn. Schildern Sie sie kurz in einer Dreiergruppe und lassen Sie sich dann mit folgenden Fragen interviewen. Zunächst wird das Problem geklärt.

- Was genau tun Sie, wenn Sie sich mit diesem Verhalten zeigen?
- In welchen Situationen tritt das mehr oder weniger auf? Wann gar nicht?
- Denken Sie an eine bestimmte Situation, in der das Problem auftritt: Was tun Sie? Was denken und fühlen Sie? Wie erklären Sie es sich? Wie bewerten und erklären es andere?
- Wer reagiert auf Ihr Verhalten wie? Welche Auswirkungen hat das auf Sie?

Nun werden von den Interviewpartnern neue Aspekte dazu gefügt:

- Angenommen, ein Teil Ihres Verhaltens ergäbe einen Sinn, welcher wäre das?
- Angenommen, Ihr Verhalten hätte eine nützliche Seite, welche können Sie sehen?
- Was wird eventuell durch dieses Verhalten gelöst oder stabilisiert? Was wird verhindert?

Werten Sie die Auswirkungen dieses Interviews gemeinsam aus.

Diese Übung erweitert in der Regel die Sicht persönlicher Probleme für die Teilnehmer. ◀

Gesprächsbeispiel „Klemmen zwischen Bleiben und Gehen"

Eine Frau sucht eine Erklärung für ihre Situation. Ihr Mann sei schwer erkrankt. Die Ehe sei für sie schon seit vielen Jahren unerträglich. Dennoch bleibe sie. Sie klemme zwischen Bleiben und Gehen. Sie sagt, sie suche ein Konzept, damit es ihr besser geht.

B: Ich hab da mal eine Frage, die für Sie vielleicht verrückt klingen mag. Sie leben ja immerhin mit diesem Mann über 30 Jahre zusammen. Was könnte denn gut daran sein, ihm so lange die Treue gehalten zu haben?

A: Ja vielleicht ... er ist mein Typ. Er sieht gut aus.

B Was noch?

A: Gewohnheit. Auch eine Sicherheit.

B: Was noch?

A: Ja, dass ich Verantwortung für ihn trage. Ich hab immer das Gefühl gehabt: Was kommen mag, wir packen das. Wir schmeißen den Laden.

B: Da ist also auch was gut für Ihren Mann?

A: Ja, der ist versorgt, nicht allein.

B: Und für Sie?

A: Ich will es einfach hinkriegen, dass es 'ne Klarheit gibt. Ich kämpfe. Ich will endlich wahrgenommen werden!

B: Sie kämpfen ums Wahrgenommen werden. Werden Sie diesen Kampf gewinnen?

A: Ich glaube nicht.

B: Dennoch kämpfen Sie – für etwas, was man eigentlich nur geschenkt bekommen kann.

A: Das ist wahr. Das stimmt. Das hab ich so noch gar nicht gesehen. Ich glaubte, ich müsste immer darum kämpfen.

B: Angenommen, Sie würden den Kampf ums Wahrgenommen werden aufgeben?

A: *(gehetzt)* Dann geht es an mein Leben!

B: Was meinen Sie damit?

A: Dann würde ich mir total leer vorkommen.

B: Dann hätten Sie das Gefühl, es gäbe nichts, was Ihr Leben füllt? Der Kampf war und ist für Sie also sehr wichtig?

A: Ja, da hab ich mich immer auch sehr vital gefühlt.

B: Ich habe den Eindruck, dass dieser Kampf ums Wahrgenommen werden was ist, was Sie sehr lange kennen.

A: Ja. Vielleicht wiederhole ich da was aus meiner Kindheit. Ich habe immer um die Liebe meiner Mutter gekämpft. Meine Mutter war ein absoluter Egoist. Sie hat mich nie wahrgenommen ...

B: Sie sagten, Sie suchen nach einem brauchbaren Konzept. Haben Sie den Eindruck, Sie sind mit Hilfe des Gesprächs dem ein Stückchen näher gekommen?

A: Ich denke schon. Das hat was mit dem Kämpfen zu tun. Das mit dem Kämpfen ums Gesehen werden macht mich nachdenklich, wenn man das nur geschenkt bekommen kann ...

Wie das Beispiel zeigt, wird der Sinnzusammenhang nicht durch den Berater vorgegeben, sondern angeregt durch seine Fragen im Nachhinein von der Anruferin selbst gefunden oder auch erfunden.

Zeitreisen in die Zukunft anbieten und den Blickwinkel auf die zukünftigen Auswirkungen des Problems erweitern

Bei diesen Zeitreisen nimmt man Zukunftsentwicklungen gedanklich voraus. Das ist besonders für Hilfesuchende wichtig, die die Auswirkungen eines momentanen Problemverhaltens ausblenden. Einen Alkoholiker z. B. könnte die Frage anregen: „*Wie lange werden Sie noch ihren Arbeitsplatz behalten?*" „*Wann wird sich Ihre Frau von Ihnen trennen, wenn es so weiter geht?*" Damit lenken wir die Aufmerksamkeit auf mögliche Folgen.

Arbeiten wir ressourcenorientiert, so verbinden wir mit der Zukunftsperspektive zugleich Bewältigungsideen. Schlüsselfragen dazu könnten z. B. sein: „*Stellen Sie sich einmal vor, Sie würden das nächste Jahr so weiter machen wie bisher. Wie wahrscheinlich wird es sein, dass Sie in einem Jahr Ihren Arbeitsplatz noch haben?*" „*Wie könnten Sie es schaffen, ihn möglichst zu behalten?*"
„*Stellen Sie sich vor, von heute ab ist ein Jahr vergangen und alles bleibt so, wie es jetzt ist. Wie wird Ihre Situation dann sein? Wie werden Sie es schaffen das auszuhalten?*"
„*Angenommen Sie sind zehn Jahre älter und schauen mit noch mehr Lebenserfahrung auf heute zurück. Was würden Sie sich selbst raten, was Sie jetzt tun sollten?*" „*Woran würden Sie merken, dass dieser Rat gut war?*"

Ähnlich wie bei den Bewältigungsfragen öffnen diese Fragen den Raum für das Gespräch über Herausforderungen und Lösungspotentiale der Hilfesuchenden, die man dann auf die momentane Situation anwenden kann.

Lösungsvisionen entwickeln und Ziele formen

Lösungsvisionen sind eine spezielle Form der Zeitreise in die Zukunft. Man lenkt die Aufmerksamkeit auf die gewünschte Erfahrung und präzisiert sie. Dazu lädt man die Hilfesuchenden ein, sich auf ihre Veränderungsziele zu konzentrieren. Die Berater helfen v.a. durch öffnende Erweiterungsfragen, aus diesen meist erst vagen Wunschbildern konkrete Ziele zu formen. Schon die rein gedankliche Beschäftigung mit der Lösungsvision setzt automatisch neurophysiologische Veränderungen in Gang mit entsprechenden Auswirkungen auf das Fühlen und Verhalten (s. Kap. 2).
Der **Einstieg** zur Entwicklung von Lösungsvisionen geschieht über die

- die **Frage nach Veränderungswünschen** („*Was würden Sie gerne ändern?*")
- die **Frage nach hypothetischen Lösungen** („*Was wäre für Sie anders, wenn ...?*" „Angenommen, unser Gespräch würde Ihnen (dabei) helfen, woran würden Sie das als erstes merken?" [21]
- **das Aufgreifen und Weiterentwickeln der** (oft von den Hilfesuchenden bereits beiläufig geäußerten) **Wünsche und Sehnsuchtsziele**

Beispiele

H: „Wenn ich doch wieder einen Freund hätte ..." „Wenn ich ruhiger sein könnte ..." „Wenn ich nicht mehr so dick wäre ..." „Wenn mein Mann sich wieder mehr Zeit für die Familie nehmen würde ..."

B: „Was wäre dann anders?" „Woran würde man Ihnen dann sonst noch anmerken, dass sich etwas verändert hat?" „Was würden Sie dann wieder mehr tun als bisher?" etc.

Die Aufgabe der Berater besteht darin, mit Hilfe solcher Erweiterungsfragen zusammen mit den Hilfesuchenden aus den meist vagen Wünschen und Visionen erreichbare und konkret vorstellbare Ziele zu formen.

Am besten beginnt man damit, sich die Vision an einem Beispiel oder mit dem Bild einer Metapher beschreiben zu lassen, je anschaulicher und konkreter, desto besser. Dazu helfen Fragen nach Verhaltensweisen, die man auch konkret beobachten kann. Man könnte sich die Lösungsvision wie eine Filmszene vorstellen. Mit dieser Vorstellung ermöglicht man leichter die Beschreibung der Vision aus einer Außenperspektive. Wie im Film könnte die Szene eine Überschrift haben, z.B. „*Ich werde Ruhe bewahren, wenn ich mit meiner Chefin über die Kündigung*

21 *In der Literatur lösungsorientierter Therapie und Beratung ist dieser Einstieg als sog. Wunderfrage bekannt (de Jong und Kim Berg 2003, Bamberger 2001)*

spreche." „Ich werde mir mehr Zeit für meine Familie nehmen." „Ich finde einen neuen Freund." „Ich werde selbstbewusster.".

Visionen sollten gemeinsam mit den Hilfesuchenden **in ihrer Sprache** formuliert werden. Dazu gleicht man sich an die Wortwahl, den Sprachgebrauch, wenn möglich gar an das Repräsentationssystem der Hilfesuchenden an (s. Kap. 5). Wenn jemand in Metaphern spricht, z. B. *„Ich möchte wieder mehr Luft bekommen", „... dann fühle ich wieder Boden unter den Füßen", „... dann komme ich wieder aus meinem Loch heraus"*, bietet es sich an, im Bild dieser Metaphern zu bleiben und darin die Lösungsvision weiter zu entwickeln.

Kriterien für das Formen von Zielen

1. Ziele müssen positiv vorstellbar formuliert und anschaulich sein

Man kann sich nur etwas anschaulich vorstellen, wenn man es auch **positiv formuliert**. Meist werden Veränderungswünsche als eine Verneinung von etwas beschrieben. Ein Problem soll weg sein oder nicht mehr sein. Das aber ergibt keine Vision der Alternative. Im Gegenteil: Wenn man sich intensiv vorstellt, *nicht* an die saure Zitrone oder den rosa Elefanten zu denken, weckt man den Geschmack oder das Bild bereits. Das, was man *nicht* will, entsteht bereits im Denken und Empfinden. Um jedoch Lösungsvisionen entstehen zu lassen, benötigt man Vorstellungen von dem dann alternativ Anwesenden, z. B. sich statt der Zitrone den Geschmack einer süßen Pampelmuse sinnlich vorstellen. So entsteht bereits das innere Bild des Gewünschten. Bei negativen Formulierungen helfen die Umformulierungen „Was wollen Sie *stattdessen* tun?" oder „Was können Sie *dagegen* tun?" *„Was soll an die Stelle dessen treten, was Sie nicht mehr wollen?"*, z. B. *„Ich werde mir in meiner Arbeit die Zeit nicht mehr so voll packen, sondern stattdessen darauf achten, wenn mein Körper signalisiert, dass ich eine kurze Pause machen soll."*

Beispiele

H: Ich möchte nicht mehr so pflichtbewusst leben. Nicht immer kämpfen.

B: Wie wollen Sie stattdessen leben?

H: Ich habe keine Lust mehr, mich jeden Tag anmachen zu lassen.

B: Wozu haben Sie Lust?

B: Was können Sie gegen die Anmache unternehmen?

2. Ziele müssen attraktiv sein

Formulierungen wie *„Ich sollte ..." „Ich müsste ..."* verraten, dass Hilfesuchende ein bestimmtes Ziel nur anstreben, weil sie es glauben zu müssen, weil sie einem inneren oder äußeren Antreiber folgen. Da ist es ratsam, nach dem Sinn und Zweck des Zieles zu fragen und dies auch zu hinterfragen: *„Was ist Ihnen daran wichtig?“ „Was möchten Sie damit für sich selbst erreichen?“ „Was spricht für, was gegen ein solches Ziel?“ „Wer hat was davon?“*

Beispiele

H: Ich denke, ich müsste mehr Sport treiben.

B: Wie reizvoll ist das für Sie? ... Was haben Sie davon?

A: Ich sollte mich weniger aufregen, wenn ...

B: Sie sollten? ... Wenn‘s nach Ihnen ginge, was würden Sie am liebsten tun?

Solche Infragestellungen können verunsichern, dienen jedoch der Klärung von Zielen, für die man sich auch motiviert einsetzt. Das ist insbesondere wichtig im Rahmen motivierender Gesprächsführung bei Hilfesuchenden mit ambivalenten Zielen. Hilfesuchende befinden sich in einem Ambivalenzkonflikt und schwanken zwischen einerseits – andererseits. Sie möchten sowohl das eine als auch das andere, z. B. aus der Problemsituation flüchten, aber auch ihr standhalten. Ambivalenzkonflikte sind typisch bei Genussmittelmissbrauch. Unentschiedene Abhängige leiden einerseits unter ihrer Sucht. Eine Seite in ihnen will aufhören, die andere profitiert von dem Suchtmittel. Solche Ambivalenzen gilt es wertzuschätzen. Jede Seite vertritt ein berechtigtes Anliegen. Es ist, wie wenn man mit mehreren Personen in einer Familie oder einem Team spricht, die zusammenarbeiten müssen, um als Ganzes zu überleben. Bei solchen inneren Konflikten ist es ratsam, sich sowohl mit dem einen als auch dem anderen Veränderungsanliegen der jeweiligen Teilpersönlichkeit des „inneren Teams“ zu beschäftigen, um danach Kompromisse oder Kooperationsmöglichkeiten auszuloten.[22]

3. *Ziele müssen erreichbar und von den Hilfesuchenden direkt beeinflussbar sein*

Häufig benennen Hilfesuchende Ziele, die nicht direkt erreichbar sind wie z. B. *„Ich werde dann ruhiger ...“ „Ich möchte meinen Arbeitsplatz behalten“ „Mein Sohn soll wieder zugänglicher werden.“*. Ziele sind aber nur erreichbar, wenn sie durch eigenes Handeln beeinflussbar sind, also eigener Kontrolle unterliegen. Dazu müssen sie sich auf *eigenes* Handeln oder Denken beziehen. Weder Gefühlszustände noch körperliche Empfindungen, weder Lebensumstände noch andere Personen lassen sich direkt beeinflussen. Man kann nur sein Denken darüber und

22 *Mehr zur Arbeit mit dem „Inneren Team“ oder der „inneren Konferenz“ siehe Schultz von Thun 1999 oder G. Schmidt 2004. Zur motivierenden Gesprächsführung bei Suchtproblematik siehe Miller und Rollnick 2004*

sein Verhalten dazu verändern. Dadurch können sich indirekt Gefühle, Empfindungen und Beziehungen verändern. Es muss also deutlich werden, was man *selbst* bei sich ändert oder ändern kann. Folgende Fragen können dafür hilfreich sein: *„Ist das zu schaffen?" „Wie ist das zu schaffen?" „Was werden Sie dazu tun?"*

Beispiele

H: Ich möchte leichter leben.

B: Wie kann das aussehen, obwohl Sie wissen, dass Sie bald noch weniger Geld haben ...

H: Meine Frau und ich, wir sollten mal in Ruhe miteinander reden.

B: Wie können Sie das schaffen? ... Was können *Sie* dazu beitragen? Für wie wahrscheinlich halten Sie es, dass Ihre Frau sich dafür Zeit nimmt?

4. *Ziele müssen auf eine konkrete Situation bezogen und anschaulich beschrieben sein*

„Ruhig sein können" in allen Lebenssituationen macht z. B. keinen Sinn, wenn man schnell reagieren muss, oder „sich mehr Zeit für die Familie nehmen" müsste noch genauer beschrieben werden in Bezug auf den Zeitpunkt, die Situation, die Häufigkeit oder Intensität etc. Wie bei einem Film muss die Szene in einer bestimmten Situation bzw. bei bestimmten äußeren Gegebenheiten stattfinden und anhand von Mimik, Gestik, Handlungen und Dialogen (äußeren wie inneren, etwa in Form von Denkblasen) genau beobachtet werden können. Ausgehend von der Überschrift der Vision lädt man also mit Hilfe von Fragen zu einer detaillierteren Beschreibung ein, so als ob man das Gewünschte von außen beobachten könnte. Man erkundet z. B., woran als erstes eine gewünschte Veränderung erkennbar ist oder was man als erstes tun will, wer die Ko-Akteure sind, wie es dann weitergeht, wie die anderen darauf reagieren etc. Darüber hinaus kann man die Szene wie im Film mit einer bestimmten Hintergrundmusik oder -farbgebung belegen. Dadurch bleibt sie noch besser im Gedächtnis. Beispielhafte Fragen sind: „Woran ist Ihr Ziel erkennbar?" „An welche Situation denken Sie?" „Wie kann ich mir das vorstellen?" „Wer tut was, wann, wo, wie ...?"

5. *Erreichbare Ziele brauchen kleine Schritte*

Ziele sind umso eher erreichbar, je kleiner sie sind. Es geht um **kleine Schritte**. Große – und damit utopische – Visionen sollte man auf konkrete Veränderungen des Verhaltens und Denkens herunterbrechen, die man in nächster Zeit auch erreichen kann. Kleine und kleinste Änderungen, minimale Unterschiede genügen auf dem Weg des Lösungsprozesses, denn kleine Änderungen bewirken große Veränderungen (Kap. 2). Wenn Hilfesuchende große Ziele angeben, wäre es also günstig, nach dem nächsten kleinen Schritt darauf hin zu fragen: *„Woran als erstes können Sie das erkennen?" „Was ist der nächste kleine Schritt?"*

Beispiel

H: Ich will leichter leben.

B: Woran würden Sie als erstes merken, dass Sie ein kleines bisschen leichter leben?

H: Ich will mit dem Trinken aufhören.

B: Was wäre der erste winzig kleine Schritt zu diesem Ziel, den Sie in den nächsten Tagen schaffen können?

Fallbeispiel „Das geht mir links an der Schulter vorbei"

Eine Alleinerziehende klagt darüber, dass sie es müde sei, mit dem von ihr geschiedenen Vater ihres Kindes um das Umgangsrecht zu kämpfen. Er käme mit immer neuen Ansprüchen, obwohl er keinen Unterhalt zahle. Sie sei inzwischen die vielen Rechtsstreitigkeiten leid. Auf die Frage nach dem Ziel der Beratung sagt sie, sie wolle „zum Wohl des Kindes" als auch um sich sinnlose Gerichtskosten zu ersparen einen anderen Weg finden, mit dieser Situation umzugehen **(Ziel ist attraktiv)**. Sie möchte auf „gesunde Art" mit der Situation umgehen. Sie möchte auf die Ansprüche des Kindsvaters nicht mehr so wütend reagieren. Sondern stattdessen? – fragt der Berater. Sie wolle gelassen bleiben, wenn sie mit ihm telefoniere **(Ziel wird positiv formuliert)**. Der Berater äußert sich zunächst skeptisch darüber, ob „gelassen bleiben" in einer solchen Situation überhaupt möglich sei. Was sie dazu beitragen könne, gelassen zu bleiben, wenn ihr Ex-Mann mit Ansprüchen komme, wenn das überhaupt ginge – und wie er sich das vorstellen könne **(Ziel wird auf Erreichbarkeit und Beeinflussbarkeit geprüft)**? Erst kürzlich habe sie das bei sich zu ersten Mal erlebt, sagt die Frau. Sie sei müde gewesen, als der Anruf kam. Dann habe sie sich gesagt, sie wolle seine Forderungen „nicht an ihr Herz heranlassen". Sie sei ihm im Gespräch entgegengekommen statt mit ihm zu kämpfen. Ihr Rückzug sei letztlich besser gewesen als der Kampf wie bisher. Es sei ihr gleich viel besser gegangen **(Ziel wird auf eine konkrete Situation bezogen)**. Ob sie diese Erfahrung vermehren wolle, fragt der Berater? Nach ihrer Zustimmung lädt er sie ein, bei dem Bild „die Forderungen nicht an das Herz heran lassen" zu bleiben und zu beschreiben, wie er sich das anschaulich vorstellen könne. Wohin die Forderung denn stoße, wenn nicht an das Herz? Wohin dann? **(Ziel wird anschaulich beschrieben)** „Links an mir vorbei", sagt die Frau spontan und macht eine Handbewegung über ihre linke Schulter. „Links über die Schulter". Diese Formulierung und Geste gefallen ihr gut, die kenne sie aus ihrer Kindheit, wenn man sagte, ein Anspruch berührt einen nicht. Mit diesem Bild könne sie gut in das nächste Gespräch mit ihrem Ex-Mann gehen. Das Gespräch endet mit der Anregung, die befürchtete Gesprächssituation ausgerüstet mit der Handbewegung „es geht links an mir über die Schulter vorbei" im Rollenspiel mit ihrem Bruder zu üben **(Ausblick wird angeregt)**.

6. Ziele sollen in ihrer Wirkung sozial bekömmlich sein

Veränderungen finden immer in einem Beziehungssystem statt und rufen erwünschte oder auch unerwünschte Reaktionen anderer hervor. Nicht selten ziehen Veränderungen Folgen nach sich, die man vorher gar nicht bedacht hat. Solche mutmaßlichen Reaktionen, Interaktionen und Folgen erkunden wir durch weitere hypothetische Fragen nach Auswirkungen der gewünschten Veränderung in den relevanten Beziehungen. Beispielhafte Fragen: *„Wer wird wie reagieren, wenn Sie ... tun?" „Welche Folgen hat das für Sie?"*

Beispiel

H: Wenn ich in das Fitnessstudio gehe, bekomme ich so richtig Abstand von dem Stress zu Hause.

B: Welche Folgen hat das, wenn Sie wieder nachhause kommen? Wie wird Ihr Sohn reagieren, wenn sie an mehreren Abenden die Woche dann nicht zu Hause sind? Wie ihr Mann? Was wird sich noch ändern? Was wird vielleicht schwerer?

7. Nutzen und Preis der Veränderung müssen bedacht sein

Eventuell merken Hilfesuchende durch das konkrete Nachdenken über ihre Lösungsvisionen, dass durch die gewünschte Änderung neue Probleme und Herausforderungen auftauchen könnten, die eine Lösung wieder vereiteln oder die Situation möglicherweise sogar verschlimmern könnten. Dies hätte zur Folge, dass man sich konkret auf die Bewältigung der neuen Herausforderung einstellen muss oder aber seine Ziele ändert. Bei einer Änderung des Bisherigen muss man also immer auch bedenken, welchen Preis man für eine Änderung zu bezahlen bereit ist. Diese Klärung ist wesentlicher Bestandteil der Arbeit mit Lösungsvisionen. Hilfesuchende und Helfer lernen dadurch zu verstehen, weshalb jemand, obwohl er unter etwas leidet, sich manchmal lieber entscheidet, jetzt *noch nichts* daran zu ändern. Gerade das kann eine wichtige neue Erkenntnis sein, die das Problem auflöst, denn ohne einen Änderungswunsch gibt es auch kein Problem. (Siehe Kasten: Innere Landkarte des Problemerlebens und -verhaltens S. 37). Beispielhafte Fragen sind: *„Was wären Sie bereit aufzugeben, wenn Sie das tun, was sie vorhaben?" „Was ist Ihr Nutzen und welchen Preis würden Sie dafür bezahlen?"*
Das Ziel bei der Entwicklung von Lösungsvisionen ist also nicht unbedingt, dass die angestrebten Veränderungen tatsächlich umgesetzt werden. Es handelt sich vielmehr um einen offenen Prozess der Klärung und Präzisierung eigener Veränderungswünsche, der u. U. eine ganz neue Sicht auf das Problem und auf gänzlich andere Lösungsperspektiven eröffnet.

Beispiel

Wenn eine allein erziehende Mutter ihr erwachsenes ‚Sorgenkind' weniger bemuttert und dieses dann vielleicht auszieht, wird sie möglicherweise mit Einsamkeit konfrontiert, mit der sie vorher nicht gerechnet hat. Dann könnte es für sie darum gehen, erst mal eigene Beziehungen neu zu knüpfen.

Anhaltspunkte zum Formen von Zielen	Beispielhafte Fragen des Beraters
Schlüsselfragen nach dem erwünschten Ziel des Hilfesuchenden	Was würden Sie gerne für sich durch das Gespräch mitnehmen? Was sollte / was könnte bestenfalls für Sie herauskommen? Angenommen unser Gespräch würde Ihnen weiter helfen, was wäre dann die erste kleine Veränderung, an der Sie es morgen erkennen könnten?
Positiv vorstellbar formuliert	Was werden Sie *stattdessen* tun? Was könnten Sie dagegen setzen?
Attraktiv	Was ist Ihnen an diesem Ziel wichtig? Was möchten Sie damit für sich selbst erreichen? Was spricht dafür, was gegen ein solches Ziel? Wer hat was davon?
Erreichbar und beeinflussbar	Was werden Sie dafür tun? Wie können Sie das beeinflussen? Ist das zu schaffen? Wie ist das zu schaffen? Wenn das nicht geht, was könnten Sie stattdessen schaffen?
Situationsbezogen, anschaulich, konkret als Szene mit beobachtbaren Interaktionen oder als Metaphern	Woran ist Ihr Ziel erkennbar? An welche Situation denken Sie? Wie kann ich mir das vorstellen? Wer gehört zu dieser Situation dazu? Wer tut was, wann, wo, wie ...? Woran würde ... merken, dass Sie in dieser Situation dabei sind sich zu verändern? Bei Metaphern: Beschreiben Sie mir das Bild. Wie kann ich mir das vorstellen? Welche Musik oder welche Farbe fällt Ihnen zu Ihrem Bild ein?
Sich entwickelnd in kleinen Schritten oder als Prozess	Woran in den nächsten Tagen würden Sie als erstes eine Veränderung merken? Was wäre der nächste kleine Schritt? Was werden Sie als erstes umsetzen?
Sozial bekömmlich	Wer wird wie reagieren, wenn Sie ... tun? Welche Folgen hat das für Sie? Was wird vermutlich besser, was eventuell schwieriger werden? Welche neuen Herausforderungen kämen auf Sie zu?
Nutzen und Preis der Veränderung bedacht	Was wären Sie bereit aufzugeben, wenn Sie tun, was sie vorhaben? Was ist Ihr Nutzen und welchen Preis würden Sie dafür bezahlen?

In der niedrigschwelligen Beratung reicht es oft schon, einfach ein paar dieser Kriterien anzusprechen und Fragen dazu zu stellen, um Lösungsvisionen zu entwickeln bzw. über die Reflexion möglicher Folgen die Suche nach neuen Zielen zu ermöglichen.

Gesprächsbeispiel „Sorge um die Tochter"

Eine Mutter hat Sorge um ihre 13-jährige Tochter. Diese schlafe seit einiger Zeit schlecht und habe unerklärbare Ängste vor einer Krankheit oder träume, ein böses Tier zu werden. Die Mutter habe bereits Gespräche mit einer Psychologin geführt, aber das würde auch nichts helfen. Die Frau glaubt, dass die Symptome der Tochter mit ihrer angespannten Ehe zu tun hätten. Ihr Mann und Vater des Kindes verhalte sich unberechenbar und gering schätzend ihr und ihrer Tochter gegenüber. Mit dem gemeinsamen Sohn gebe es keine Probleme. Aus Rücksicht auf ihre Kinder wolle sie auf keinen Fall etwas an ihrer Ehesituation ändern.

B: Sie sagten, Sie wollten an Ihrer Ehe momentan nichts ändern. Was würde das für Ihre Tochter bedeuten?

H: Die leidet wohl doch sehr darunter.

B: Sie sagten vorhin, Ihnen sei die Rücksicht auf die Kinder sehr wichtig. Da zeigen Sie sich ja als verantwortungsbewusste Mutter, der v. a. das Wohl ihrer Kinder am Herzen liegt. Wenn wir mal nur an das Wohl Ihrer Tochter denken, was wäre dann für Sie selbst in der jetzigen Situation zu entwickeln zu deren Wohl?

H: Mehr Selbstbewusstsein glaube ich.

B: Das hört sich gut an. Das könnte so etwas sein wie eine Überschrift. Woran wäre denn Selbstbewusstsein bei Ihnen ganz konkret zu merken?

H: (schweigt kurz) Das ist gar nicht so leicht.

B: Woran würde beispielsweise Ihre beste Freundin im Laufe der nächsten Woche erkennen, dass Sie bereits ansatzweise ein klein wenig mehr Selbstbewusstsein gezeigt haben, in welchen Situationen?

H: Ja ich könnte alleine weggehen.

B: Woran noch?

H: Ich könnte die Prahlerei meines Mannes übergehen, mehr auf mich selbst gucken. Ich würde nur mit ihm schlafen, wenn ich es auch möchte.

B: Angenommen Sie würden beginnen, ein wenig mehr Selbstbewusstsein zu zeigen, so wie Sie das geschildert haben, wie würde das auf Ihre Tochter wirken?

H: Ich glaube das würde ihr gut tun.

B: Wie meinen Sie das, würde ihr das gut tun?

H: Ich glaube die hält sich sehr an mich und ist verunsichert.

B: Dann hätte sie so etwas wie ein Vorbild, wie man sich schützt?

H: Ja ich glaube, die braucht eine stärkere Mutter.

B: Was wäre der Preis, wenn Sie so mehr Selbstbewusstsein Ihrem Mann gegenüber zeigen?

H: (erschrocken) Dann würde ich bald alleine dastehen.

B: Sie denken dann auch an eine mögliche Trennung.

H: Ja, und davor habe ich Angst.

Das Gespräch geht weiter über ihre nachvollziehbare Angst und den Preis einer jeden Veränderung. Wenn sie eine „stärkere Mutter" sein wolle, müsse sie auch damit rechnen, ohne ihren Mann leben zu müssen. Wenn sie also zum Wohl ihrer Tochter mehr Selbstbewusstsein entwickeln möchte, bedeute das auch Vorsorge zu treffen, z.B. für finanzielle Absicherung zu sorgen und sich auf einen mühsamen und unangenehmen Weg einzulassen. Ob sie das wirklich wolle? Die Frau sagt, sie habe nun ein neues Thema für weitere Gespräche mit ihrer Psychologin.

▸ **Übung „Ziele entwickeln"** (nach Schmitz 2009, 45)

Diese Übung können Sie für sich selbst durchführen oder Sie lassen sich dazu interviewen.

1. Nennen Sie für sich ein negativ formuliertes Ziel:
   Wovon möchten Sie in Zukunft weniger tun? Was möchten Sie in Zukunft nicht mehr tun? Was soll in Zukunft nicht mehr so sein?
2. Formulieren Sie dieses Ziel positiv und damit vorstellbar um. Denken Sie dabei an eine ganz konkrete Situation:
   Was möchten Sie stattdessen tun? Was möchten Sie mehr? Was soll in Zukunft wie sein?
3. Nennen Sie einen ersten kleinen Schritt auf dem Weg zu diesem Ziel, der leicht fällt und bald getan werden kann.
4. Überlegen Sie die mutmaßlichen positiven sowie negativen Folgen für den Fall, dass Sie diesen Schritt tun:

   Wie werden Ihnen wichtige Personen auf diesen Schritt vermutlich reagieren? Welche Folgen hat das für Sie? Welche neuen Herausforderungen könnten dann auftauchen? Was wären Sie bereit für die Veränderung in Kauf zu nehmen? ◂

▸ **Übung „Lebenstraum"**

Stellen Sie sich vor, Sie seien Drehbuchautor und müssten eine genaue Vorlage für eine Filmszene geben. Suchen Sie sich eine Person, die bereit ist, sich über einen „Lebenstraum" von Ihnen interviewen zu lassen. Mit Lebenstraum ist hier ein Handeln gemeint, was diese Person schon länger plant umzusetzen, aber bisher noch nicht realisiert hat. Beginnen Sie zunächst mit der Frage, was diese Person gerne realisieren möchte und halten Sie den Titel der Szene fest. Anschließend beginnen Sie mit Ihrem Interview. Achten Sie dabei darauf, dass Sie so genau

nachfragen müssen, dass Sie danach auch die Szene mit ihren Personen, Dialogen und Handlungen sowie die Situation, in der sie spielt, genau beschreiben können. Gehen Sie dabei nacheinander die sieben Kriterien zum Formen von Zielen durch (Kasten S. 177) und stellen Sie entsprechende Fragen.
Werten Sie anschließend Ihre Erfahrungen gemeinsam aus. ◂

Entdecken und Nutzen positiver Ausnahmen des Problems

Kein Problem ohne Ausnahme! Ausnahmen sind Erinnerungen an Erfahrungen, in denen ein erwünschtes Verhalten schon ansatzweise willkürlich oder unwillkürlich verwirklicht worden ist. Dazu zählen auch kleinste Unterschiede, z. B. mal eine etwas bessere Stimmung (bei Depressionen) oder etwas weniger gegenseitige Vorwürfe als sonst (in der Partnerschaft). Fragt man gezielt danach, stellt man fest, dass viele Hilfesuchende bereits Erfahrungen gemacht, die ihren Lösungsvisionen zumindest sehr nahe kommen. Ausnahmen sind unbewusst funktionierende oder nicht erinnerte Lösungen. Diese gilt es bewusst zu machen, damit sie als Ressource für das willkürliche Verhalten genutzt werden können.

Die Frage nach der Ausnahme bietet sich an,

- wenn der Hilfesuchende schon ein Ziel für sich selbst formulieren kann (im Anschluss an das Erarbeiten einer Lösungsvision), um dies mit seiner Erfahrung in der Vergangenheit zu verknüpfen.
- oder wenn man davon ausgeht, dass ein Problem nicht immer auftritt und der Hilfesuchende sich schwer tut, eine Lösungsvision, ein Ziel für sich zu formulieren.

Für das Arbeiten mit Ausnahmen empfiehlt sich ein strukturiertes Vorgehen:

1. ***Schlüsselfrage stellen***

- ***wenn man davon ausgeht, dass ein Problem nicht immer auftritt***
  „Wann in den letzten Wochen waren Sie mal weniger bedrückt, vielleicht nur ein kleines bisschen weniger?"
  „Sie sagen, meist sind Sie in solchen Situation ängstlich. Was ist anders, wenn Sie etwas weniger ängstlich sind?"
  „Manchmal geht es Ihnen ein wenig besser. Was ist da anders?"
- ***im Anschluss an eine Lösungsvision***
  „Wann haben Sie ein klein wenig schon die Erfahrung gemacht, dass es so ähnlich war, wie Sie es sich gerade vorgestellt haben?"
  „Wann in der letzten Zeit ist schon ein klein wenig geschehen von dem, was Sie sich vorgenommen haben?"
  „Wann tun Sie bereits etwas von dem, was Sie erreichen wollen?"

Durch solche Fragen wird ein Suchprozess eingeleitet, der meist zu einer konkreten Erzählung über ein Ausnahmeerlebnis führt. Nur selten findet jemand nichts.

Wenn es jemandem nach seinen Worten immer gleich schlecht geht, lohnt es sich, trotzdem nach feinsten Unterschieden im Problemdunkel zu suchen. Auch diese können für das Anstoßen einer Lösungstrance genutzt werden.

2. ***Leistung der Ausnahme würdigen***

   „Das find' ich toll. Obwohl Ihre Situation ja wirklich sehr schwierig ist, verstehen Sie es doch, sich hin und wieder aufzuraffen."
   „Obwohl es für Sie erst mal so schien, als ob es Ihnen immer gleich schlecht ginge, gab es doch kurze Momente, wo es Ihnen ein klein wenig besser ging."

3. ***Ausnahme im Unterschied zum Problemerleben möglichst anschaulich und genau beschreiben und erkunden***

- Fragen nach der Situation und den Handlungen der Beteiligten
  „An welche Situation denken Sie?" „Was war da genau anders als sonst?" „Was haben Sie getan, was Sie sonst so nicht tun?" „Wie haben andere Sie wahrgenommen?" „Woran haben Sie /haben andere gemerkt, dass etwas anders war?" „Wer hat nichts gemerkt?"

- Fragen nach den Auswirkungen der Ausnahme
  „Wie hat Ihr Mann darauf reagiert?" „Wie hat Ihnen das genützt?" „Was mussten Sie in Kauf nehmen?" „Wie hat sich das für Sie zuhause ausgewirkt?"

- Fragen nach (unterschiedlichen) Bewertungen dieser Ausnahme
  „Wie haben Sie das empfunden?" „Wie hat Ihr Mann das empfunden, dass Sie an diesem Abend mit Ihrer Freundin ausgegangen sind, als Fortschritt oder eher als Gefahr oder noch anders?"

- Fragen nach der Erklärung der Ausnahme
  „Wie erklären Sie sich, dass es Ihnen vorgestern besser ging? Lag es an Ihren Medikamenten, haben Sie den Tag irgendwie anders begonnen als sonst, lag's an Ihrer Frau oder war es einfach Zufall?"

4. ***Ausnahme zur Bewältigung der momentanen Problemsituation nutzen***
   Wie, hängt von der jeweiligen Erklärung der Ausnahme ab:

- ***Bei willkürlich hergestellten Ausnahmen: Möglichkeiten vermehren***
  „Wie könnten Sie es schaffen, solche Erfahrungen auch in der Zukunft zu wiederholen?"
  „Was davon, was Sie bereits im Kleinen angefangen haben, könnten Sie vielleicht für jetzt nutzen" ...könnten Sie sogar noch ausbauen?"

- ***Bei spontanen zufälligen Ausnahmen: Zur Selbstbeobachtung einladen***
  „Achten Sie in den nächsten Tagen einfach einmal genau darauf, wann eine solche Ausnahme wieder auftritt. In welcher Situation tritt sie auf? Was ist sonst noch anders? Vielleicht entdecken Sie dabei, was Sie möglicherweise selbst dazu beitragen, dass eine solche Ausnahme erneut auftritt."

Übung

In einem Rollenspiel schildert die Hilfe suchende Person kurz eine Problemsituation. Die beratende Person hört zunächst einfach zu und versucht sich in die Problemsituation empathisch hinein zu fühlen (ca. 5–10 Minuten). Danach versucht die Beratende die Hilfesuchende einzuladen, die Aufmerksamkeit auf eine Ausnahme des Problems zu lenken und diese wie oben genau zu erkunden (ca. 10 Minuten). Tauschen Sie sich im Anschluss gemeinsam über die unterschiedlichen Wirkungen beider Vorgehensweisen aus.

Wie bei der Arbeit mit Lösungsvisionen genügen im niedrigschwelligen Beratungsgespräch bereits ein paar dieser Fragen nach der Ausnahme, um den Lösungsprozess in Gang zu bringen, wie folgendes Beispiel zeigt:

Fortsetzung des Beratungsbeispiels „Klagende Mutter“ aus Kapitel 8. S. 148ff

Die Hilfesuchende hat noch keine Idee, wie sie besser mit der belastenden Situation zuhause umgehen könnte.

B: ... Möchten Sie, dass ich Ihnen dabei helfe, wie Sie Ihre Tochter noch besser beaufsichtigen können, oder wie Sie es besser aushalten können?

H: Das zweite. Ich möchte es aushalten können. Aber das ist nicht das richtige Wort.

B: Ja was wäre es denn, was Sie sich wünschen?

H: Das weiß ich nicht so recht.

B: Gab's da mal schon was, wo Sie gemerkt haben, dass Ihnen was in der momentanen Situation gut tut, es Ihnen leichter macht?

H: Ich hab da vor einiger Zeit angefangen, in ein Fitness-Studio zu gehen. Erst hab ich gedacht, ich bin nur ein Wrack. Aber dann habe ich mich körperlich richtig gut gefühlt.

B: Sie haben sich körperlich gut gefühlt. Und wie hat sich das zuhause ausgewirkt, wenn Sie wieder in den Schlamassel zurückkamen?

H: Ich hab mich gefühlt, wie wenn ich einen Moment abgehoben habe. Das war wie so ein Lichtblick: Ich mach' was für mich und das nützt nur mir. Das hab' ich bisher nie so gemacht. Immer nur was für andere.

B: Und wie hat das Ihnen geholfen, dass es Ihnen leichter wurde?

H: Ich hab mich nicht mehr so ausgeliefert gefühlt.

B: Was war stattdessen da?

H: Ja ich hab' das Gefühl gehabt, selbst was kontrollieren zu können *(Ihr Gesicht erhellt sich. Stimme klingt innerlich berührt)*. Die Probleme haben mich nicht mehr so heruntergezogen. Ich hab' einfach dazu Abstand gehabt.

B: Das freut mich richtig für Sie, dass Sie das geschafft haben.

H: Ja. Aber dann hab' ich Probleme mit dem Rücken gekriegt und jetzt weiß ich gar nicht, ob ich das fortsetzen kann.

Auch wenn der Höhenflug der gefundenen Lösung in diesem Beispiel durch unerwartete Folgen ein jähes Ende fand, so ist doch zumindest klar geworden, dass es der Frau hilft, einen Abstand zum familiären Problemfeld zu bekommen, und dass sie dadurch das Gefühl bekommt, *selbst* etwas kontrollieren zu können. Da die gefundene Ausnahme einen Haken hat (Rückenprobleme), könnte man die Hilfesuchende nun einladen, auf die Suche nach weiteren Möglichkeiten der äußeren wie inneren Distanz zu gehen. Damit würden weitere Lösungsmöglichkeiten eröffnet.

Unterstützung im Umfeld in Anspruch nehmen

Vielen Hilfesuchenden reicht ein einmaliges Gespräch, um mit Hilfe von neuen Anregungen wieder alleine zurechtzukommen. Manchmal ist es jedoch auch ratsam, auf weitergehende Hilfen hinzuweisen und dafür zu werben, diese in Anspruch zu nehmen. Dann ist das Gespräch nur der Einstieg zu weiterer Hilfe, z. B. für den Gang zur Beratungsstelle, zur Selbsthilfegruppe, zum Arzt oder zum Gespräch mit einer Vertrauensperson im persönlichen Umfeld. In solchen Fällen ist es wichtig, auf geeignete Einrichtungen und Personen möglichst detailliert hinzuweisen und deutlich zu machen, was dort realistisch erwartet werden kann. Hilfesuchende, die sagen: *„Ich könnte da ja mal hingehen ...“*, gehen erfahrungsgemäß nicht hin. Auf solche vagen Äußerungen sollte man eingehen, indem man die darin steckenden Bedenken anspricht: *„Vielleicht gibt es etwas, was Sie zögern lässt ...?“* Indem man die Bedenken ernst nimmt (etwa die Ängste, die damit verbunden sind, aus der Anonymität zu treten, oder die Scham als verrückt zu gelten), sachgerechte Informationen gibt und das Gespräch darüber anbietet, wie die Blockaden vermindert werden könnten, motiviert man Hilfesuchende, notwendige Hilfe auch in Anspruch zu nehmen. Der Hinweis auf ein weiteres Gesprächsangebot ist nur dann sinnvoll, wenn andere Einrichtungen nicht besser geeignet sind, (jetzt) zu helfen, und wenn der Berater die Hilfesuchenden nicht braucht, um durch ‚Gesprächserfolge' sein eigenes Selbstwertgefühl zu heben.

Ausblick anregen

Wichtig ist, dass beim Gespräch immer die Frage im Blick bleibt: Wie hilft das Besprochene konkret, anstehende Herausforderungen in der Zukunft (vielleicht schon in den nächsten Stunden, Tagen) zu bewältigen? Gespräche über Vergangenes, Kindheitserlebnisse usw. ohne diesen Bezug machen keinen Sinn.

Bevor man das Gespräch beendet, sollte man daher über die konkreten Konsequenzen des Besprochenen reden bzw. die Frage weiterer Unterstützung von sich aus ansprechen. Eine (wenn auch nur kleine) Verhaltensänderung zieht u. U. Folgen nach sich, die Hilfesuchende nicht übersehen. Wenn man sie einlädt, die Ereignisse der folgenden Stunden oder Tage konkret zu phantasieren, kann es ihnen helfen, sich einen Plan zu machen, wie sie sich verhalten werden (eine Art Geländer).

Fallbeispiel

Ein Alkoholiker entscheidet sich z. B., heute nichts zu trinken. Man könnte ihn fragen: „Wie werden Sie den heutigen Abend ohne Alkohol verbringen?" „Was müsste passieren, damit Sie wieder in Versuchung geraten?" „Was würden Sie dann tun?"

Besonders wichtig ist die Planung der allernächsten Zukunft bei Suizidgefährdeten (näheres dazu in Kap. 11).

Zusammenfassung: Lösungsorientierte Gesprächsführung beim Wunsch nach Veränderung / Problemklärung und -lösung

Das folgende Modell verdeutlicht die Möglichkeit lösungsorientierten Arbeitens in vier Schritten durch gezieltes Ausrichten der Aufmerksamkeit auf erwünschtes Erleben / Verhalten und mit Hilfe von Zeitreisen in Vergangenheit, Gegenwart oder Zukunft.

Zu Gesprächsbeginn holen wir den Hilfesuchenden in seinem gegenwärtigen Problemerleben (1) ab, indem wir mitfühlend und wertschätzend auf ihn eingehen und andocken, wie es ausführlich in Kap. 5 dargestellt ist. Ist eine gute Gesprächsbeziehung hergestellt (1) und besteht der Wunsch nach Veränderung und Problemlösung, laden wir den Hilfesuchenden ein, seine erwünschten Erfahrungen in der Zukunft als Lösungsvisionen möglichst konkret und anschaulich zu entwickeln (2). Dann lenken wir die Aufmerksamkeit auf die Vergangenheit der letzten Tage und Wochen, um Ausnahmen des Problems zu finden (3). Wenn es einem Hilfesuchenden nicht gelingt, anschauliche und konkrete Lösungsvisionen zu entwickeln, widmen wir uns besser gleich den Ausnahmen des Problems (3) und umgehen den Schritt in die Zukunft (2). Ebenso kann die Erkundung bereits vorhandener Lösungstendenzen und -kompetenzen durch Bewältigungsfragen direkt von (1) zu (3) führen. Ist eine Problemausnahme anschaulich geworden und sind die Unterschiede zum Problemerleben deutlich geworden, können wir den Hilfesuchenden dazu ermutigen, die erwünschte Erfahrung in der Vergangenheit für das erwünschte Erleben / Verhalten in der Gegenwart zu nutzen. Dazu lenken wir die Aufmerksamkeit auf den nächsten kleinen Schritt (4), geben Verhaltens- oder Beobachtungsempfehlungen oder nehmen vorweg, wie der Hilfesuchende mit Hilfe der entdeckten Potentiale die auf ihn zukommenden Ereignisse der nächsten Tage oder Wochen bewältigen könnte.

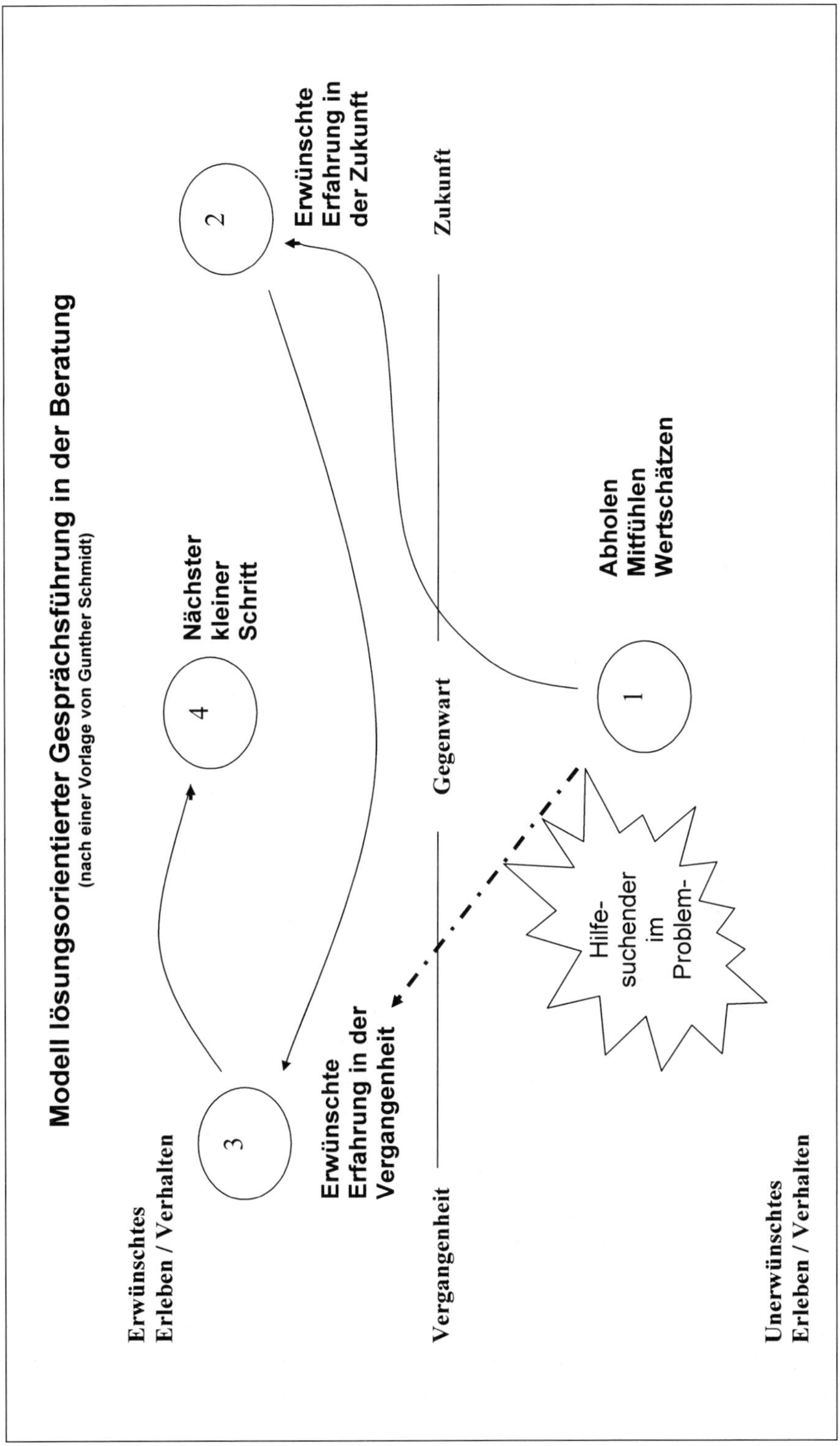
Modell lösungsorientierter Gesprächsführung in der Beratung
(nach einer Vorlage von Gunther Schmidt)
Erwünschtes Erleben / Verhalten
3
Erwünschte Erfahrung in der Vergangenheit
4
Nächster kleiner Schritt
2
Erwünschte Erfahrung in der Zukunft
Vergangenheit
Gegenwart
Zukunft
Hilfe-suchender im Problem-
1
Abholen Mitfühlen Wertschätzen
Unerwünschtes Erleben / Verhalten

Lösungsorientierte Gesprächsführung braucht Achtsamkeit und Behutsamkeit. Ein zu schnelles Tempo verhindert Lösungen. Lösungsorientiert arbeiten bedeutet Enthaltsamkeit bei eigenen Vorschlägen, denn diese passen meist nicht in die Lebenswelt der Hilfesuchenden. Lösungen brauchen Zeit um sich zu entwickeln. Wenn Hilfesuchende schweigen, ist es oft so, dass die Frage in ihnen arbeitet. Daher ist es wichtig, nach jeder Frage Zeit zu lassen. Wenn wir durch unsere Fragen eine Tür öffnen, ist es ratsam, einen weiteren Blick in den Raum dahinter zu werfen und dort zu verweilen. Knüpfen Sie daher an die Antwort der Hilfesuchenden und stellen dazu jeweils weitere Fragen. Nageln Sie Hilfesuchende nie auf ihre Ideen fest oder springen auf die erstbeste Lösungsidee begeistert auf. Besser ist es verschiedene Ideen zu sammeln und abzuwägen, damit der Hilfesuchende die für ihn passende auswählen kann.

10. Kapitel

„Haben Sie Zeit für mich?"

Gespräche strukturieren und beenden

„Die Anruferin eben hat mir eine Stunde lang das Ohr voll gejammert. Dann hab' ich mir eine Zeitgrenze gesetzt – und ihr, und das ging dann ganz gut. Eine Stunde hat ja auch gereicht, finde ich." So der Kommentar einer Telefonberaterin über ein kurz zuvor geführtes Gespräch.
Ob Sie nun als Berater am Telefon oder im direkten Gesprächskontakt tätig sind – sicherlich haben Sie schon Ähnliches erlebt und zu einer solchen Notlösung gegriffen: Eine Hilfesuchende jammerte Ihnen das Ohr voll, ein Anrufer „nervte Sie ab", und Sie fanden keinen Weg, um entweder in einen für den Hilfesuchenden hilfreichen und gleichzeitig für Sie annehmbaren Kontakt zu kommen oder wenigstens das Gespräch eher zu beenden.

Bei jedem Gespräch ist es Beratern aufgegeben, die inhaltlichen und zeitlichen Grenzen ihrer Möglichkeiten im Blick zu haben. Die spezifische Situation von Telefon- und niedrigschwelliger Beratung – meist einmalige Kontakte ohne vereinbarte Fortsetzung – erfordert es, in einer dafür passenden Art und Weise Gespräche inhaltlich und zeitlich zu strukturieren. Da die Situation im direkten Gesprächskontakt sich in einigen Punkten wesentlich von der in der Telefonberatung unterscheidet, geben wir, wo sinnvoll und notwendig, entsprechend differenzierte Hinweise.

Inhaltliche und zeitliche Strukturierung

Bereits bei der Auftragsklärung (s. Kap. 7) werden wichtige Weichen gestellt, indem Aufträge eingegrenzt werden auf das in diesem einen Gespräch Mögliche. Denn jeder Auftrag – und damit jedes Angebot von Beratern an Hilfesuchende – kann nur begrenzt sein. Dabei ist es Aufgabe der Berater, nicht mehr als Auftrag anzunehmen, als man tun kann und will. Die Arbeit an der Beziehungsgestaltung, Auftragsklärung und inhaltlicher Schwerpunktsetzung geht oft Hand in Hand, wie folgendes Fallbeispiel aus der Telefonberatung zeigt:

Fallbeispiel

Die Anruferin, allein lebend und sozial isoliert, erzählt über enttäuschende Erfahrungen bei ihrer Suche nach Arbeit, nach Kontakt und Freundschaften. Von den meisten Menschen fühle sie sich manipuliert und bevormundet. Davon aber wolle sie sich befreien. In ihrem Redeschwall lässt sie sich ca. 20 Minuten kaum unterbrechen. Bis dahin bleibt dem Berater der Gesprächsauftrag unklar und er fühlt sich beim Zuhören zunehmend unwohl.

B: Darf ich Sie kurz unterbrechen? Ich merke sehr deutlich, wie wichtig es Ihnen ist sich selbst zu bestimmen. Da möcht' ich Sie gerne unterstützen. Mir scheint, dass es wichtig für Sie ist, mir das alles so zu erzählen. Wobei hilft das Ihnen denn, wenn wir so reden wie bisher?

A: Das hilft mir, mich von dem Druck zu befreien. Ich möchte das abschütteln.

B: definiert dem gemäß das Gespräch als „Druckbefreiungsgespräch". A klagt eine weitere Runde über Enttäuschungen und dass es ihr von Jugend an schon so gegangen sei, dass ihr meist etwas nicht gefallen habe. Positive Erfahrungen seien für sie eher Zufall gewesen. A schweift immer wieder in Klagen aus. Sobald B sich unwohl dabei fühlt und Zweifel hegt, ob die A damit wirklich Druck abschüttelt, erkundigt er sich immer wieder, ob das Gespräch, so wie es momentan geführt wird, der Druckbefreiung dient. A bestätigt, dass es ihr gut damit gehe, v. a. weil sie nicht manipuliert werde. Nach weiteren 20 Minuten:

B: Wenn wir jetzt mal ans Ende unseres Gesprächs denken, was würden Sie denn aus dem Gespräch für sich mitnehmen?

A: Ich würde wieder sehen, dass ich ein freier Mensch bin, ich würde selbstbestimmt sein wollen.

B: Und woran würden Sie Ihre Befreiung merken? Wie würde man Ihnen das ansehen, wenn Sie Ihre Bewerbungen schreiben oder auf der Suche nach Kontakt sind?

A: An meinem erhobenen Kopf. Und ich könnte die Menschen ja auch wieder anlächeln. Ich will ja Freunde finden. ... Ich könnte das wieder mit erhobenem Kopf tun. Und ich muss ja in meinen Bewerbungen auch die Wahrheit schreiben, und da war einiges nicht so gut in meiner Vergangenheit, das lag auch an mir.

B: lobt, dass es ihr jetzt wieder gelingt, mit erhobenem Kopf auch zu eigenen Schwachstellen zu stehen und dass sie trotz Enttäuschungen weiter nach neuen Beziehungen sucht. Zum Schluss nach insgesamt 60 Minuten empfiehlt er ihr, in den nächsten Tagen auf die für sie zufälligen Erfahrungen zu achten, bei denen ihr etwas gefällt und darüber mal nachzudenken, womit das zu tun haben könnte. A meint, das wolle sie tun.

Strukturieren durch Meta-Kommunikation

Gesprächsstrukturierung geschieht in dem Beispiel durch die sog. „Meta-Kommunikation". Darunter versteht man die Kommunikation der Gesprächspartner über ihre miteinander stattfindende Kommunikation. Meta-Kommunikation setzt also eine innere Beobachter-Position voraus: Stellen Sie sich vor, Sie könnten das

Gespräch, das Sie gerade führen, von oben beobachten, z. B. von einer Empore herab. Sie gehen also in einer Beobachterposition, auch sich selbst gegenüber. Und was Sie aus dieser Beobachterposition wahrnehmen, bringen Sie wiederum in den Gesprächskontakt ein. Wenn die Gesprächsbeziehung das zulässt, kann dies offen und direkt erfolgen: *„Sie sagten zu Beginn unseres Gesprächs, dass Sie gerne mal mit jemandem Neutralen sprechen möchten, um dessen Meinung zu hören. Jetzt habe ich den Eindruck, dass Sie ganz viel loswerden wollen und ich gar nicht zu Wort komme. Wie erleben Sie das?"* In anderen Gesprächen ist eine solche direkte Offenheit mitunter nicht angebracht. So ist im oben dargestellten Fallbeispiel zu berücksichtigen, dass die Anruferin sich von den meisten Menschen manipuliert und bevormundet fühlt. Also sollte man nicht formulieren: *„Ich kann Ihnen nicht mehr folgen, das ist mir einfach alles zu viel. Meinen Sie nicht auch, dass wir uns jetzt mal auf den einen oder anderen Punkt beschränken sollten?"*, sondern – in wertschätzender Weise sowohl der Anruferin als auch sich selbst gegenüber: *„Ich höre, dass Sie mir ganz viel sagen möchten. Gleichzeitig merke ich, dass ich so viel Information gar nicht aufnehmen kann und dass ich manches noch nicht recht verstehe. Ich möchte Sie daher gerne fragen, ob es denn o. k. für Sie wäre, dass ich immer wieder mal nachfrage, wenn ich etwas nicht verstehe."* ... *„Ist es denn so, dass es Ihnen ausreicht, wenn Sie Ihre Sorgen loswerden können, oder möchten Sie auch von mir irgendetwas dazu hören?"*

Wenn man sich in einem Gespräch gelangweilt oder genervt fühlt, kann man sich quasi als Faustregel folgenden Dreischritt für das Vorgehen merken:

1. einhaken / unterbrechen *(„Darf ich Sie kurz unterbrechen?")*
2. positives Feedback geben *(„Ich merke sehr deutlich, wie wichtig es Ihnen ist, sich selbst zu bestimmen.")* und ggf. zur Meta-Kommunikation einladen
3. Auftrag und Zielsetzung des Gespräches überprüfen *(„Wobei hilft das Ihnen denn, wenn wir so reden wie bisher?")* und ggf. konkretisieren oder ändern.

Übungen

1. Schildern Sie ein persönliches Erlebnis oder ein Beratungsgespräch zunächst in der Ich-Form. Gehen Sie anschließend in die Beobachter-Perspektive und schildern Sie das Erlebnis bzw. Gespräch aus dieser Perspektive. Achten Sie darauf, auch von sich selbst in der dritten Person zu sprechen (er bzw. sie). Ihr Gegenüber achtet auf die Einhaltung dieser Regel. Tauschen Sie sich anschließend darüber aus, wie die beiden Schilderungen erlebt wurden, insb. welche Unterschiede dadurch erzeugt wurden beim Erzähler und beim Zuhörer.
2. Machen Sie ein Rollenspiel und experimentieren Sie als Berater mit verschiedenen Einladungen zur Meta-Kommunikation.

Strukturieren durch Zusammenfassen

Eine andere wichtige Möglichkeit des Strukturierens ist das Zusammenfassen dessen, was man gehört und verstanden hat: *„Ich möchte an der Stelle mal zusammenfassen, was ich bisher von Ihnen gehört und verstanden habe ...“* Daran lässt sich leicht ein weiterer Schritt der Auftragsklärung anschließen:

„Wenn Sie das jetzt so hören, was ich zusammengefasst habe,

- womit sollten wir uns im weiteren Gesprächsverlauf beschäftigen?“
- wie weit sind wir bisher gekommen?“
- wie viel von Ihrem Anliegen ist in diesem Gespräch erfüllt worden?“

Für die Einschätzung bei den letzten beiden Fragen kann man auch die Skalierungs- oder Prozentform verwenden:

„Wenn Sie das jetzt so hören, was ich zusammengefasst habe,

- *wie weit sind wir bisher gekommen, wenn Sie das auf einer Skala von 0 – 10 einschätzen würden? 0 bedeutet dabei ‚keinen Schritt weiter‘, 10 bedeutet dabei ‚alles erreicht, was ich mir vorgestellt habe‘.*
- *wie viele Prozent von Ihrem Anliegen sind in diesem Gespräch erfüllt worden?“*

Das Zusammenfassen bietet auch einen guten Ansatz, in eine Metakommunikation und/oder eine Überprüfung des Auftrages zu kommen:

B: Ich möchte Sie an dieser Stelle mal fragen, ob dieses Gespräch mit mir so ist, wie Sie sich's vorgestellt haben, ob es Ihnen hilft – oder ob's gerade das Gegenteil bewirkt.

H: Sie versuchen Verständnis für mich zu haben und hören mir zu. Ich hab's auch schon anders erlebt, da gab es eine Frau, die meinte, ich sollte mich ändern, oder ein anderer sagte, ich solle in eine psychosomatische Klinik gehen.

B: Höre ich das richtig so, dass unser Gespräch für Sie in Ordnung ist?

H: Ja.

Auch für die Beendigung des Gesprächs (s. u.) bietet das Zusammenfassen einen hilfreichen Ansatzpunkt: *„Ich habe jetzt zusammengefasst, was wir miteinander besprochen haben. Sie haben für sich einen Schritt gefunden, was Sie als nächstes tun könnten. Ich würde an dieser Stelle unser Gespräch gerne beenden. Ist das in Ordnung für Sie?“*

Gespräche begrenzen und beenden

Nicht immer fällt es leicht, ein Gespräch zu beenden. Diesbezüglich möchten wir Sie zunächst zu einer Selbstreflexion einladen.

Zur Selbstreflexion:

Erinnern Sie sich an eines oder mehrere Gespräche, wo es Ihnen (eher) leicht fiel, das Gespräch zu begrenzen oder zu beenden.
Erinnern Sie sich nun an eines oder mehrere Gespräche, wo es Ihnen (eher) schwer fiel, das Gespräch zu beenden.

Welche Unterschiede erkennen Sie beim Vergleich dieser Gespräche:

- im Verhalten der Hilfesuchenden?
- in den Rahmenbedingungen der Hilfesuchenden (persönliche Verfassung – z. B. krisenhafte Situation oder eingegrenztes Problem, Alkoholeinfluss o. ä., Störung des Gesprächs durch andere Personen, ...)?
- in Ihrem Denken, Ihren Gefühlen, Ihren Handlungsimpulsen, Ihrem Verhalten?
- in Ihren Rahmenbedingungen (persönliche Verfassung, Auswirkungen vorhergehender Gespräche, Tageszeit, Störung durch äußere Einflüsse, ...)?

Wie erklären Sie sich diese Unterschiede?

Wie könnten Sie diese Unterschiede für Ihre Gesprächsführung – insbesondere für das Strukturieren und Beenden von Gesprächen – nutzbar machen?

In vielen Fällen ergibt sich zwischen Hilfesuchendem und Berater eine ausgesprochene oder unausgesprochene Übereinkunft zur Begrenzung bzw. Beendigung des Gesprächs. Schon wenn der Berater mit dem Hilfesuchendem die zukünftigen Schritte und Lösungen in den Blick nimmt und damit über dieses gerade geführte Gespräch hinausschaut, lenkt er implizit auf das Ende dieses Gespräches hin. Prinzipiell sollte ein Gespräch beendet werden, wenn das definierte Ziel erreicht ist. Das ist der Punkt, an dem das Ende des Gesprächs von beiden Gesprächspartnern als organisch erlebt wird. Dabei ist es hilfreich, wenn der Berater „zum Abschluss des Gesprächs das gesetzte und hoffentlich erreichte Ziel noch einmal anspricht (z. B. „Ich merke, Sie können wieder durchatmen, klarer sehen, haben weniger Druck, haben eine Entscheidung treffen können, haben in unserem Gespräch neue Aspekte wahrnehmen können, ...“).“ (Telefonseelsorge Klagenfurt 2006, 15)

Es gibt jedoch auch Situationen, in denen der Berater aus dem einen oder anderen Grund von sich aus das Gespräch begrenzen bzw. beenden möchte:

- So ist vielleicht das Ziel für das Gespräch nicht klar (genug) vereinbart worden, das Gespräch ufert inhaltlich und zeitlich aus. In diesem Falle könnte der Berater dies benennen (durch Meta-Kommunikation – s. o.), ggf. eine neue Zielvereinbarung versuchen (z. B. eine Begrenzung auf einen Aspekt) oder eine Vertagung anbieten.

- Der Berater spürt eine persönliche Betroffenheit oder Befangenheit, die eine hilfreiche Distanz gegenüber diesem Hilfesuchenden und seinem Anliegen und damit Loslassen und Abschied erschweren. Da könnte man die eigene Betroffenheit benennen: *„Wenn Sie so vom Tod Ihrer Mutter berichten, merke ich, wie mich das sehr betroffen macht. Das hängt damit zusammen, dass meine eigene Mutter erst im vorigen Jahr gestorben ist. Ich merke, dass ich mich gar nicht richtig auf Sie und Ihre Trauer einstellen kann. Daher möchte ich Ihnen vorschlagen, zu einem anderen Zeitpunkt bei einer anderen Beraterin oder vielleicht auch bei einer anderen Beratungsstelle vorzusprechen/anzurufen."*

- Der Berater entwickelt gegenüber dem Hilfesuchenden und/oder dem Gesprächsthema starke Gefühle von Desinteresse oder Antipathie, die er momentan nicht in den Griff bekommt. Er könnte versuchen, sich diese Gefühle nicht anmerken zu lassen. Wir halten für eher fraglich, ob das wirklich möglich ist, da unserer Erfahrung nach solche starken Gefühle auch unausgesprochen beim Anderen ankommen. Er könnte auch sein Erleben utilisieren und zur Meta-Kommunikation einladen: *„Ich würde Ihnen gerne eine Rückmeldung darüber geben, wie es mir in diesem Gespräch mit Ihnen geht. Wären Sie damit einverstanden?"* ... *„Ich erlebe Sie in unserem Gespräch recht aggressiv gegen mich. Dabei denke ich mir, dass Sie wahrscheinlich keinen Grund haben, sich mir gegenüber aggressiv zu verhalten. Ich denke aber auch, dass Sie sicher einen guten Grund dafür haben, sich so zu verhalten. Da nehme ich auch eine Menge Energie bei Ihnen wahr. Wie sehen Sie das?"* Oder der Berater könnte das Gespräch beenden: *„Ich habe versucht, Ihr Anliegen zu verstehen, aber es gelingt mir leider nicht, es nachvollziehen. Daher glaube ich, dass ich wohl für Ihr Anliegen nicht der richtige Gesprächspartner bin, denn es ist ja wichtig, dass Sie mit jemandem sprechen können, der sich da auf Sie einlassen kann. Deswegen möchte ich Ihnen vorschlagen, mit einem anderen Berater zu sprechen oder vielleicht bei einer anderen Beratungsstelle vorzusprechen/anzurufen."* Aber auch an dieser Stelle ist ggf. noch ein Einstieg in die Meta-Kommunikation möglich.

- Wenn Aufmerksamkeit und Konzentration nachlassen (was bei vielen Menschen nach etwa einer dreiviertel bis einer Stunde der Fall ist), kann man das ggf. ansprechen: *„Wir sprechen nun fast eine Dreiviertelstunde miteinander. Da möchte ich gerne mal mit Ihnen auf unser Gespräch schauen und Sie fragen, wie weit Sie bisher mit Ihrem Anliegen gekommen sind."* oder *„Wir haben nun ungefähr eine Stunde miteinander gesprochen. Ich merke, dass* *meine Konzentration nachlässt. Ich möchte daher das Ende dieses Gesprächs in den Blick nehmen, und möchte Ihnen vorschlagen, dass wir noch maximal zehn Minuten miteinander sprechen. Worüber sollen wir in dieser Zeit noch sprechen?"* Dabei schwingt auch die Erfahrung und Einstellung mit, dass ein Gespräch nicht „rund" werden muss, dass nicht alles gesagt und/oder behandelt werden muss. Es geht ja vielmehr „nur" um den nächsten konkreten (und vielleicht sehr kleinen) Schritt oder um Anregungen. Ein offenes Ende beinhaltet überdies die Chance zur inneren Weiterverarbeitung durch den Hilfesuchenden: *„Wir haben nun verschiedenes miteinander durchgesprochen, Sie haben einige Anregungen bekommen. Was halten Sie davon, wenn wir dieses Gespräch jetzt beenden und Sie es auf sich wirken lassen?"*

- Wenn der Hilfesuchende noch Gesprächsbedarf hat, kann man auch ein weiteres Gespräch zu einem späteren Zeitpunkt anbieten: *„Wenn sich unser Gespräch etwas gesetzt hat, können Sie sich gerne nochmals melden/anrufen."* oder: *„Ich möchte das Gespräch jetzt gerne beenden, weil … Ich biete Ihnen aber an, dass Sie sich zu einem späteren Zeitpunkt wieder hier melden/anrufen können, wenn Sie das möchten."*

- Der Berater muss sich anderen Hilfesuchenden widmen oder meint, sich diesen widmen zu sollen, z. B. weil noch Leute im Wartezimmer sitzen oder an der Türe klopfen oder weil das Telefon klingelt oder es in der Telefonberatung häufig klingelt auf einer weiteren geschalteten Leitung. In manchen Telefonberatungsdiensten wird wegen der hohen Zahl an Anrufen und vergeblichen Anrufversuchen an die Berater appelliert, die Gesprächsdauer nicht „ausufern" zu lassen oder gar generell auf 15 bis 20 Minuten zu begrenzen. Als generelle Vorgabe scheint uns dies den Bedürfnissen und Nöten der Anrufenden nicht angemessen. Wenn sich der Berater entscheidet, aus diesem Grund ein Gespräch zu beenden, könnte er das folgendermaßen tun: *„Ich möchte das Gespräch gerne zu Ende bringen, weil auch noch andere Leute mit mir sprechen möchten. Ich schlage vor, dass wir uns noch fünf Minuten Zeit nehmen. Was möchten Sie in dieser Zeit noch mit mir besprechen?"*
  Es bleibt aber zu bedenken, dass dieses Vorgehen bei Hilfesuchenden zu dem Eindruck führen kann (und bei vielen wahrscheinlich dazu führen wird), lästig oder nicht so wichtig zu sein. Eine solche (wahrgenommene) Kränkung bzw. Abwertung dürfte aber der Zielsetzung aller Beratungseinrichtungen entgegenstehen und sollte daher besonders gut überlegt und abgewogen werden.

- Der Berater nur noch wenig Zeit, weil er Dienstende hat und anschließend zum Bus oder Zug muss oder einen wichtigen Termin hat. Falls eine solche Situation absehbar ist, sollte eine offene Mitteilung darüber am besten schon zu Beginn des Gespräches erfolgen, da dies dem Hilfesuchenden eine größere Wahlfreiheit ermöglicht und eventuelle Enttäuschungen vermeiden hilft: *„Ich habe jetzt nur noch zehn Minuten Zeit, weil dann mein Dienstende ist und ich zum Zug muss. Möchten Sie diese zehn Minuten mit mir sprechen, oder sollen* *wir lieber etwas anderes vereinbaren?"* Oder für die Telefonberatung: *„Ich habe jetzt nur noch zehn Minuten Zeit, weil dann Dienstwechsel ist und ich zum Zug muss. Möchten Sie diese zehn Minuten mit mir sprechen, oder möchten Sie lieber dann nochmals anrufen, wenn meine Ablösung da ist?"*

- Der Berater fühlt sich unsicher, wie der Zustand des Hilfesuchenden einzuschätzen ist, z. B. wenn ein Hilfesuchender mehr oder minder angetrunken erscheint. Vorrangig sollte versucht werden, dies durch Fragen oder eine Meta-Kommunikation zu klären, z. B. in der Telefonberatung: *„Ich kann Sie schlecht verstehen. Haben Sie eine Erklärung dafür?"* oder *„Ich kann Sie akustisch schlecht verstehen; haben Sie möglicherweise etwas eingenommen, was dies verursacht haben könnte?"* Wenn man ein Gespräch nicht für sinnvoll hält, weil einem der Hilfesuchende eindeutig zu stark betrunken erscheint, kann man das Gespräch beenden und eine Verschiebung anbieten: *„Sie scheinen mir so stark alkoholisiert, dass ich im Moment kein Gespräch mit Ihnen führen möchte. Bitte gehen Sie ins Bett und schlafen Sie sich aus. Sie können sich wieder melden, wenn Sie nüchtern sind."* Freilich sollte man sich dabei auch bewusst sein, dass eine so klare Etikettierung des Anderen *(„Sie scheinen mir so stark alkoholisiert.")* auch entsprechendes Abwehrverhalten bei diesem provozieren kann. Wenn man hingegen von sich spricht: *„Ich kann Sie akustisch so schlecht verstehen, daher möchte ich dieses Gespräch jetzt beenden."*, gibt man dem Anderen keinen oder weniger Anlass zu solchem Verhalten.

- Der Berater erlebt einen Anruf bzw. Gespräch oder ein Anliegen als unzumutbar – das kommt besonders häufig in der Telefonberatung vor aufgrund der dort gegebenen Anonymität. Dann sollte er das Gespräch einseitig und klar beenden und dabei den Grund nennen: *„Ich werde jetzt nicht weiter mit Ihnen sprechen. Ich möchte Ihnen nicht zu einer sexuellen Stimulierung verhelfen. Guten Tag."* Oder gegenüber Kindern, die nur Schimpfworte loslassen: *„Ich möchte mich nicht von Euch beschimpfen lassen. Ich lege daher auf. Tschüss."* Im letzten Fall könnte eine mögliche Alternative auch sein, einfach nur wortlos aufzulegen, weil jede Form von Beachtung oder Reaktion möglicherweise nur zu neuen Beschimpfungen anstachelt.

- Bei Gesprächen mit Hilfesuchenden, die wiederholt und oft einen Dienst in Anspruch nehmen, kann man eventuell – und das sollte freilich zum Anliegen und der Verfassung der Hilfesuchenden passen – schon früh im Gesprächsverlauf einen zeitlichen Rahmen ansprechen: *„Jetzt habe ich einen ersten Eindruck bekommen, was Ihr Anliegen ist. Ich habe das so wahrgenommen, dass es Ihnen bei diesem Gespräch vor allem darum geht, dass Sie das mal loswerden können, indem Sie es jemandem mitteilen können. Was glauben Sie, wie viel Zeit Sie dafür benötigen würden?"* Ggf. lässt sich auch ein Zeitrahmen vorschlagen und vereinbaren: *„Wären da zwanzig Minuten eine angemessene Zeit für Sie?"* Stimmt der Hilfesuchende zu, hat man eine Vereinbarung

miteinander, auf die man zu gegebener Zeit zurückkommen kann. Stimmt er nicht zu, ist weitere Klärung und Neuverhandlung notwendig: *„Ich höre Ihr Bedürfnis, dass Sie am liebsten viel länger mit mir sprechen möchten. Das finde ich verständlich nach dem, was Sie mir schon gesagt haben. Doch ist es andererseits so, dass es auch noch andere Menschen gibt, die Nöte haben und ein Gespräch führen möchten. Daher möchte ich Ihnen Ihren Wunsch nicht erfüllen. Wie könnten wir denn da zu einer Vereinbarung miteinander kommen?“* oder als Alternative zum letzten Satz: *„Deswegen schlage ich Ihnen vor, dass wir eine Viertelstunde miteinander sprechen könnten.“*
Auch in dieser Situation sollte bedacht werden, dass dieses Vorgehen bei Hilfesuchenden zu dem Eindruck führen kann (und bei vielen wahrscheinlich dazu führen wird), lästig oder nicht so wichtig zu sein. Eine sorgfältige Abwägung der Gründe für ein solches Vorgehen und eine transparente Vermittlung derselben an den Hilfesuchenden erscheinen daher unabdingbar.

▸ Übung

Machen Sie ein Rollenspiel.
Der Berater hat die Aufgabe, das Gespräch von sich aus zu beenden und dabei verschiedene der dargestellten Möglichkeiten auszuprobieren.
Tauschen Sie sich anschließend über Ihre Erfahrungen aus. ◂

Manchmal mag es auch vorkommen, dass der Berater das Gespräch nicht beenden möchte, weil er dem Hilfesuchenden unbedingt helfen möchte in seiner Situation, mit seinem Problem. Das kann aus Mitgefühl bzw. Betroffenheit erwachsen oder aus einem unreflektierten Verhaltensmuster – der unangemessenen Verantwortungsübernahme für den anderen, was man auch als das sog. „Helfersyndrom“ bezeichnet. Das mag der Berater oft erst im Nachhinein entdecken, vielleicht in und durch die notwendige Supervision.

Last not least: Ohne Mut geht es manchmal nicht.
Es ist sinnvoll und wichtig, in der dargestellten Weise Begrenzungen zu begründen und transparent zu machen und dafür um Zustimmung und Verständnis beim Gegenüber zu werben. Nicht immer wird das gelingen. Dann braucht es Mut bei den Beratern – den Mut, zur eigenen Meinung und ggf. Entscheidung zu stehen und den Hilfesuchenden zu unterbrechen, ihn zeitlich zu begrenzen, ein Gespräch u. U. auch ohne dessen Zustimmung zu beenden.

11. Kapitel

„SOS! Hilfe, rette mich!"

Beratende und kontrollierende Krisenintervention in der Telefonberatung

Lebende Systeme unterliegen laufend Veränderungen und erzeugen sich immer wieder neu, um ihre Identität zu wahren (sog. Fließgleichgewicht von Systemen). Jeder Mensch ist selbst als Teil vieler Systeme anzusehen (s. Kap. 2); daher ist er permanentem Wandel und Veränderungen ausgesetzt, die er bewältigen muss. Dies gelingt nicht immer gleich gut – und das kann zur Krise führen. Insofern sind Krisen ein allgemein menschliches Phänomen, vor dem niemand gefeit ist.

Krise und Krisenprozess

Definition von Krise

Unter Krise verstehen wir hier in Anlehnung an die Definition von G. Caplan (1964) ein zeitlich begrenztes, innerlich erfahrenes seelisches Ungleichgewicht in einer Person, welche mit bedrohlichen Umständen konfrontiert ist, die für sie ein wichtiges Problem darstellen, und dem die Person im Moment weder ausweichen noch es mit ihren gewöhnlichen Problemlösefähigkeiten lösen kann.
Diese hier verwendete Definition ist – entsprechend der Situation in der Telefonberatung – individuumszentriert, und das in einem doppelten Sinne: Zum einen bezieht sie sich nur auf Krisen einer Person bzw. in einer Person; d. h., dass Krisen von Systemen mit zwei oder mehr beteiligten Personen, also beispielsweise Partnerbeziehungen, Familien, Gruppen wie Schulklassen oder Firmenbelegschaften etc., damit nicht gemeint bzw. erfasst sind, außer insofern sie krisenhafte Vorgänge in dem Individuum auslösen. Zum anderen macht sie die Abhängigkeit einer Krise vom Bewusstseinssystem, der „inneren Landkarte" des Individuums (s. Kap. 2) deutlich: denn welche Umstände für eine Person bedrohlich sind und ein wichtiges Problem für sie darstellen, ist in allgemeiner, „objektiver" Weise überhaupt nicht zu definieren. Dies hängt vielmehr ab von der Lebensgeschichte der Person (z. B. Kränkungen, Entwürdigungen, nicht verarbeitete Trennungen und Todesfälle, etc.), von angeborenen oder erworbenen Dispositionen (z. B. psychopathologische Dispositionen wie eine depressive Veranlagung oder eine Persönlichkeitsstörung aufgrund sexuellen Missbrauchs), von vorhandenen und genutzten Ressourcen, vom Kontext und von den letztlich aus all diesen Faktoren resultierenden Bewertungen. So mögen z. B. Stress oder entwicklungsbedingte Ablösungs- und Reifungssituationen in vielen, aber nicht in allen betroffenen

Personen eine Krise auslösen; andererseits kann ein für viele Menschen eher geringfügiges Ereignis wie der Tod eines Wellensittichs in dem einen oder anderen eine Krise auslösen, ebenso wie ein gemeinhin erfreulich erlebtes Ereignis wie die Geburt eines Kindes oder die Pensionierung.

Phasen des Krisenprozesses

Eine Krise ist beschreibbar als eine Folge sich aneinander reihender, z. T. überlappender Phasen vom Zustand des vorher bestehenden seelischen Gleichgewichts über den des Ungleichgewichts in der Krise bis hin zu einem neuen Gleichgewicht auf einem niedrigeren oder höheren Niveau nach der Krise.
Widerfährt der Person ein Ereignis, das von dieser als bedrohlich erlebt wird, nämlich als Verlust, als drohender Verlust oder als Herausforderung hinsichtlich der bisherigen (Über-)Lebensbasis im biologischen, psychischen oder sozialen Sinn, entsteht in ihr ein Zustand der Angespanntheit und Verletzlichkeit mit seelischen und oft auch körperlichen Missempfindungen. Die Person setzt daraufhin vertraute Bewältigungsmaßnahmen nach bisher gelernten Mustern ein, meist nach dem Motto „mehr desselben". Versagen diese gewohnten Bewältigungsmaßnahmen, so erhöhen sich der innere Stress und Druck: In der Regel werden dadurch starke Gefühle wie Trauer, Schmerz, Angst, Wut, etc. ausgelöst, es kann aber auch eine gefühlsmäßige Lähmung eintreten. Die betroffene Person greift nun zu sog. „Notfallmaßnahmen" wie z. B. starkem Rückzug, aggressivem Verhalten, verstärktem Alkoholkonsum. Dies kann zu beginnender sozialer Isolierung führen oder zu Polarisierung im sozialen Umfeld.
Sofern auch diese Notfallmaßnahmen das innere Gleichgewicht nicht wieder herstellen können, kommt es zum Stadium der akuten Krise: Die innere Spannung steigt, verbunden mit starkem Erleben von Verzweiflung und Hilflosigkeit. In dieser Phase erlebt sich die Person als ausgeliefert, ihre Situation als ausweglos. Ihre Wahrnehmung, ihr Denken und Gefühlserleben engen sich drastisch ein – das sog. „Tunnelphänomen"; hier handelt es sich um einen Trance-Prozess im Sinne einer unwillkürlich fokussierten Aufmerksamkeitsausrichtung. Die Einengung gilt auch für die angewandten Problemlösestrategien: Die schon benannten Notfallmaßnahmen im Sinne einer Aktivierung früher lebensgeschichtlicher Bewältigungsmaßnahmen werden vermehrt und eher agierend eingesetzt. In ihren sozialen Systemen verhält sich die Person starr und nach eingeengten Mustern, wie z. B. „Der ... ist an allem schuld!", es kann zu Frontenbildung und feindseligem Agieren kommen. Psychosomatische Symptome verschiedenster Art können auftreten. Falls eine Lösung in diesem Stadium nicht gelingt, kann es zu einem Zusammenbruch kommen, der sich z. B. als akute Erkrankung, Nervenzusammenbruch, Suizidversuch oder auch als Gewalteskalation manifestieren kann.

Die ressourcenorientierte Sichtweise betrachtet das Krisenverhalten und -erleben als Problemlöseversuch unter widrigen Umständen. Sie geht davon aus, dass der Mensch auch in einer Krise über alle die Kompetenzen und Ressourcen verfügt, die er zu der ihm adäquaten Lösung seines Problems benötigt. Allerdings sind ihm diese Ressourcen zurzeit nicht bewusst zugänglich und werden bislang noch nicht von ihm genutzt.

Der beschriebene Prozess einer Krise ist somit kein zwangsläufiges Geschehen. In jeder Phase können Bewältigungsmaßnahmen greifen, auch nach dem Zusammenbruch. Gelingt es durch Bewältigungsmaßnahmen, die als bedrohlich erlebte Situation zu meistern und die darin enthaltene Herausforderung zu integrieren, so kann ein neues, stabileres Gleichgewicht erreicht werden, das gekennzeichnet ist durch mehr Flexibilität und Entfaltung von Bewältigungsmöglichkeiten. Gelingt dies nicht, führt das zu einem labileren Gleichgewicht, oft auf der Basis einer chronischen Einschränkung in den Lebensmöglichkeiten oder einer Erkrankung.
Insofern hat das Wort Krise sein Recht: Es kommt vom griechischen krinein, was „scheiden, entscheiden" bedeutet – in einer Krise entscheidet sich, wie das Leben weitergehen wird.

Auswirkungen auf die sozialen Beziehungs- und Hilfesysteme

Manche Menschen ziehen sich in einer Krise zeitweise oder gänzlich zurück, andere wenden sich in und mit ihrer Not an andere; beide Reaktionsmöglichkeiten können auch bei einer Person im zeitlichen Nacheinander vorkommen. So geben viele Betroffene den Druck, den sie in einer Krise für sich erleben, an die Menschen in ihrem Umfeld weiter, also an Partner oder Partnerin, Familienangehörige, Freunde – und eben auch an potentielle Helferinnen und Helfer, z.B. in der Telefonberatung. Die ausgesprochene oder unausgesprochene Botschaft heißt dann: „Hilfe, ich weiß nicht mehr weiter! Ich kann mir selbst nicht mehr helfen! Hilf mir! Rette Du mich! Jetzt sofort!"

In den meisten Ansprechpartnern – und so sicher auch in vielen Telefonberatern – wird durch einen solchen Hilfeappell der Impuls geweckt, möglichst unmittelbar einzugreifen und zu helfen gemäß dem vorherrschenden Bild von Notfall- und Krisenintervention in unserer Gesellschaft. Dieses ist geprägt von Rettungsdiensten, Polizei und Feuerwehr, die so schnell wie möglich angesaust kommen, um Verkehrsopfer zu befreien, Verletzte zu versorgen oder Suizidwillige von der Selbsttötung abzuhalten. Für diesen Bereich der Notfallhilfe gibt es viel Personal und staatliche Vorschriften bis dahin, wie viele Minuten von der Alarmierung der Feuerwehr bis zu ihrem Eintreffen am Einsatzort maximal vergehen dürfen. Und das ist gut so in Situationen, in denen Menschen ohne oder gegen ihren Willen gefährdet sind und in denen es auf Minuten ankommt.

Krisenintervention

Kontrollierende und beratende Krisenintervention

Diese gerade beschriebene Art der Hilfe bezeichnen wir als **kontrollierende Krisenintervention**: Die Helfer machen es sich zur Aufgabe, die gefährdete Person mit kontrollierenden Maßnahmen vor der Fremd- oder Selbstgefährdung zu schützen. Sie übernehmen die Verantwortung für Leben und Wohlergehen des Anderen.

In Abgrenzung dazu unterscheiden wir die **beratende Krisenintervention**: Die Helfer verstehen sich als kritisch wohlwollende Begleiter der hilfesuchenden Person, damit diese die ihr gemäße Lebensentscheidung treffen kann. Sie übernehmen die Verantwortung für die eigenen Handlungen, nicht aber für Leben und Wohlergehen des Anderen.

Ziele der Krisenintervention in der Telefonberatung

Es stellt sich die Frage, in welchen Situationen bzw. Fällen welche Art der Krisenintervention notwendig bzw. sinnvoll und hilfreich ist. Solche Entscheidungen sind keine einfache Sache, und sie sind in einigen Fällen nicht allein dem Telefonberater selbst oder der Einrichtung überlassen, da auch rechtliche und ethische Vorgaben zu berücksichtigen sind. Eine Vielzahl von Möglichkeiten ist zu bedenken – auf der Grundlage von meist recht eingeschränkten Informationen und Beurteilungsmöglichkeiten bei Telefonberatungsgesprächen. Der Berater muss für sich klären, ob und unter welchen Bedingungen er sein Angebot als Beratung oder als Kontrolle verstehen möchte – und tatsächlich verstehen kann. Denn die Spezifika der Telefonberatung führen auch dazu, dass der Berater in vielen Fällen keine große Wahl hat, ob und welche Maßnahmen er ggf. gerne veranlassen möchte: Er hat in der Regel über die anrufende Person keine Angaben wie Namen, Wohnort, Telefonnummer, etc., so dass ihm eine kontrollierende Krisenintervention nicht möglich ist. In solchen Fällen wird ihm nur bleiben, sein Handwerkszeug der Gesprächsführung zu nutzen, um die Möglichkeiten einer beratenden Krisenintervention auszuloten. Dies sehen wir aber nicht nur als Einschränkung, sondern ausdrücklich auch als Chance. Denn die Niedrigschwellligkeit der Telefonberatung – vor allem die Anonymität – ermöglicht vielen Anrufern und Anruferinnen überhaupt erst ein Aussprechen von heiklen und anderswo verschwiegenen Punkten.

Zur Notwendigkeit und den Möglichkeiten der kontrollierenden Krisenintervention

Gemäß § 138 des Strafgesetzbuches (StGB) der Bundesrepublik Deutschland ist jeder Bürger – somit auch jeder Telefonberater – dazu verpflichtet, wenn er von bestimmten schwerwiegenden geplanten Verbrechen erfährt, alles zu tun, um diese zu verhindern. Dabei handelt es sich um Mord, Totschlag, Entführung und

Menschenhandel, Raub, Geldfälschung, u. a. m. Im Kontext der Krisenintervention in der Telefonberatung könnte das insbesondere Situationen betreffen, in denen jemand beabsichtigt, nicht nur sich selbst zu töten, sondern in Verbindung damit auch weitere Personen, z. B. Familienangehörige (sog. erweiterter Suizid); aber auch Totschlags- und Mordankündigungen sind denkbar.
Weiterhin ist jeder Bürger gemäß § 323c StGB zur Hilfeleistung verpflichtet, sofern eine andere Person sich in einer Notlage befindet und sie sich nicht selbst helfen kann. So sind Berater verpflichtet, einem Suizidenten den Rettungswagen zu schicken, wenn dieser darum bittet und selbst nicht mehr dazu in der Lage zu sein scheint. Wie aber soll sich der Berater entscheiden und was soll er tun, wenn der Suizident dies nicht erbittet, ja vielmehr sich ausdrücklich dagegen ausspricht? Das ist sicher eine der schwersten Situationen für Telefonberaterinnen und Telefonberater. Aber auch, wenn z. B. ein 9-jähriger Junge sich wegen einer miserablen Schulnote in einer Klassenarbeit nicht nach Hause traut, weil er Prügel oder sogar Misshandlung befürchtet, ist die Lage möglicherweise nicht einfach zu klären und einzuordnen: Inwiefern ist die Angst des Jungen vor seinen Eltern begründet? Erlebt sich der Junge als gefährdet? Teilt der Berater diese Sicht? Handelt es sich dabei um eine Gefährdung, die ein Eingreifen notwendig macht? Welche Maßnahmen könnten sinnvollerweise ergriffen werden? Maßnahmen im Sinne einer kontrollierenden Intervention wie z. B. Begleitung durch eine Person des Vertrauens oder Einschaltung des Jugendamtes? Oder eher Maßnahmen im Sinne einer beratenden Intervention wie z. B. mit dem Jungen zu überlegen, ob er sich von beiden Eltern gleichermaßen gefährdet erlebt, wie er vorgehen könnte, wer aus seinem Umfeld ihn vielleicht unterstützen könnte?

Wie auch immer man vorgehen möchte bzw. kann, kontrollierend oder beratend, beim Anruf eines Menschen in einer Krise ist es sozusagen das oberste Gebot, ruhig zu bleiben, nicht selbst in Panik zu geraten und kopflos zu werden. Am besten können wir helfen, wenn wir uns nicht selbst unter Druck setzen oder setzen lassen, wenn wir uns selbst – und damit auch dem Anderen – Zeit geben und Zeit lassen für dieses Gespräch.

Quasi ein Sonderfall zwischen kontrollierender und beratender Krisenintervention ist die

Krisenintervention bei Anrufern mit einer akuten Panikattacke oder in einem desorientierten Zustand,

denn in solchen Situationen hängt das angemessene Vorgehen – ob kontrollierend und/oder beratend – von der Einschätzung des Zustandes der anrufenden Person ab, und es können sowohl kontrollierende als auch beratende Aspekte bzw. Phasen notwendig sein.

Immer wieder rufen Menschen bei der Telefonberatung an, weil sie sich gerade in einer **akuten Panikattacke** befinden. Nicht selten werden sie von ihren behandelnden Ärzten bzw. Psychotherapeuten auch darauf verwiesen, in einer solchen Situation bei entsprechenden Telefonberatungsdiensten anrufen zu können oder zu sollen, insbesondere bei Panikattacken außerhalb der üblichen Sprechzeiten der Behandler.

Panikattacken sind für die Betroffenen in der Regel scheinbar unvermittelt und damit unvorhersehbar auftretende Ereignisse. Häufig wirkt bereits das Führen eines Gesprächs beruhigend auf Menschen in einer solchen Situation: Nicht mehr alleine zu sein mit der als unerträglich erlebten Angst lässt sie diese leichter ertragen. Nichtsdestotrotz haben Panikattacken auslösende und aufrechterhaltende Bedingungen in der jeweiligen Person. Dazu gehören vor allem angstbesetzte Vorstellungen, die mögliche – aber meist unwahrscheinliche – negative Entwicklungen der näheren oder ferneren Zukunft gedanklich vorwegnehmen. Wichtig bei solchen Gesprächen ist es, nicht in das Angstkarussell einzusteigen, das sich meist im Kopf der Anrufenden dreht und dessen Drehen und Schwindel sie oft vehement in das Gespräch mit einbringen. Daher sollte man zunächst nicht auf den Inhalt „Angst" bzw. „Panik" eingehen – weil das die Angst und Panik eher verstärken würde –, sondern ihnen bei der Verlangsamung bzw. Unterbrechung des Angstkarussells helfen, um ruhiger werden zu können. Das ist vor allem möglich durch Konzentration auf eine ruhige Atmung: *„Kommen Sie erst mal zum Atmen, schnaufen Sie mal tief durch."* bzw. *„Atmen Sie ein paarmal tief ein und aus und konzentrieren Sie sich dabei darauf, wie Ihr Atem in Sie hinein- und wieder hinausströmt."* und auf die sinnliche Wahrnehmung von Aspekten in der aktuellen Situation, die nichts mit der Panik zu tun haben, wie z. B.: *„Sie können mir gleich weiter erzählen, aber bevor Sie das tun, möchte ich erst mal erfahren: Wo befinden Sie sich denn gerade? Sitzen oder gehen oder stehen Sie? ... Wenn Sie sich da so umschauen, was nehmen Sie da wahr?"* Das hilft zu einer Umfokussierung der Aufmerksamkeit, weg von der Panik hin zu angstfreien Wahrnehmungen.

Hinsichtlich des Atmens kann man die anrufende Person unterstützen, indem man deren Atmen „aufnimmt" und selbst laut und hörbar mitatmet und dabei die Atemfrequenz langsam senkt.

Gesprächsbeispiel aus der Telefonberatung

A: Ich hab grad eine Panikattacke. Mir ist furchtbar schlecht. (atmet schwer)

B: Sie atmen heftig. Sie sind sehr aufgeregt.

A: (erregt) Ich bin aufgeregt. Ich weiß nicht warum. Ich hab Angst, Panik, krieg keine Luft. Ich kenne das.

B: Kommen Sie erst mal zum Atmen. Dann erzählen Sie .....

A: o. k.

B: Sie dürfen zum Atmen kommen.

A: (atmet ruhiger. Erzählt, dass ihre Panikattacken mit ihren Ehe- und Selbstwertproblemen zusammenhängen. Im Moment sei sie alleine und wisse nicht, wann ihr Mann kommt. Wenn die Attacken kommen, müsse sie sich aussprechen. Sonst habe sie Angst sich selbst zu verletzen.)

B: Mit dieser Situation umzugehen haben Sie ein Stück weit schon gelernt.

A: Ja. Es fällt mir aber schwer, jemanden anzurufen.

B: Das hat Sie viel Überwindung gekostet, hier anzurufen?

A: Ich hab gedacht, das hilft mir.

B: Find ich gut.

A: Ich hab ein Problem mit Vertrauen. Einerseits möchte ich reden, andererseits fällt es mit schwer mit Unbekannten zu reden. Sie haben eine angenehme Stimme. Das tut mir gut.

B: Das ist schön von Ihnen zu hören.

A: Ich fühl mich ein bisschen lächerlich?

B: Warum lächerlich?

A: Ich bin ja keine 18 mehr.

B: Das kommt oft vor, dass Leute sich schämen, wenn sie anrufen. Das ist keine Frage des Alters.

A: Das ist gut, wenn es normal ist. Ich bin froh, wenn es anderen auch so geht. Es einfach als normal anzusehen, es darf sein, das fällt mir schwer.

B: Sie sind gerade in einer schweren Situation. Sie haben sich getraut anzurufen. Sehen Sie das als Erfolg an.

A: Ja. Ich schreib mir das auf, dass es mir gelungen ist. Das seh ich als Erfolg. Ich bin dankbar, dass ich das kann. Da geht's mir schon ein bissel besser.

Wenn die Person etwas ruhiger geworden ist, lässt sich ein beratendes Gespräch führen.

Fortsetzung des Gesprächsbeispiels

B: Haben sie eine Idee, wie es heute Abend weitergeht?

A: Ich werde bügeln, backe Plätzchen. Manchmal bügle ich mich selbst und mach mich platt.

B: Bügeln – sich platt machen?

A: Da tu ich mir weh. Da werd ich brandblau. Ich muss mich spüren. Ich will aber Wege finden, die mich davon abhalten.

B: Es gibt schönere Formen, sich selbst zu spüren. Gibt es Zeiten, wo Sie sich selbst was Gutes tun, was Sie angenehm empfinden?

A: Ich bin in einer Gruppe mit einer Frau. Da kann ich einfach nur weinen. Das tut gut, da kann ich traurig sein, aber es vergeht auch wieder.

B: Find ich toll.

A: Ja, aber ich hab lange dazu gebraucht. Ich kann mich da fallen lassen. Das macht mir z. T. auch Angst, z. T geht's mir auch gut damit.

....

B: Wie geht es Ihnen im Moment?

A: Besser, ich bin nicht mehr so aufgeregt. Herzlichen Dank.

Das beschriebene Vorgehen lässt sich übertragen auf **Anrufende, die akut desorientiert** erscheinen. Auch hier ist es meist hilfreich, die Aufmerksamkeit zu fokussieren auf konkrete sinnliche Wahrnehmungen: „*Wo befinden Sie sich gerade? Wie sieht es da aus? Was genau können Sie sehen? Zählen Sie mir 5 Dinge auf, die Sie gerade sehen können. Was hören Sie gerade? Benennen Sie 3 Geräusche. Welche Körperempfindungen haben Sie gerade? Wie warm sind Ihre Hände, Ihre Füße? Wie hart fühlt sich der Stuhl an, auf dem Sie gerade sitzen?*"

Führt dieses Vorgehen zu einer Re-Orientierung der anrufenden Person, lässt sich anschließend klären, ob und welche weitere Hilfe angemessen bzw. notwendig sein kann. Häufig wird ein Verweis auf eine Hilfe mit direktem Gesprächskontakt angemessen sein (z. B. Notarzt oder Notaufnahme im Allgemein- oder psychiatrischen Krankenhaus). Je nach Zustand des Anrufers muss man ggf. mit schließenden Fragen (s. Kap. 6) die notwendigen Informationen erfragen, um notwendige Hilfemaßnahmen einleiten zu können: „*Wie heißen Sie? Wo wohnen Sie? Sind Sie alleine? Gibt es einen Nachbarn, der Ihnen helfen könnte? Können Sie die Türe aufmachen, wenn ich Ihnen einen Krankenwagen schicke?*"

Die beratende Krisenintervention

hat zum Ziel, durch eine unterschiedliche Sicht von „Wirklichkeit" neue Perspektiven zu eröffnen; diese können die Wahrnehmung erweitern und das Bild des Anderen von „Wirklichkeit" verändern, damit aus der Krise eine Chance der Integration und Entwicklung werden kann. Dieses Ziel kann am ehesten erreicht werden, wenn sich der Berater – im Unterschied zur kontrollierenden Krisenintervention – nicht als Retter versteht, der im eigenen oder im institutionellen Auftrag handelt, sondern als kritisch wohlwollender Begleiter der hilfesuchenden

Person, der sich an deren Auftrag orientiert, damit diese die ihr gemäße Lebensentscheidung treffen kann.

Aspekte des beratenden Gesprächs bei Krisengesprächen sind im Einzelnen:

- Beziehung schaffen und Vertrauen aufbauen
- Einengung erweitern
- Ressourcenorientierung und Einbeziehung von Hilfesystemen
- Zeit gewinnen und Entscheidungsmöglichkeiten offen halten
- Selbstverantwortung stärken

Beziehung schaffen und Vertrauen aufbauen

Für Gespräche mit Menschen in einer krisenhaften Situation gilt wie für alle anderen Gespräche mit Hilfesuchenden das in den Kapiteln 3 und 5 Ausgeführte zu den Grundhaltungen und zum Beziehungsaufbau.
Darüber hinaus ist es wichtig

- auf jeden Fall die bedrohlich erlebte Situation und die dazugehörigen Gefühle und Impulse anzusprechen
- die Verzweiflung, in der sich der Hilfesuchende befindet, anzuerkennen und zu bestätigen, sie zu würdigen und zu teilen
- sich von Aufmunterungen zu enthalten, weil diese von verzweifelten Personen leicht als Verspottung aufgefasst werden
- keine Warum-Fragen zu stellen, denn diese fordern eine Rechtfertigungsposition heraus
- Aggressionen, Skepsis und Zurückweisungen des Hilfesuchenden als Mittel der Beziehungsaufnahme und als Wahrung seiner Autonomie zu utilisieren, z. B. bei dem 9-jährigen Jungen: *„Dass jemand mit dir zusammen nach Hause zu deinen Eltern geht, findest du nicht gut. Da hast du Angst, dass die Eltern hinterher noch wütender werden könnten. Das ist gut, dass du das so klar sagst. Du weißt selbst am besten, wie deine Eltern sind. Welche Ideen hast du denn selber noch?“*

Einengung erweitern

Wir können Ideen anbieten, welche sich in angemessener Weise von denen des Hilfesuchenden unterscheiden, um dazu einzuladen, festgefahrene Sicht- und Denkweisen zu erweitern und zusätzliche Handlungsmöglichkeiten zu erschließen. So können wir beispielsweise nach Ansätzen suchen, die alternative Interpretationsmöglichkeiten erschließen könnten: *„Das versteh' ich sehr gut, dass* *du jetzt Angst hast, nach Hause zu gehen. Wie war das denn beim letzten Mal, als du mit so einer schlechten Note nach Hause kamst?" ... „Reagieren deine Eltern immer so, oder ist es schon auch mal anders?" ... „Wie ist es denn, wenn du in der einen Arbeit eine schlechte Note nach Hause bringst und in einer anderen Arbeit eine bessere?" ... „Ich möchte mit dir mal gemeinsam überlegen, wie du es deinen Eltern am besten beibringen könntest mit deiner Note."*

Mit dem Anrufenden gemeinsam zu überlegen, welche Herausforderungen, welche Entwicklungsaufgaben für ihn in der Krise verborgen sein könnten, ist in der aktuellen Krisensituation meist noch nicht möglich, sondern oft erst nach einer gewissen Zeit: *„Für mich ist sehr nachvollziehbar, dass es ein großer Schock für Sie ist, dass Ihre Frau Sie so plötzlich verlassen hat. Das war für Sie ganz unerwartet und überraschend. Wenn Sie sich vorstellen, wir würden in sechs Monaten oder einem Jahr wieder über Ihre Situation sprechen: Wie würden Sie dann über diese Trennung denken? Welche anderen Aspekte für Ihr Leben könnten dann eher in den Blick kommen?"*

Ressourcenorientierung und Einbeziehung von Hilfesystemen

Wir gehen davon aus, dass der sich in einer Krise befindliche Mensch die Fähigkeit zu konstruktiver Veränderung und zur Lösung der Krise hat, das selbst aber oft gar nicht wahrnehmen kann. Als Berater müssen wir deshalb darauf achten, diesen Aspekt so einzubringen, dass der Andere ihn für sich akzeptieren kann. Bringen wir diesen Aspekt zu früh, zu aufdringlich oder zu platt ein, wird der Hilfesuchende sich in seiner Not und Verzweiflung nicht hinreichend gewürdigt erleben und unsere Angebote ablehnen.

Selbstverständlich müssen wir auch erfragen, welche Krisen der Hilfesuchende schon erlebt und wie er sie bewältigt hat, um an den darin enthaltenen Ressourcen anknüpfen und sie dem anderen bewusst machen zu können.

In vielen Fällen sind auch in den sozialen Beziehungssystemen des Hilfesuchenden wichtige Ressourcen in Form von hilfreichen Personen vorhanden. Das kann in unmittelbarer Nähe sein, z. B. in der Herkunftsfamilie, nicht selten sind solche Personen aber auch im weiteren Umfeld zu finden, z. B. entferntere Verwandte, Nachbarn, Kollegen. Weiterhin können wir gemeinsam Ausschau halten nach anderen hilfreichen Personen und Institutionen, die einbezogen werden könnten, wie beispielsweise eine Schuldnerberatungsstelle bei Überschuldung oder ein Frauenhaus bei Misshandlung durch den Ehemann.

Zeit gewinnen und Entscheidungsmöglichkeiten offen halten

Wegen des oben dargestellten „Tunnelphänomens" sollten wir bei dem Betroffenen dafür werben, dass er in der aktuellen Situation keine – möglicherweise weitreichenden oder sogar endgültigen – Entscheidungen trifft, sondern sich Entscheidungsmöglichkeiten offen hält und dafür Zeit gibt und lässt. Da die innere Anspannung oft enorm groß und schwer auszuhalten ist, empfiehlt es sich, kurze Zeiträume in den Blick zu nehmen. So könnte man z. B. anbieten *„Morgen Vor-*

mittag können Sie sich an Herrn ... in der Beratungsstelle ... wenden für ein persönliches Gespräch." Häufig ist es hilfreich und notwendig, diesen kurz bemessenen Zeitraum miteinander durchzudenken, wie der Hilfesuchende diese Nacht oder den nächsten Tag für sich gestalten kann, ohne wieder in Verzweiflung zu versinken. Wichtig ist es, möglichst konkrete Zeit- und Haltepunkte und Hilfeangebote anzubieten bzw. zu benennen, an denen sich der Andere festhalten und ggf. „entlanghangeln" kann. Dabei ist die Zuverlässigkeit dieser Haltepunkte und Angebote oberstes Gebot; wir sollten nicht versprechen, was nicht einzuhalten ist, und keine Hoffnungen wecken, die nicht zu erfüllen sind.

Die Selbstverantwortung stärken

können wir durch all das, was wir tun hinsichtlich Erweiterung der Einengung, Ressourcenorientierung und Offenhalten von Entscheidungen. Auch sollten wir nichts für die hilfesuchende Person übernehmen, wozu diese selbst in der Lage ist.

Fallbeispiel

Anruf eines Mannes am Abend mit einem männlichen Berater.

A: Guten Abend, ich habe verschiedene Anliegen, Sie werden sich vielleicht wundern: Ich habe Arbeit, ein Haus, ich bin verheiratet seit einem Jahr. Ich müsste eigentlich glücklich sein, ich bin's aber nicht. Wie gesagt, ich habe vor einem Jahr geheiratet, eine Frau aus Russland. Ich habe gedacht, für die Frauen von dort wären Bindung und Treue noch wichtiger als für die Frauen hier, aber da habe ich mich wohl getäuscht. Ich habe die Scheidung eingereicht. Ich überlege, für immer in eine geschlossene Anstalt zu gehen. Oder vielleicht könnte ich auch tagsüber arbeiten und anschließend in betreutes Wohnen gehen.

B: Das hört sich ja sehr massiv an, was Sie da sagen. Ich möchte Sie bitten, dass Sie noch ein bisschen mehr über Ihre Situation erzählen.

A: Ja wissen Sie, meine Frau ist jetzt unterwegs, allein. Ich weiß gar nicht, ob sie allein ist, oder ob sie sich mit jemandem trifft. Wenn eine Frau ihre Handtasche mitnimmt, dann bedeutet das eher, dass sie für sich alleine geht, hat mir jemand gesagt. Stimmt das?

B: Wie das für Ihre Frau einzuschätzen ist, kann ich Ihnen nicht sagen. Ich höre jedenfalls, dass Sie sich Sorgen darum machen, ob Ihre Frau alleine unterwegs ist, oder ob sie sich mit jemandem trifft.

A: Ja. Sie geht eigentlich jeden Abend weg, oft bis spät in die Nacht, und ich weiß gar nicht, was sie macht und wohin sie geht.

B: Können Sie mit Ihrer Frau über die Sorgen sprechen, die Sie sich um sie machen?

A: Das hab ich ihr schon gesagt, aber wir schreien uns nur noch an. Das geht schon seit Wochen so.

B: Da kommen Sie mir sehr belastet vor. Zu Beginn des Gespräches haben Sie ja auch gesagt, dass Sie die Scheidung eingereicht hätten.

A: Ja, ich halt' das einfach nicht mehr aus, und deswegen hab' ich die Scheidung eingereicht.

B: Das ist wirklich schwer für Sie. Was erwarten Sie denn da von mir, von diesem Gespräch?

A: Ich weiß es selbst nicht. Ich weiß nur, dass mein Leben ziemlich kaputt ist – eine handfeste Krise.

Weiteres Gespräch über die aktuelle Krisensituation, insbesondere über die Beziehung zu seiner Frau; es wird deutlich, dass der A gerne „Garantien fürs Geliebtwerden" hätte.

B: Haben Sie denn früher schon ähnlich schwere Situationen erlebt?

A: Ja. *A berichtet über frühere Situationen.*

B: Was hat Ihnen damals geholfen, diese schweren Situationen zu überstehen?

A: Wenn ich mir sagen konnte, „Du musst!", „Du musst das machen!", das hat mir geholfen.

B: Wie ist das heute, wenn Sie sich jetzt sagen würden: „Du musst!", „Du musst das durchstehen!", hilft Ihnen das?

Im weiteren Gesprächsverlauf wird immer klarer, dass der A sehr nach Halt und Stabilität sucht. In diesem Zusammenhang kommt A nochmals auf seine eingangs erwähnte Idee zu sprechen, für immer in die Psychiatrie zu gehen. Dabei stellt sich heraus, dass A keine klare Vorstellung von einer psychiatrischen Klinik hatte, er sich so etwas wie Behütetsein davon versprach. B gibt Information über die Situation in psychiatrischen Kliniken, das lässt A Abstand von dieser Idee nehmen.

B: Ich möchte Ihnen vorschlagen, dass wir mal gemeinsam überlegen, was Ihnen Halt geben könnte in Ihrer aktuellen Situation.

A: (*ist damit einverstanden*) Ich hab einen Freund, der redet mit mir.

B: Was hilft Ihnen dabei, wenn Ihr Freund mit Ihnen redet?

A: Der hört mir zu, und der sagt auch mal: „Denk doch mal da dran und da dran.", der zeigt mir, wie man das auch noch anders sehen kann.

B: Ihr Freund zeigt Ihnen also andere Sichtweisen auf, und das hilft Ihnen. Was gibt es denn vielleicht noch, was Ihnen zurzeit helfen könnte?

A: Dass ich mit Ihnen reden kann, das hilft mir auch. Da werd' ich ruhiger.

B: Wäre es an dieser Stelle auch in Ordnung für Sie, dass wir mal gemeinsam überlegen, wie Sie die nächsten Stunden und die Nacht rumkriegen können?

A stimmt zu, es werden Ideen erörtert wie fernsehen, Musik hören, auch, ob A das Heimkommen seiner Frau abpassen werde oder nicht. A bleibt diesbezüglich ambivalent. Das Gespräch endet mit dem Angebot an A, wieder anrufen zu können.

Beratende Krisenintervention bei suizidalen Krisen

Das Gründungsmotiv für die Telefonseelsorge war, Menschen in einer suizidalen Krise eine jederzeit und leicht erreichbare Gesprächsmöglichkeit anzubieten. Diese Niedrigschwelligkeit, vor allem auch die in der Regel gegebene Anonymität der Anrufenden bei Telefonberatungsdiensten, ermöglicht vielen Anrufern, dabei suizidale Gedanken und Impulse anzusprechen, die sie in anderen Kontexten wie beim Arzt oder in der Psychotherapie häufig nicht äußern mögen aus Angst vor als fremdbestimmt erlebten Eingriffen wie insbesondere einer Einweisung in die Psychiatrie. Das gibt Anrufern und Telefonberatern die Chance, die Ressourcen und Möglichkeiten der Anrufer zu erkunden und auszuloten.

Ein angemessener und nach Möglichkeit hilfreicher Umgang mit Menschen in suizidalen Krisen setzt eine persönliche und fachliche Vorbereitung und Beschäftigung mit der Thematik zwingend voraus. Dazu können wir im Rahmen dieses Buches nur Anregungen geben.

Hinsichtlich der persönlichen Vorbereitung laden wir Sie zu folgender Selbstreflexion ein:

Selbstreflexion zu Suizid:

Welche Erfahrungen, Kenntnisse, Berührungen habe ich bezüglich Suizid?
Woher habe ich diese Erfahrungen und Kenntnisse?
Hatte/habe ich selbst suizidale Gedanken, Phantasien, Pläne?
War/bin ich selbst in einer suizidalen Situation?
Wann? Wie war/ist die Situation?
Was hat mir herausgeholfen bzw. was könnte mir heraushelfen?
Habe ich selbst schon einen Suizidversuch unternommen?
Wie stehe ich heute dazu?
Welche Berührungen hatte bzw. habe ich mit Suizid in meiner Familie, Verwandtschaft, Freundes- und Bekanntenkreis, Nachbarschaft, am Arbeitsplatz, ... ?
Welche Informationen habe ich aus den Medien?
Welche Ängste löst das Thema in mir aus?
Wie ist meine eigene Einstellung zu Suizid?
Was ist meine Werthaltung und/oder Glaubenshaltung zu Suizid?
Wie ist meine Einstellung zu Leben und Sterben?

- für mich selbst:
  Was macht mein Leben für mich lebenswert?
  Wann wäre es für mich nicht mehr lebenswert?
  Wann/unter welchen Umständen würde ich selbst nicht mehr leben wollen?
- generell:
  Wann sollte jemand sterben dürfen? Wann nicht?

In welchen Situationen bzw. unter welchen Umständen halte ich Suizid für eine akzeptable, verständliche, legitime Verhaltensmöglichkeit eines Menschen – in welchen nicht? ◀

Hinsichtlich der fachlichen Vorbereitung möchten wir auf die umfangreiche Literatur zum Thema verweisen.[23]

Wichtig für die Gesprächsführung sind vor allem folgende Erkenntnisse:

1. Die Theorie von Pöldinger (Pöldinger 1968) zur Entwicklung von Suizidalität: Belastungen verschiedener Art (s. o.) können dazu führen, über Suizid als mögliche Lösung nachzudenken. Nach dieser Phase der Überlegung kommt es zur Phase der Ambivalenz, in der die Person hin- und hergerissen ist zwischen den Suizidgedanken einerseits und dem Weiter-leben-wollen andererseits. In dieser Ambivalenzphase sind Personen oft besonders labil und daher auch für Suggestionen und Außenreize besonders sensibel, z. B. für entsprechende Medienberichte. Hat eine Person dann den Entschluss zum Suizid gefasst, wird sie gefasst, d. h. wieder ruhiger. Was also für Außenstehende wie ein vermeintliches Überwinden der Suizidalität wirken mag, ist in Wirklichkeit die „Ruhe vor dem Sturm".

2. Je konkreter sich jemand Gedanken über die Durchführung einer Suizidhandlung gemacht bzw. diese bereits vorbereitet hat (Methode und notwendige Materialien, Ort, Abschiedsnachrichten, Maßnahmen, um nicht vor Eintritt des Todes gefunden zu werden), umso wahrscheinlicher ist eine Suizidhandlung. Oder umgekehrt formuliert für die Beratungspraxis: Sofern jemand nur vage oder unkonkrete Angaben über eine beabsichtigte Suizidhandlung macht, ist eine akute Suizidhandlung wenig wahrscheinlich.

3. Suizidale Gedanken, Impulse und Verhalten sind in jedem Fall Ausdruck einer äußeren und/oder inneren Not. Vom Suizid erhofft man sich ein Ende oder eine Linderung der Not. Es geht also nicht primär darum zu sterben, sondern um eine Änderung der als unerträglich erlebten Lebensverhältnisse. Man möchte **so** nicht leben, sieht jedoch – noch – keine andere Möglichkeit als den Tod, um die lebenswichtigen Anliegen erfüllt zu bekommen. In den suizidalen Gedanken, Impulsen und Verhalten sind also wichtige Beweggründe enthalten.

   Solche Beweggründe können sein:

- der Wunsch, sich beachtet zu fühlen
- die Hoffnung, Hilfe zu erfahren

---

23 *Exemplarisch z. B. Dorrmann 1991, Evangelische Konferenz für TelefonSeelsorge und Offene Tür e. V. und Katholische Konferenz für TelefonSeelsorge und Offene Tür (Hrsg.) 2009*

- sich für etwas rächen zu wollen
- andere unter Druck setzen zu wollen
- anderen schaden zu wollen
- die Tendenz, sich selbst zu bestrafen (für tatsächliche oder vermeintliche Verfehlungen oder Schlechtigkeit)
- sich selbst die eigene Entscheidungsfreiheit zu beweisen, weil andere Entscheidungsmöglichkeiten als nicht mehr verfügbar erlebt werden
- die Vorstellung von eigener Würde zu retten
- einer als unerträglich erlebten oder vorgestellten Situation wie unheilbarer Krankheit und/oder starken Schmerzen entgehen oder vermeiden zu wollen
- anderen nicht zur Last fallen zu wollen
- die Sehnsucht nach Befreiung von Belastungen
- der Wunsch, Ruhe zu haben bei/nach lang andauernder Überforderung
- eine Lebenspause machen zu wollen
- sich von Schuld befreien zu wollen
- ...

Meist ist nicht nur ein einziger Beweggrund bestimmend, sondern eine Kombination mehrerer Motive und Faktoren.

Da es bei Gesprächen mit Menschen in einer suizidalen Krise „um Leben und Tod" geht, ist der Druck in beiden Gesprächspartnern meist besonders groß. Nichtsdestotrotz gelten in solchen Fällen grundsätzlich keine anderen Grundsätze und Regeln als die oben für die beratende Krisenintervention ausgeführten. Auch in diesen Gesprächen ist es das Ziel, durch eine unterschiedliche Sicht von „Wirklichkeit" neue Perspektiven zu eröffnen, damit aus der suizidalen Krise und Einengung eine Chance der Integration und Entwicklung werden kann. Dieses Ziel kann am ehesten erreicht werden, wenn sich der Berater nicht als Retter oder als Verhinderer eines beabsichtigten Suizids versteht, sondern als kritisch wohlwollender Begleiter der Hilfe suchenden Person, damit diese die ihr gemäße Lebensentscheidung trifft. Sein wichtigstes „Handwerkszeug" ist dabei seine Angstfreiheit.

Für Gespräche mit suizidalen Personen gelten ebenfalls die oben für die beratende Krisenintervention genannten Punkte.

Weiterhin gehen wir von den folgenden Erfahrungsgrundsätzen aus:

- In der überwiegenden Zahl der Fälle haben Suizidhandlungen auch eine kommunikative Funktion: Wer Suizid (bzw. einen Suizidversuch) begeht, möchte damit – auch – anderen etwas mitteilen.

- Beziehung wirkt antisuizidal: d. h. Beziehungen des Hilfesuchenden halten ihn am und im Leben. Das gilt auch für die Beziehung zum Berater: Solange die Gesprächsbeziehung besteht, gibt es die Chance und die Hoffnung, die eingeengte Perspektive zu erweitern und sich für das Weiterleben zu entscheiden.

Zusätzlich sind bei den einzelnen oben für die beratende Krisenintervention genannten Punkten folgende Aspekte zu beachten:

Beziehung schaffen und Vertrauen aufbauen

Bei vermuteten oder angedeuteten Suizidimpulsen sollten wir

- Suizidgedanken offen ansprechen
  z. B. *„Was Sie mir da berichten, hört sich für mich so an, als ob Sie auch daran dächten, sich das Leben zu nehmen. Nehme ich das richtig wahr?"* oder *„Wann zuletzt haben Sie daran gedacht, sich das Leben zu nehmen?"*
  Gerade dieser Punkt löst bei Beraterinnen und Beratern immer wieder Ängste aus, damit evtl. zum Suizid zu ermutigen. Viele Menschen mit Suizidgedanken tun sich schwer, diese zu äußern, weil sie sich dafür schämen oder fürchten, den Anderen damit zu überfordern oder dass dieser unerwünschte Schritte unternehmen könnte wie z. B. eine Einweisung in eine psychiatrische Klinik. Wenn ich als Berater Suizidgedanken offen und offensiv anspreche, so hat das in der Regel eine enttabuisierende und damit öffnende und entlastende Funktion: Es signalisiert dem Hilfesuchenden, dass ich auch mit dieser Situation und diesen Gedanken und Impulsen umgehen kann, und es lädt ihn ein, über diesen möglicherweise scham- und angstbesetzten Bereich ins Gespräch zu kommen. Das schafft Vertrauen, stärkt Beziehung und erweitert dessen Erkundungs- und Handlungsspielräume.
- das Recht des Anderen auf Suizid, sein Recht auf ein würdiges Leben und seine Entscheidungsfähigkeit anerkennen; denn eine Rettung um jeden Preis hieße, den Wert, den der Suizident im Suizid sieht, nicht ernst zu nehmen.
- die eigene Ohnmacht akzeptieren, jemanden vom Suizid abhalten zu können.
- besonders darauf achten, dass der Andere sich durch mich nicht als gekränkt erlebt, da Suizidenten in ihrer Ambivalenz und ihrer oft verminderten Selbstwertschätzung (s. u.) außerordentlich leicht kränkbar sind.
- die Auftragsklärung behutsam angehen. Durch eine in vielen anderen Gesprächen angemessene Frage wie *„Was möchten Sie mit diesem Gespräch erreichen?"* o. ä. kann der Hilfesuchende sich aufgefordert sehen, sich festzulegen – das könnte auch dazu führen, dass er seine eingeengte Sichtweise verhärtet und sich dadurch die Möglichkeiten des Gesprächs einengen.

Einengung erweitern

- durch Wahrnehmen und Ansprechen der Ambivalenzen
  Bei Menschen in suizidalen Krisen ist die Einengung besonders stark ausgeprägt (s. o.). Um diese wieder erweitern zu können, sind wir als Berater herausgefordert, den Anderen in seiner höchstwahrscheinlich vorhandenen Ambivalenz wahrzunehmen und anzunehmen: in seiner Suizidalität, seinem So-nicht-mehr-leben-wollen einerseits, und seinem Vielleicht-doch-noch-leben-wollen andererseits. Ambivalente und widersprüchliche Gefühle und Strebungen bestehen nebeneinander. Entscheidend ist es, die Unterschiede zwischen den Anteilen, die leben wollen, und denen, die so nicht mehr leben wollen, zu sehen. Das Suchen, Trennen, Ergründen und gleichwertige Ernstnehmen beider Seiten gemeinsam durchzustehen, ist für den Berater und den Anrufer anstrengend, aber gleichzeitig auch schon wieder ein Stück Einengungserweiterung. Wichtig ist, beide Seiten in den Blick zu nehmen und die Spannung des Noch-nicht-Entscheidens aushalten zu können. Dass wir also weder die suizidale Seite zudeckeln oder abtun noch mit dem Anderen in ihr versinken, sondern vielmehr Verzweiflung zulassen, Verlust nacherleben, Abschied nehmen von ..., Schmerz erleiden. Dass wir weder nur falschen Trost spenden noch das Leben und die Hoffnung vergessen, sondern vielmehr fragen: *„Was hält Sie (noch) am Leben?“ „Wer ist für Sie noch wichtig?“ „Für wen sind Sie noch wichtig oder könnten es sein?“ „Wem würden Sie fehlen, wenn Sie tot wären?“ „Für wen haben Sie Verantwortung?“ „Wer braucht Sie?“ „Wie würde die Person X reagieren, wenn sie von ihrem Suizid erfährt? Wie würde sie damit weiterleben?“* Oder bei Personen, die in ihrer Lebensgeschichte erfahren haben, dass ihnen kein Lebensrecht zuerkannt wurde: *„Für wen könnte Ihr Suizid ein ungewollter Liebesdienst sein?“*

- durch Fragen nach dem „Ziel“ des beabsichtigen Suizides
  Die Frage nach dem Warum mag zwar eine Erklärung geben, eröffnet aber keinerlei Zukunftsperspektive. Die Frage nach dem Wofür oder Wozu hingegen kann die Suche nach einem existentiellen Sinn für das weitere Leben eröffnen: *„Wozu fordert Sie die Krise heraus? Was könnten Sie dadurch Neues im Leben entdecken oder entwickeln?“* Auch die möglicherweise befremdlich klingende Frage *„Wofür wollen Sie sich umbringen?“* (vgl. die o. a. möglichen Motive) kann ein guter Ansatzpunkt ein, um den geäußerten Suizidimpuls zu utilisieren (s. Kap. 5), d. h. als Information über wichtige und wertvolle Wünsche des Anrufenden zu deuten. Z. B.: *„Ich höre aus Ihren Suizidgedanken heraus, dass Sie sich damit Ihre Selbstbestimmung in dieser schwierigen Lebenssituation bewahren wollen.“* oder *„Tot zu sein verbinden Sie offensichtlich vor allem mit der Aussicht, dann Ruhe zu haben. Ruhe haben zu wollen, finde ich einen sehr verständlichen Wunsch nach dem, was ich von Ihnen gehört habe.“* An eine solche Utilisierung lässt sich gut anfügen, beim Hilfesuchenden für die

Suche nach einer anderen Lösung zu werben: *„Das finde ich wichtig, dass Sie sich Ihre Selbstbestimmung bewahren möchten. Daher möchte ich Ihnen gerne vorschlagen, gemeinsam zu überlegen, wie Sie Ihre Selbstbestimmung in anderer Weise wahren können als sich umzubringen."* oder *„Ich würde gerne mal mit Ihnen bedenken, wie Sie sonst noch Ruhe finden könnten. Wären Sie damit einverstanden?"*[24]

- durch gedankliches Durchspielen der Auswirkungen der Suizidhandlung
  In vielen Fällen werden Auswirkungen phantasiert, die der Betreffende dann gar nicht mehr erleben könnte, wie z. B. *„Dann werden meine Eltern sehen, was sie an mir gehabt haben!"* oder *„Dann habe ich Frieden."* Das können wir wohlwollend, aber deutlich konfrontieren oder hinterfragen: *„Sie werden dann allem entflohen sein. Sie werden aber nicht mehr erleben können, wie Ihre Eltern reagieren werden."* oder *„Ich höre sehr deutlich, dass Sie einfach und vor allem Ihre Ruhe haben wollen. Wie würde sich Ihr Suizid auf Ihre Umwelt auswirken? Gäbe es dann da auch Frieden nach Ihrem Tod?"*

  Solche Phantasien geben außerdem einen Hinweis darauf, welche wichtigen Anliegen im Suizidwunsch enthalten sind, z. B. Wertschätzung durch die Verwandten zu erfahren, weniger Anforderungen ausgesetzt zu sein, Frieden mit sich und anderen zu finden.

- durch umdeutende Formulierungen
  Wir können sozusagen nebenbei Anregungen einfließen lassen, die die Sichtweise des Hilfesuchenden umdeuten, z. B. in einen anderen Zusammenhang stellen. So relativiert ein Satz wie ***„Zur Zeit** sehen Sie kein Licht mehr in Ihrem Leben..."* die zeitliche Einengung und eröffnet die Perspektive, dass es zu einem späteren Zeitpunkt (z. B. in einem Tag, einer Woche, einem Monat, einem Jahr) anders aussehen könnte. ***„Diese Seite in Ihnen**, die an Suizid denkt, ..."* impliziert, dass es noch eine (oder mehrere) andere Seite(n) im Hilfesuchenden geben mag, die noch am Leben hängen könnte(n).

Ressourcenorientierung und Einbeziehung von Hilfesystemen

Auf jeden Fall sollten wir danach schauen, welche positiven Anliegen für den Hilfesuchenden in seinem Suizidwunsch stecken (s. o.). Wir können beispielsweise eine Umdeutung des Suizidwunsches als aktives Handeln anbieten, als Lösungsversuch in einer sehr schwierigen Situation und als Ausdruck von Selbstachtung: *„Sie wollen diese schwierige Situation lösen, auch wenn es Sie selbst einen hohen Preis kostet, nämlich Ihr Leben."* oder *„Ich höre aus Ihrer Absicht, sich das Leben zu nehmen, auch heraus, dass das etwas ist, was Sie für sich selbst tun können und wollen, dass Sie das gerade mal nicht für die anderen tun wollen,*

---

24 *s. auch weitere Beispiele in Kap. 9*

wie Sie es sonst immer getan haben." Da bei vielen Suizidenten eine verminderte Selbstwertschätzung festzustellen ist, kann eine behutsame Suche nach Anhaltspunkten für eine Selbstwertstärkung versucht werden, z. B. *„Sie haben diese schweren Umstände jetzt seit zehn Jahren ausgehalten. Ich glaube, das hätte nicht jeder geschafft. Wie sehen Sie das?"* Auch bei suizidalen Krisen sollten wir erfragen, welche Krisen der Hilfesuchende schon erlebt und wie er sie bewältigt hat, um an den darin enthaltenen Ressourcen anknüpfen und sie dem Anderen bewusst machen zu können. Gerade bei dem hohen inneren Druck, den Suizidenten erleben, kann es sehr entlastend und unterstützend sein, wenn ein Beistand oder Unterstützung durch andere möglich ist. Das können Menschen im persönlichen Umfeld sein wie die Schwester oder Freundin, bei der man die Nacht verbringen kann. Das können auch professionelle Hilfen sein wie eine Krisenberatungsstelle, bei der eine persönliche Beratung und Begleitung möglich ist, oder die Notfallseelsorge, die ggf. auch einen Hausbesuch am Abend oder in der Nacht anbietet.

Zeit gewinnen und Entscheidungsmöglichkeiten offen halten

hat bei einem Hilfesuchenden in einer suizidalen Krise besonderes Gewicht. Dabei kann es sich um möglicherweise sehr kurze Zeiträume wie eine Stunde handeln. So kann man z. B. anbieten *„Rufen Sie mich in einer Stunde noch mal an!"* oder vielleicht besser noch einen Rückruf anbieten.
Eine Möglichkeit, Entscheidungsmöglichkeiten ganz dezidiert offen zu halten, ist die Vereinbarung eines sog. Non-Suizid-Vertrages. Dabei verpflichtet sich der Andere, für einen bestimmten Zeitraum (z. B. bis zum vereinbarten Anruf in einer Stunde oder bis zum Arztbesuch am nächsten Tag) nicht Suizid zu begehen: „Ich werde mir bis ..... weder absichtlich noch unabsichtlich das Leben nehmen, egal, was passiert, und egal, wie ich mich fühle." Um das Denken des Anderen auf Lösungen hin zu orientieren, kann dieser Vertrag z. B. folgendermaßen ergänzt werden: „In dieser Zeit werde ich alle Möglichkeiten nutzen, die mir helfen, bei einer Entscheidung für oder gegen mein Weiterleben weiterzukommen." (s. dazu Dorrmann 1991, 54 ff.)

Die Selbstverantwortung und Selbstkontrolle stärken

können wir, indem wir, wie oben beschrieben, eine Umdeutung des Suizidwunsches anbieten als aktives Handeln, als Lösungsversuch und als Ausdruck von Selbstachtung.
Wir können dies auch tun, indem wir die Entscheidungsmacht des Anderen über sein Leben in impliziter oder expliziter Weise anerkennen und würdigen und unsere eigene Begrenztheit anerkennen und ggf. auch formulieren. Die Vereinbarung eines Non-Suizid-Vertrages basiert darauf, dass der Suizidgefährdete sein Verhalten kontrollieren kann trotz suizidaler Gedanken, Gefühle und Impulse. Gefühle und Impulse unterliegen als unwillkürliche Reaktion keinerlei unmit-

telbarer Kontrollmöglichkeit. Suizidenten fühlen sich ihnen häufig ausgeliefert. Beeinflussbar sind jedoch die Bewertungen der Gefühle, die Gedanken und Handlungen. Eine Umdeutung des Suizidwunsches verändert die Bewertung des Suizides als aktives Handeln. Der Non-Suizid-Vertrag betont die Möglichkeit, suizidalen Impulsen nicht automatisch suizidale Handlungen folgen zu lassen und die Gedanken und Wahrnehmungen zu erweitern. Damit wird die Entscheidungsmacht über das eigene Denken und Handeln gestärkt, was sich wiederum auch auf die Gefühle auswirken wird.

Gesprächsbeispiel Suizidgefährdung

H = junge Frau, ledig; B = weiblich

H: ... Ich bin vollkommen verzweifelt und habe seit Tagen extreme Suizidgedanken. Ich weiß nicht mehr weiter. Ich habe keine Hoffnung mehr.

B: Das ist schlimm. .. Keine Hoffnung mehr ... auf was?

H: Ich habe keine Hoffnung, dass es jemals besser wird. Ich habe schon viel versucht und viele Jahre gekämpft und durchgehalten, aber egal was ich mache, es wird immer schlimmer. Ich leide seit vielen Jahren an einer schweren Depression und verletze mich selbst. Ich habe Angst, dass ich da nie rauskomme. Ich habe vor kurzem meine Ausbildung beendet und weiß nicht, wie ich so jemals eine Stelle finden werde.

B: Da ist was zu Ende gegangen und etwas Ungewisses beginnt.

H: Ja so kann man das sagen. Nur jetzt bin ich an einem Punkt, an dem ich eigentlich gar nichts Ungewisses mehr beginnen möchte. Eigentlich möchte ich gar nichts mehr beginnen. Ich kann einfach nicht mehr.

B: Sie haben gekämpft und jetzt keine Kraft mehr. Am liebsten möchten Sie allem entfliehen?

H: Ja, ich möchte nur noch aufgeben, weil ich keine Kraft mehr habe. Ich habe so viele Jahre durchgehalten, aber ich glaube jetzt geht es nicht mehr.

B: Durchgehalten ... Was war das Schlimmste für Sie in dieser Zeit?

H: Dass ich bis zur Erschöpfung Höchstleistungen erbracht habe, um mir eine Daseinsberechtigung und etwas Liebe zu erarbeiten – und es dennoch nie etwas gebracht hat. Ich muss mich jeden Tag betäuben und gegen mich vorgehen, weil ich es sonst nicht aushalte. Das war eigentlich nie ein Leben, eher ein Überstehen, ein Aushalten.

B: Boah... kein Wunder, dass Sie fertig sind! Sie kämpfen gegen sich und den Rest der Welt, das hält kein Mensch auf Dauer aus. Kein Wunder, dass Sie an Suizid denken, um endlich mal zur Ruhe zu kommen.

H: Ja das mach ich. Aber ich kenne es auch anders. Ich habe versucht einen anderen Weg zu gehen und mich zu ändern. Ich habe eine Psychotherapie gemacht. Aber ich schaffe es nicht, etwas zu ändern. Ich glaube, ich bin einfach zu blöd dazu.

B: (lacht) Zu blöd ist ein blöder Ausdruck ... sorry... seien Sie mir nicht böse, wenn ich lache.

H: Nein, ich bin nicht böse. Ich halt mich wirklich für absolut blöd. Ich denke oft, dass ich keine Daseinsberechtigung habe und für alle nur eine Last bin.

B: Zu blöd sind Sie mit Sicherheit nicht ... auch wenn Sie mir nicht glauben. Ich bin sicher, dass Sie das denken und dass Sie bisher noch niemand vom Gegenteil überzeugen konnte... Was braucht man, um eine Daseinsberechtigung zu haben?

H: Gute Frage. Bei anderen Menschen denk ich, dass sie von sich aus eine Daseinsberechtigung haben. Verrückterweise bin ich bei mir selbst aber davon überzeugt, dass ich mir die erst erarbeiten muss, dass ich irgendeinen Wert haben muss.

B: Wie denken Sie, könnten Sie die erarbeiten?

H: Indem ich immer Höchstleistungen bringe, versuche es allen Recht zu machen, meine Wünsche komplett in den Hintergrund stelle.

B: Was könnte Sie überzeugen, das gleiche Recht wie alle anderen Menschen zu haben?

H: Schwer zu sagen. Ich habe sogar Menschen um mich, für die ich wichtig bin und die mir das auch sagen. Aber ich selbst kann mich nicht im Geringsten annehmen.

B: Klar. Von außen wird Sie nie jemand überzeugen können. Ich könnte Ihnen jetzt mit schlauen Sprüchen kommen ... aber ich bin sicher, davon haben Sie schon jede Menge gehört.

H: Das stimmt leider. Es ist nur so unglaublich schwierig, wenn man selbst sein größter Feind ist, den ganzen Tag gegen sich vorgeht und überhaupt nicht einsehen kann, dass man lebenswert ist.

B: Wie wär's, wenn Sie mit sich Frieden schließen würden?

H: Das wäre wohl eine Lösung. Aber wie schaffe ich das?

B: Gute Frage. Haben Sie eine Idee?

H: Ich müsste wohl zuerst einmal lernen, mich mit all meinen Schwächen und Fehlern zu akzeptieren. Ich müsste einsehen, dass ich nicht alleine Schuld an dem bin, was mir in der Vergangenheit passiert ist. Aber das ist schwer und ich weiß nicht, ob ich das kann.

B: Das ist verdammt schwer .... Kann es denn noch schwerer werden, als es jetzt schon ist?

H: Eigentlich nicht. Aber ich habe Angst davor. Vielleicht bin ich einfach nur entsetzlich feige und hab mich innerlich schon lange aufgegeben.

B: (lacht) Selbsterkenntnis ist der erste Weg zu Besserung.... Jetzt kriegen Sie doch einen schlauen Spruch.

H: Der Spruch passt gut. Zumindest die Selbsterkenntnis kriege ich noch auf die Reihe, wenn schon das Umsetzen nicht klappt....

B: Was ist Ihnen in den letzten Tagen Positives passiert?

H: Eigentlich kann ich nichts Positives mehr wahrnehmen, weil meine Tage eigentlich nur noch daraus bestehen, mir selbst weh zu tun und gegen mich vorzugehen. Das einzig Positive, das ich noch spüren kann, ist meine kleine Katze – mein großer Halt.

B: Sie können nichts Positives wahrnehmen, was aber nicht heißt, dass es Ihnen nicht passiert.... Da stellt sich für mich die Frage, wie Sie es hinkriegen, eine andere Wahrnehmung zu bekommen, vorausgesetzt Sie wollen das auch.

H: Ja, so habe ich das noch gar nicht gesehen. Ich bin hin- und hergerissen, ob ich eine andere Wahrnehmung bekommen will. Manchmal will ich leben und etwas ändern, dann will ich mich einfach nur aufgeben.

B: Oder nur nicht mehr *so* leben wie im Moment?

H: Wie ich es hinkriege eine andere Wahrnehmung zu bekommen – gute Frage! Ich müsste vielleicht einmal wieder genauer hinsehen, um überhaupt was Positives wahrzunehmen. Ja, ich will nicht mehr so leben wie im Moment. Ich kann auch *so* nicht mehr leben, das halte ich nicht mehr aus.

B: Genauer hinsehen – das müssten Sie. Aber das werden Sie wahrscheinlich alleine nicht schaffen. Wenn jemand beide Beine gebrochen hatte, braucht er Hilfe, Krücken und Therapie um wieder laufen zu lernen. Sie müssen leben lernen ... und bei Ihnen ist in der Tat einiges gebrochen.

H: Ja. Von mir erwarte ich aber, dass ich mich nicht so anstelle und mich auf die gebrochenen Knochen stelle.

B: Oh. Dann wären Sie ein biologisches Wunder.... Haben Sie eine Idee, wo Sie sich Hilfe holen könnten?

H: Ich weiß nicht ob ich es schaffe, nochmal Hilfe anzunehmen.

B: Wann haben Sie das denn das letzte Mal geschafft und von wem?

H: Ich habe vor einem Jahr eine stationäre Therapie gemacht. Das hat mir aber dermaßen den Boden unter den Füßen weggezogen, dass ich noch in der Klinik versucht habe, mir das Leben zu nehmen. Seitdem bin ich mit Therapien sehr vorsichtig.

B: Shit! Das war nicht so ganz Sinn und Zweck der Therapie. Da ist wohl einiges hochgekommen, das Sie noch nicht verarbeiten konnten, weil es zu schlimm für Sie war.

H: Nein das war sicher nicht Sinn und Zweck. Während der Therapie ist sehr viel hochgekommen, was ich nicht wirklich abfangen konnte. ... Ich musste die Therapie abbrechen.

B: Waren Sie vorher schon mal in einer ambulanten Therapie?

H: Ja. Vor langer Zeit. Ich habe mich damals noch nicht getraut zu erzählen, was mir alles zugestoßen ist und so haben wir über Belanglosigkeiten geredet. Die Therapie hätte mir sicherlich geholfen, wenn ich mich auch nur halbwegs geöffnet hätte.

B: Ich habe den Eindruck, dass Sie trotz allem heute weiter sind als damals ... dass Sie sich heute schneller öffnen, vorausgesetzt, das Vertrauen ist da.

H: Das stimmt wohl.

B: Nur sind Sie leider zuletzt in der Klinik abgestürzt und jetzt doppelt vorsichtig. Patient mit gebrochenem Bein ist während der Behandlung von der Liege gefallen.

H: Ja, ich bin einfach sehr misstrauisch geworden und es fällt mir extrem schwer Vertrauen zu fassen ...

B: Ist unser Gespräch so o. k. für sie?

H: Ja. Jetzt möchte ich Sie aber nicht weiter aufhalten. Sie haben mir auf jeden Fall geholfen und mir eine andere Sicht der Dinge gezeigt. Vielleicht traue ich mich jetzt doch, erneut in eine Klinik zu gehen. Ja das Gespräch war absolut o. k. für mich.

B: Sie halten mich nicht weiter auf. Kann ich Ihnen noch was mitgeben?

H: Sie haben mir viel Mut gemacht. Ich hoffe, das reicht jetzt erst einmal für die nächsten Tage. Danke!

12. Kapitel

Zwischen Not und Übermut

Zum Umgang mit Kindern und Jugendlichen in der Telefonberatung

„Zotige Beschimpfungen, Rülpsen, Kichern, meist anschließendes Auflegen, massenhaft schwangere Dreizehnjährige, Aufklärungs- und Beziehungsfragen sind Alltag geworden in der Telefonseelsorge, besonders um die Nachmittagszeit (nach Schulschluss). ... Diese jungen Anruferinnen und Anrufer sind für Erwachsene (Beraterinnen und Berater, aber auch Eltern) oft schwer zu verstehen. Wir messen sie an unseren ‚vernünftigen' Maßstäben und vergessen, hinter die Kulissen zu schauen, um zu verstehen, was sie meinen mit dem, was sie tun und was sie sagen." (Knatz 2005, 26)

Was Knatz hier mit Blick auf die Telefonseelsorge schreibt, gilt auch für andere Telefonberatungsdienste. Kinder und Jugendliche haben – die Wandlungen des Mediums Telefon in den letzten Jahren nutzend – einen speziellen Umgang mit diesem Medium und auch mit den Telefonberatungsdiensten entwickelt. So nutzt diese Altersgruppe nicht nur die speziell für sie konzipierten Angebote wie die „Sorgentelefone für Kinder und Jugendliche", sondern auch andere Dienste. Und sie nutzt alle diese Dienste nicht unbedingt entsprechend den Konzepten dieser Dienste, sondern nach ihren eigenen Vorstellungen.

Junge Menschen, Cyber-Welt und Telefonberatung

Unsere Welt hat sich in den letzten Jahrzehnten massiv verändert durch immer mehr elektronische Geräte in Verbindung mit der Digitalisierung – und das Internet. Auch viele Menschen der mittleren Generation – die hauptsächlich in der Telefonberatung tätig sind – nutzen diese Geräte und Möglichkeiten. Doch ist ihr Zu- und Umgang damit geprägt durch die Erfahrung, ohne diese Möglichkeiten aufgewachsen zu sein – im Unterschied zur jüngeren Generation. Letztere ist mit diesen Geräten und Möglichkeiten aufgewachsen, diese sind selbstverständlicher Teil ihres Lebens und ihrer Lebensgestaltung. Gemäß einer repräsentativen Umfrage unter 14- bis 20-Jährigen (Techniker-Krankenkasse 2011) benutzen 99 % von ihnen das Internet, 70 % surfen darin täglich länger als eine Stunde, 95 % haben ein eigenes Handy. Letzteres dient dabei schon längst nicht mehr wie die ersten Modelle allein dem Telefonieren zu jeder Zeit an jedem Ort, sondern ist ein Multi-Media-Gerät geworden zum Internetsurfen, Fotografieren, Musikhören, Spielen, Nachrichtenversenden (SMS, Chatten) und, und, und. Solche Smartpho-

nes hatten im Jahr 2012 47 % der 12- bis 19-Jährigen, häufigste Freizeitbeschäftigung im Lauf einer Woche ist mit 59 % im Internet surfen. (Medienpädagogischer Forschungsverbund Südwest: JIM-Studie 2012, Jugend 2010 – 16. Shell Jugendstudie)
Junge Menschen leben damit zumindest teilweise in einer „anderen" Welt als die meisten der älteren. Ihre Lebensgestaltung und -haltung ist in der Regel durch und durch geprägt von den digitalen Entwicklungen: Es gibt für sie kein tägliches Leben ohne PC, Handy, Internet und die darauf abgestimmten Informations- und Kommunikationsmöglichkeiten wie z. B. die elektronischen sozialen Netzwerke. Um es überspitzt und vereinfacht auszudrücken: Junge Menschen sind nicht(s) ohne Handy und Internet etc. – weil es sie ohne das nicht gibt.
„Nicht zu unterschätzen ist auch der Reiz, sich selbst neu zu erschaffen. Man kann ein Bild seiner selbst erstellen, ohne dabei seine wahre Identität preiszugeben. Man veröffentlicht Partybilder, witzige Sprüche und gibt zum Besten, ständig in andere Städte zu reisen: Schon ist man das humorvolle Jetset-Partygirl, obwohl man samstagabends eigentlich viel lieber zu Hause sitzt, fern sieht und alle seine Witze nur geklaut hat. Facebook ist eben der perfekte Spielplatz zur Selbstdarstellung." (Jugend 2010 – 16. Shell Jugendstudie)
Das Konzept vieler Telefonberatungsdienste basiert mehr oder minder auf der ursprünglichen Funktion des Telefons als Notfall- und Hilfemedium: Menschen in Krisen bzw. mit psychischen oder psychosozialen Nöten und Sorgen soll eine leicht zugängliche Gesprächs- und Beratungsmöglichkeit zur Verfügung gestellt werden (s. Kap. 1).
Kinder und Jugendliche gehören zu denen, die aufgeschlossen sind für Neues, es ausprobieren und sich aneignen. Das gilt für die Möglichkeiten technischer Geräte wie auch von Telefonberatungsdiensten. Während Telefonberater Anrufern helfen und diesbezüglich sinnvolle Gespräche führen möchten, sind Kinder und Jugendliche beispielsweise auf der Suche nach dem „Kick" oder auch nur darauf aus, ihre Langeweile zu verkürzen. Dazu nutzen sie – unter anderem – auch das Telefon, und dies umso mehr, wenn sie dies aufgrund von sog. Freecall-Nummern sogar kostenlos tun und so ihren Geldbeutel schonen können.
„Spaßanrufe von Pubertierenden und Adoleszenten sollten auf der Basis von Adoleszenztheorien und Entwicklungstheorien verstanden werden. Hier sind die Peer-Group und ihr Einfluss zu beachten, da ... die Provokationen vielfach als Gruppenaktionen ausgelebt werden. Grenzüberschreitungen und Mutproben gehören zur Entwicklungsdynamik der Jugendphase, ebenso das Verstellen und das Spiel mit der Identität. Der Genuss liegt hier darin, die Macht umzukehren und die Hilflosigkeit und Ohnmacht der einst so mächtigen Erwachsenen und der Autoritäten zu genießen." (Gröning 2010)

Erkenntnisse der Entwicklungspsychologie

Daher möchten wir Sie zunächst einladen, mit uns einen kurzen Blick auf die Erkenntnisse der Entwicklungspsychologie über das Alter von ca. 10 bis 14 Jahren zu werfen, denn aus dieser Altersgruppe kommen die meisten der Anrufe, die uns beschäftigen.

Im sog. **frühen Schulalter,** der Phase **zwischen 7 und ca. 12 Jahren,** ist es für die Kinder wichtig, etwas herzustellen, zu bauen, zu basteln. Die Kinder entwickeln Fleiß, setzen sich zielstrebig für die Vollendung von Zielen und Werken ein; E. Erikson nennt diese Phase „Werksinn gegen Minderwertigkeit" (Erikson 1973). Es geht in dieser Entwicklungsphase darum, den Tätigkeitsdrang auszuleben, Arbeitsfreude zu entwickeln, die eigene Kraft zu spüren, das eigene Können auszuprobieren, stolz sein zu können auf sich und seine Fähigkeiten. Es ist die Zeit von Jungen- und Mädchenfreundschaften, es werden Gruppen oder Banden gebildet. Kleine Abenteuer werden wichtig und Mutproben sind zu bestehen. Mädchen träumen von Pferden und vom Reiten, zum Ende dieser Phase schwärmen sie für Boygroups, was als Schritt zur Bewusstmachung der eigenen sexuellen Identität gedeutet werden kann; sie sind zunehmend stärker mit ihrem eigenen Körper und dessen Veränderung beschäftigt. Jungen sehen sich in diesem Alter als (Fußball-) Star, stecken ihre Energie in körperliche Auseinandersetzungen und Machtkämpfe, demonstrieren Coolness und Kontrolle. Die Kinder nehmen zum Ende dieser Phase Abschied von der Kindheit, sie beginnen flügge zu werden. Damit zeigt sich der **Beginn der Pubertät,** meist **zwischen dem 11. und 14. Lebensjahr.** Die Mädchen und Jungen lösen sich von den Eltern. Das geschieht meist nicht reibungslos, vielmehr durch Auseinandersetzungen, Rückzug, Provokationen und Grenzüberschreitungen. Gleichzeitig und oft unverbunden daneben besteht die Sehnsucht nach Liebe und Geborgenheit. Man könnte die Phase der Pubertät unter die Überschrift stellen: Alles wird anders, und das jeden Tag (oder z. T. sogar jede Stunde). Es ist eine Zeit enormer Veränderungen in allen Bereichen des Lebens, körperlich, psychisch und sozial. Moderne Hirnforschungsmethoden haben in den letzten Jahren deutlich gemacht, welche umwälzenden Veränderungen sich auch im Gehirn der Pubertierenden abspielen. Knatz (a. a. O.) beschreibt diese Veränderungen mit folgender Metapher: „Stellen Sie sich einmal vor: Sie sind in einer Stadt aufgewachsen, in der Sie jeden Weg kennen, jede Einbahnstraße; in der Sie wissen, wo die Sackgassen sind und die Schleichwege. Plötzlich, über Nacht, wird Ihre Stadt verändert. Die Einbahnstraße ist zur Schnellstraße geworden, die Sackgasse ist aufgehoben und wird als neuer Schleichweg genutzt, die Schnellstraße ist verkehrsberuhigt ... Sie finden sich nicht mehr zurecht, brauchen Zeit, sich neu zu orientieren und sind fassungslos ob all dieser Veränderungen." Das führt zu Orientierungslosigkeit und Stimmungsschwankungen, die sich die Jugendlichen meist selbst nicht erklären können. Sie müssen in dieser veränderten Situation ihren Weg finden; die Orientierung an den Eltern oder anderen Erwachsenen lehnen sie ab und suchen oft gleichzeitig Halt und Sicherheit bei ihnen. Sie fühlen sich häufig unverstanden und allein, verschließen sich und ziehen sich zurück. Provokation und Protest einerseits und innere Emigration andererseits wechseln sich ab. Pubertierende fordern Toleranz von den Erwachsenen, sind aber selbst zu Toleranz oft nicht in der Lage, sondern verhalten sich rigide und intolerant. Im Zusammenhang mit der Ablösung von den Eltern erlangen Peer-Groups (Gruppen von Gleichaltrigen) besondere Bedeutung; der Wunsch nach Akzeptierung durch die Gleichaltrigen wird ein wichtiges Thema dieses Alters. Dies fordert die Beachtung von Gruppennormen, es ist oft das Wichtigste, wie der oder die Jugendliche von den anderen Gruppenmitgliedern gesehen und akzeptiert wird. Kurzum: Die Jugendlichen suchen ihre Persönlichkeit, ihre Identität. „Wer bin ich?“ „Was will ich?“ „Wer möchte ich sein?“ sind die Leitfragen. Diese Wegsuche bedarf des Experimentierens. Möglichkeiten werden erkundet und ausprobiert, Sackgassen und Fehlschläge sind dabei unvermeidlich. Sowohl die häufig rigorose Abgrenzung von den Werten, Normen und Verhaltensweisen der Erwachsenen als auch die vielfältigen Provokationen der Erwachsenen in Sprache, Verhalten, Kleidung dienen dieser Suche nach der eigenen Persönlichkeit und Identität. Die von den Erwachsenen oft geforderten „vernünftigen“ Alternativen sind erst am Ende dieses Prozesses zu erwarten.

Zur Selbstreflexion:

Erinnern Sie sich an Ihre eigene Lebenszeit und Entwicklung im Alter von 10 bis 14 Jahren. Wie verlief diese Zeit und Entwicklung bei Ihnen?
Vergegenwärtigen Sie sich ein Kind bzw. eine/n Jugendliche/n dieses Alters in Ihrer näheren Umgebung. Was nehmen Sie bei ihm bzw. ihr wahr?
Welche Unterschiede zwischen Ihrer eigenen Entwicklung und der beobachteten nehmen Sie wahr?

Hinzu kommen die Herausforderungen durch die Veränderungen der gesellschaftlichen Rahmenbedingungen in den letzten Jahren bzw. Jahrzehnten; Kinder und Jugendliche sind dabei insbesondere betroffen von den zahlreicher gewordenen Trennungen und Scheidungen und Patchworkfamilien, von Lehrstellenmangel und Arbeitslosigkeit, von der abnehmenden Bedeutung Werte vermittelnder und Orientierung gebender Institutionen. (Jugend 2010 – 16. Shell Jugendstudie)
Dies alles bildet sich ab bei den Anrufen der 10- bis 14-Jährigen, die wir in der Telefonberatung erleben: Die Mutproben der Jüngeren wie die Wegsuche der Älteren.

Ein Nachmittag am Beratungstelefon kann dann z. B. so aussehen:

15.30 Uhr:	*„Mir ist mein Mann davongelaufen.“* (weiblich, ca. 13 Jahre)
15.38–15.53 Uhr:	*„Die anderen Kinder in der Schule hänseln mich, weil ich so dick bin.“* (männlich, 12 Jahre)
16.10 Uhr:	*„Mein Busen ist zu klein.“* (weiblich, ca. 14 Jahre)
16.11 Uhr:	*„Ich habe mir von meiner Freundin einen Vibrator ausgeliehen. Jetzt tut mir die Scheide weh.“* (weiblich, ca. 14 Jahre)
16.15 Uhr:	*„Ich bin 14. Ich bekomme keinen Orgasmus.“* (weiblich, ca. 14 Jahre)
16.18 Uhr:	*„Hier ist die Telesau.“* (männlich, ca. 14 Jahre)

16.25 Uhr:	*„Du Fotze!“* (aufgelegt – männlich, ca. 11 Jahre)
16.28–16.46 Uhr:	*„Ich bin in meinen Lehrer verliebt.“* (weiblich, ca. 16 Jahre)
16.49 Uhr:	*„Ich bin 15 und mein Nachhilfelehrer hat mich vergewaltigt.“* (weiblich, ca. 15 Jahre)
16.55 Uhr:	*„Ich heiße Sabine und bin 10 Jahre alt. Ich bin so traurig, weil mein Papa gestorben ist.“* (weiblich, ca. 10 Jahre)
16.58 Uhr:	*„Sabine will vom Balkon springen – was soll ich tun? Spring nicht!!!* [ein schriller Schrei]“ (aufgelegt – weiblich, ca. 11 Jahre)
17.11 Uhr:	*„Ich bin so geil. Ich will mit Ihnen schlafen.“* (männlich, ca. 13 Jahre)

▸ **Zur Selbstreflexion:**

Welche Erfahrungen mit Anrufen von Kindern und Jugendlichen haben Sie gemacht?
Wie sind Sie mit diesen Anrufen umgegangen? Welche Veränderungen gab es im Lauf der Zeit in Ihrer Sichtweise, Ihrer Einstellung, Ihrem Verhalten dazu? ◂

Ein solcher Nachmittag mit überwiegend Scherz- und Testanrufen wird von vielen Telefonberatern als nervig oder als Zumutung erlebt, und sie müssen in ihren Einrichtungen auch die Gelegenheit bekommen, ihren Ärger, ihren Frust, ihre Empörung äußern zu können, z. B. im Rahmen der Supervision. Um einen sachgemäßen und kooperationsorientierten Umgang mit den jugendlichen Anrufern zu entwickeln, reicht das Luftablassen allein freilich nicht aus; dafür ist es hilfreich, die möglichen Motive der Anrufer besser verstehen zu lernen.

Funktionen bzw. Motive der Anrufe von Kindern und Jugendlichen bei Telefonberatungsdiensten

Wir unterscheiden folgende Funktionen bzw. Motive, die Anrufe von Kindern und Jugendlichen bei Telefonberatungsdiensten haben können. Diese können auch ineinander übergehen bzw. innerhalb eines Anrufes nacheinander eine Rolle spielen.

1. **Mutproben**
   In der Peer-Group gilt es, sich gegenüber den Gleichaltrigen zu beweisen und zu behaupten. Die Telefonberatungsdienste sind dafür nur ein – austauschbares – Objekt, das benutzt wird; viele andere Beziehungen und Institutionen sind ebenfalls davon betroffen. Die Spezifika des Mediums Telefon und der Telefonberatungsdienste machen diese Mutproben leicht und risikolos: Die

Anrufe kosten wenig oder nichts, man kann nicht erkannt und damit auch nicht ertappt und zur Rechenschaft gezogen werden.

2. **Spaß und Spannung statt Langeweile**
„Rumhängen" ist eine häufige Freizeitbeschäftigung im Jugendalter. Doch die „Kids" suchen auch die Abwechslung zur Langeweile. Gerade beim Zusammensein in der Peer-Group werden Spaß und Spannung gesucht – u. a. durch Scherzanrufe und häufig auch durch Testanrufe.

3. **Probehandeln und Austesten**
Unter Probehandeln verstehen wir ein Entdecken und Erproben der eigenen Möglichkeiten und Fähigkeiten für andere Situationen, in denen ernsthaftes Handeln erforderlich ist. Es bezieht sich meist auf Themenbereiche, die für die jeweilige Entwicklungsstufe relevant sind, also z. B. erstes Verliebtsein, Freundschaft und Sexualität bei den 12- bis 14-Jährigen. Die Telefonberatungsdienste laden aufgrund ihrer Spezifika (nicht nur) die Kinder und Jugendlichen geradezu zum Probehandeln und Austesten ein: was das denn überhaupt für eine „Einrichtung" ist, ob der Berater ihre Sprache versteht und auch Ungewohntes aushält, ob sie ernst- und angenommen werden, vielleicht auch gerade trotz der vorgeschobenen Anliegen.
Manche probieren sich auch in einer anderen Rolle als der gewohnten aus, geben sich sozusagen eine virtuelle Identität: Sie geben ein anderes Alter vor, ein anderes Geschlecht (z. B. ein Junge gibt sich als Mädchen aus), andere soziale Verhältnisse, verhalten sich in für sie ungewohnter Weise (z. B. draufgängerisch statt sonst schüchtern). Sie testen damit aus und sammeln Erfahrungen, wie andere darauf reagieren.[25]

4. **Abgrenzung von den Erwachsenen und Provokation der Erwachsenen**
dient der oben beschriebenen Aufgabe der Entwicklung einer eigenen Persönlichkeit und Identität. Die Anonymität der meisten Telefonberatungsdienste lädt zu ersten Schritten in dieser Richtung geradezu ein.

5. **Bearbeiten von Nöten und Anliegen im expliziten Sinn**
Da kann es sich beispielsweise um das Alleinsein jüngerer Kinder während der Berufstätigkeit der Eltern handeln oder um Probleme in der Schule oder mit Gleichaltrigen bis hin zu Gewalterfahrungen und sexuellem Missbrauch.

---

25 *vgl. Döring 2000 zu Identitätsarbeit durch das Internet*

▸ Übungen

1. Übung in der Gruppe:

Machen Sie zu jedem dieser möglichen Motive eines oder mehrere Rollenspiele.
Tauschen Sie sich dann in der Gruppe zu folgenden Fragen aus:
Welche Erfahrungen mache ich jeweils dabei?
Wofür kann ich eher Verständnis aufbringen, wofür eher nicht?
Wovon hängt das ab: Von den vermutlichen Motiven der Anrufer, von meinen Einstellungen zu diesen Motiven, von ...?
Welche Verhaltensweisen lösen Zweifel über die Ernsthaftigkeit der Anrufenden in mir aus? Wie gehe ich mit diesen Zweifeln um?
Wovon möchte ich mich abgrenzen? Gibt es Regeln meiner Institution in dieser Hinsicht?
Sie können auch das Bewusstheitsrad (Kap. 5) verwenden, um Ihre Gedanken, Impulse und Gefühle zu reflektieren.

2. Selbstreflexion zur eigenen Kindheit/Jugend:

Erinnern Sie sich an die Zeit zurück, als Sie selbst Kind bzw. Jugendliche/r waren.
Welche Erinnerungen haben Sie für diese Zeit hinsichtlich der genannten Punkte, insb. hinsichtlich Mutproben, Spaß haben, Probehandeln und Austesten?
Was haben Sie selbst gemacht bzw. versucht?

3. Für die Gruppenarbeit:

Tauschen Sie sich mit Kolleginnen und Kollegen über Ihre Selbstreflexionen aus. ◂

Wir wissen nicht, wie das Ergebnis Ihrer Selbstreflexion ausgefallen ist. Wir haben die Erfahrung gemacht, dass die meisten Mitarbeiterinnen und Mitarbeiter sich je länger je mehr an eigene Scherze und Streiche erinnern konnten – und dies mit zunehmendem Vergnügen, was auch ihr Verständnis für die kindlichen bzw. jugendlichen Anrufer deutlich steigen ließ.

Wichtig ist uns dazu anzumerken, dass jedes präsentierte Thema „in irgendeiner Form etwas mit dem jeweiligen Anrufer zu tun“ hat. Ob es gelingen mag, „dieses ‚Thema hinter dem Thema‘ aufzuspüren, zu verstehen und gemeinsam zu bearbeiten“ (Jegensdorf 2008, 14), hängt sowohl von der Gesprächsführungskunst der Berater als auch der Offenheit der Jugendlichen ab.

Cyber-Mobbing und Bullying-Anrufe

In eine andere Kategorie als die genannten Mutproben- und Spaßanrufe etc. fallen nach Auffassung von Telefonberatern und Wissenschaftlern die sog. Bullying-Anrufe.
„Mobbing ist weder unter Kindern und Jugendlichen in der Schule noch in der Forschung ein neues Phänomen. Dazu gehören beispielsweise körperliche Aggression (z. B. schlagen, stoßen, treten) oder verbale Angriffe (z. B. „dumme Sprüche“ nachrufen, drohen, hänseln). Wichtig ist dabei, dass die Täter dem Opfer schaden möchten (Absicht), dass sich das Opfer nicht wehren kann (Machtungleichgewicht), und dass die Angriffe über längere Zeit hinweg immer wieder passieren (Wiederholung). In den letzten 10 Jahren, und untrennbar mit dem rasanten Aufstieg des Internets und der mobiler Kommunikationstechnologien verbunden, macht ein neues Phänomen von sich reden: Cybermobbing. Cybermobbing ist vereinfacht gesagt Mobbing mit Hilfe von Internet- oder Handyanwendungen.“ (http://www.gewalt-gegen-kinder.de./cybermobbing) „Mit den aus dem Englischen kommenden Begriffen Cyber-Mobbing, auch Internet-Mobbing, Cyber-Bullying sowie Cyber-Stalking werden verschiedene Formen der Diffamierung, Belästigung, Bedrängung und Nötigung anderer Menschen oder Firmen mit Hilfe elektronischer Kommunikationsmittel über das Internet, in Chatrooms, beim Instant Messaging und/oder auch mittels Mobiltelefonen bezeichnet. Dazu gehört auch der Diebstahl von (virtuellen) Identitäten, um in fremden Namen Beleidigungen auszustoßen oder Geschäfte zu tätigen usw.“ (www.wikipedia.de, Stichwort Cyber-Mobbing)
Die schon erwähnte repräsentative Umfrage unter 14- bis 20-Jährigen kam zu dem Ergebnis, dass 32 % der Befragten als Opfer von Cybermobbing betroffen (gewesen) seien, 71 % ein Opfer kennen würden, 8 % selbst Täter (gewesen) seien und 21 % sich vorstellen könnten, auch als Täter im Internet aufzutreten. Als Formen von Cyber-Mobbing wurden genannt: bedroht und beleidigt werden, üble Nachrede, Identitätsmissbrauch und unberechtigte Datenweitergabe. (Techniker-Krankenkasse 2011)

Das Cyber-Mobbing richtet sich in der Regel gegen Personen im näheren oder weiteren Umkreis. Doch bietet sich die Telefonberatung – insbesondere jene Dienste, bei denen Anrufer anonym bleiben können – geradezu an als mögliches Opfer für eine Form des Cyber-Mobbings, die sog. **Bullying-Anrufe.**
Bullying (englisch für „schikanieren“) wird definiert als „seine (überlegene) Kraft ausspielen und einsetzen, um Schwächere zu schikanieren, zu erschrecken, zu unterdrücken, zu schädigen oder zu verletzen. Handy und Internet bieten fast unbegrenzte Möglichkeiten, um im Verborgenen, das heißt unerkannt, andere unter Druck zu setzen und zu erniedrigen. ... Was am Telefon gesagt wurde, ist schwer zu beweisen, kann meist nicht zurückverfolgt werden und versandet. Gerade das Telefon wird auf diese Weise zum attraktiven Ort, verbale Gewalt auszuüben, denn die Wahrscheinlichkeit der Strafverfolgung ist hier sehr niedrig. Dazu kommt, dass das Opfer nicht präsent ist.“ Bullying-Anrufe seien – in

Abgrenzung zu den o.a. Mutproben und Spaßanrufen etc. – „auf der Basis von gestörter Entwicklung und sozialem Ressentiment zu betrachten. Einen Verstehenszugang hierzu liefert die interdisziplinäre Gewalttheorie. Bei diesem Typus von Anrufen handelt es sich um eine neue Art der verbalen Gewalt, deren Bedeutung zunimmt. Bullying-Anrufe knüpfen gezielt an rassistische, sexistische und andere Formen der kulturellen und sozialen Diskriminierung an. Ihre Funktion liegt nicht in der Entlastung des pubertären oder adoleszenten Spannungszustandes, sondern gezielt in der Herstellung von gesellschaftlicher, kultureller und sozialer Hierarchie. ... Sie zielen auf die Herstellung von sozialen Unsicherheiten und wollen Verletzlichkeit und Gefühle des Ausgeliefertseins herstellen. Sie wollen nicht kindliche Abhängigkeit durch Mutproben überwinden, sondern erschüttern gezielt das normale Vertrauen, welches jeden sozialen Verkehr bestimmt ..." (Gröning a.a.O.)

Gröning deutet das Aufkommen dieser Gewaltform als Ausdruck gesellschaftlicher Prozesse wie u. a. individueller Desintegration bei jungen Menschen. Von den Betreffenden werde „Gewalt nicht mehr als Mittel zum Zwecke eingesetzt, sondern es wird gleichgültig, wer das Opfer ist. Es geht nicht mehr um einen Feind, sondern um das Gefühl der Gewalt selbst." (Gröning a.a. O.)

Mit den Bullying-Anrufen werde „auch etwas geübt – Dominanz, Entwertung des Vertrauens, Verachtung des Seelischen". Das solle den Anderen in seiner Integrität verletzen, was Telefonberater dann häufig auch so erleben, nämlich als Missachtung der Würde ihrer Person.

Wer sich in seiner Tätigkeit als Telefonberater in seiner Würde als Person missachtet oder entwertet fühlt – sei es durch Bullying-Anrufe von jungen Menschen oder durch andere Anrufe –, kann und sollte darauf reagieren, indem er

- das Verhalten des Anrufenden kritisch anspricht: *„Was du da gerade sagt, erlebe ich sehr grenzverletzend mir gegenüber. Das finde ich nicht in Ordnung."*
- in die Meta-Kommunikation geht: *„Wenn ich auf unser Gespräch schaue, versuche ich, mich auf dich einzustellen und dich ernst zu nehmen, du hingegen beschimpfst mich. Darüber möchte ich mich gerne mal mit dir unterhalten, wie du über dieses Gespräch denkst."*
- sich abgrenzt: *„Ich möchte mir deine Beschimpfungen nicht länger anhören. Wenn du mit diesen Beschimpfungen weiter machst, werde ich das Gespräch beenden."*
- dann ggf. das Gespräch auch konsequent beendet: *„Ich lasse mir deine Beschimpfungen nicht weiter gefallen. Tschüss!"* und auflegt.

Spezifische Hinweise für den Umgang mit Kindern und Jugendlichen in der Telefonberatung

Gehen wir noch einmal zur Selbstreflexion zur eigenen Kindheit/Jugend zurück: Diese macht uns deutlich, dass wir in einen besseren Kontakt mit dieser Gruppe von Anrufern kommen, wenn wir uns auf sie und ihre innere Welt einlassen und einstellen. Und weil sich diese innere Welt – wie ausgeführt – spezifisch von der der Erwachsenen unterscheidet, möchten wir einige spezifische Hinweise für den Umgang mit diesen Anrufern geben. Dabei gibt es natürlich nicht **die** Kinder, **die** Jugendlichen, **die** Anrufe von Kindern und Jugendlichen. Vielmehr gibt es eine große Bandbreite, wie uns Kinder und Jugendliche in der Telefonberatung begegnen. Insofern sind wir zunächst gefordert, sehr genau hinzuhören: Was nehme ich wahr? Ist da ein Anrufer oder sind es mehrere? Welche Hintergrundgeräusche sind wahrzunehmen? Ich höre z. B. ein Mädchen sagen: *„Ich bin 14 und schwanger, mein Freund will nichts mehr von mir wissen. Was soll ich denn tun?"*, dabei Gekicher im Hintergrund. Die Stimme des Mädchens kommt mir eher wie die einer 10 bis 12-jährigen vor denn wie die einer 14-Jährigen.

▶ **Zur Selbstreflexion:**

Welche Gedanken, Gefühle, Impulse würde dieser Anruf in Ihnen auslösen (s. Bewusstheitsrad in Kapitel 5)? Wie würden Sie reagieren?

Für die Gruppenarbeit:
Tauschen Sie sich darüber in der Gruppe aus. Welche Auswirkungen hat dieser Austausch auf Sie, auf die anderen Gruppenteilnehmer/innen? ◀

So tun als ob (vgl. Kap. 3)

In mir (D. T.) löst dieses Beispiel die Einschätzung aus, dass es sich hier um einen Testanruf aus einer Gruppe heraus handeln dürfte, vermutlich eine Mischung von Mutprobe und Probehandeln, möglicherweise auch mit dem Motiv, sich einen Spaß zu machen. Ich habe den Impuls zu einem verärgerten Aufknallen des Hörers, weil diesem Anruf bereits ein Dutzend ähnliche vorausgegangen sind, was mich „abgenervt" hat. Aber ich weiß auch aus Erfahrung, dass das Aufknallen häufig weitere solcher Anrufe provoziert. Und so entscheide ich mich meist, meinen ersten Impuls zurückzuhalten und stattdessen eine Als-ob-Haltung hinsichtlich der Wahrheit des Vorgebrachten einzunehmen: Ich tue so, als ob ich das Vorgebrachte für wahr hielte, und führe das Gespräch so, als ob das Mädchen wirklich 14 und schwanger wäre, begegne der Anruferin mit Empathie und versuche, den Auftrag zu klären. Anrufer mit vorgeschobenen Problemen können sich auf eine solche Ernsthaftigkeit meist nicht lange einlassen und legen von selbst auf. Diese Vorgehensweise empfiehlt sich insbesondere dann, wenn nicht klar ist, ob es sich um einen ernsthaften oder um einen Scherz- oder Testanruf handelt. Damit ist nicht gemeint, dass man als Telefonberater jede noch so unglaubliche oder unwahrscheinliche Geschichte ernst nehmen sollte – da würde man sich eher lächerlich machen. Das Ernstnehmen sollte sich ja auch vorrangig auf die Person der Anrufenden beziehen, nicht auf den (vordergründigen) Inhalt. So könnte man alternativ auch in folgender Weise reagieren: *„Die Geschichte, die du mir da erzählst, kann ich gar nicht glauben. Jetzt sag mal, was du eigentlich* *willst: Ist dir langweilig, willst du vielleicht mal ausprobieren, was hier für Leute am Telefon sitzen, oder gibt es da noch etwas anderes, was du willst?"*

Humor

Man kann einen Scherz mitmachen oder gelassen und humorvoll reagieren: *„Du hast Deine Mutter gefickt? Ja, wie hast du denn* ***das*** *gemacht?"* Gerade wenn Kinder offensichtlich vorgeschobene Probleme vorbringen oder mit Obszönitäten und Kraftausdrücken zu schockieren versuchen, wollen sie damit auch austesten, ob die Telefonberater das aushalten und damit souverän umzugehen verstehen.

Abgrenzung

Man kann sich als Berater auch abgrenzen, sich gegen bestimmte Ausdrücke oder gehäufte Scherze verwahren. Wie im Umgang mit erwachsenen Anrufern auch empfiehlt sich bei einer Abgrenzung, diese zu begründen und ggf. um Verständnis zu werben: *„Du rufst jetzt zum dritten Mal mit einer erfundenen Geschichte an. Damit ist jedes Mal unsere Leitung blockiert für die Anrufe von Leuten, die echte Sorgen haben. Bitte lass solche Anrufe sein."* Ob das eher hilfreich ist oder eher das Gegenteil bewirkt, müssen Sie selbst ausprobieren; nicht selten rufen Abgrenzungen oder der erhobene Zeigefinger allergische Reaktionen nach dem Motto „Jetzt erst recht!" hervor. Bei Beschimpfungen oder wiederholten Scherzanrufen eines Anrufers oder einer Anrufergruppe kann es auch sinnvoll sein, einfach nur wortlos aufzulegen, weil jede Form von Reaktion eine Beachtung darstellt und weitere Anrufe provozieren könnte. Gerade bei Gruppen, die Scherze machen, könnte dies die Methode der Wahl sein, da Appelle und das Werben um Verständnis in der Regel gegen die Eigendynamik der Gruppe nicht ankommen.

▸ **Für die Gruppenarbeit:**

Tauschen Sie sich über Ihre Einstellungen und Verhaltensweisen bei Scherz- und Testanrufen von Kindern und Jugendlichen aus.
Welche Unterschiede zwischen den Gruppenmitgliedern stellen Sie dabei fest? Wie wirkten sich diese aus?
Welche weiteren Einstellungs- und Verhaltensmöglichkeiten könnten Sie entwickeln? ◂

Altersgemäßer Umgang mit dem Hilfeanliegen

Auch wenn beim Lesen der letzten Passagen der Eindruck entstanden sein sollte, Kinder und Jugendliche würden nur Test- und Scherzanrufe produzieren: Dies ist nicht der Fall, wenn auch einige Telefonberatungsdienste zeitweise sehr unter einer Flut solcher Anrufe leiden. Daneben gibt es zahlreiche ernsthafte Anrufe von Kindern und Jugendlichen – in der je altersgemäßen Art und Weise.

Selbstverständlich gelten gegenüber Kindern und Jugendlichen die in den vorangegangenen Kapiteln dargestellten Grundhaltungen der Beziehungsgestaltung und Prinzipien der Gesprächsführung gleichermaßen wie gegenüber Erwachsenen; nur müssen sie entsprechend dem Alter und Entwicklungsstand des Gegenübers ausgestaltet werden. Insbesondere sollten wir als erwachsene Berater darauf achten, die Fähigkeiten und Kompetenzen des Kindes bzw. Jugendlichen zu achten und ihnen zu vertrauen. Manches Mal sind wir als Erwachsene in der Gefahr, Kinder und Jugendliche in ihrer Not nicht genug ernst zu nehmen, weil wir das vorgebrachte Problem für eine vorübergehende Entwicklung und daher für eine Bagatelle halten, z. B. gegenüber einer dreizehnjährigen mit dem ersten Liebeskummer: *„Du bist ja noch so jung; das geht bald vorbei, du wirst schon sehen."* Auch wenn der erste Liebeskummer mehr oder weniger bald vorüber gehen mag – für die Betroffenen ist die Erfahrung ungemein schmerzlich und scheint oft unaushaltbar. Für einen angemessenen Umgang müssen sich da entwicklungspsychologische Kenntnisse (s. o.) mit Einfühlung und Respekt verbinden.

Gehen wir zunächst auf die Anrufer im Kindesalter ein – damit meinen wir hier die oben beschriebene Phase des sog. frühen Schulalters zwischen dem 7. und 12. Lebensjahr. Kinder in diesem Alter leben und denken lösungsorientiert. Sie reagieren auf die ihnen gestellten Herausforderungen mit Versuch und Irrtum. Tiefer gehende Problemanalysen betreiben sie in der Regel nicht. So machen Kinder oft einen schnellen Einstieg, d. h. sie sagen einen oder zwei Sätze über ihr Problem: *„Meine Freunde sind immer so blöd. Die lassen mich gar nicht mitspielen, wenn wir uns treffen."* und fragen dann: *„Und was soll ich jetzt tun?"* Da ist es notwendig, mehr Informationen zu bekommen: *„Um dir helfen zu können, würde ich gerne mehr von dir und deiner Situation erfahren. Erzähl mir mal mehr, wie das denn ist, wenn ihr euch trefft."* Man sollte dann darauf achten, die Erkundungsphase nicht zu ausführlich zu gestalten.

Fallbeispiel

Anruf eines Jungen, ca. 9 – 10 Jahre, bei einem Berater

A: Hallo, können Sie mir vielleicht weiterhelfen?

B: Das kommt darauf an, um was es geht. Erzähl' doch mal!

A: Da ist so ein Mädchen, die ärgert mich immer, die sagt, ich soll die Poster von meiner Lieblingsband abhängen. Wie waren früher mal befreundet, dann haben wir uns aber gestritten.

B: *stellt einige Erkundungsfragen zur Situation, fragt dann, welche Hilfe A erwartet.*

A: Die soll's mal lassen!

B: Du meinst, sie soll lassen, dir zu sagen „Häng' die Poster ab!"?

A: Ja, genau.

B: Wenn das Mädchen mal wieder zu dir sagt „Häng' die Poster ab!", könntest du ihr genau das sagen: „Lass' das! Ich hab' meine Lieblingsgruppe und du deine, und ich häng' meine Poster nicht ab."

A: Ja, das könnte ich machen. Dankeschön! Tschüs.

B: Tschüs.

Je jünger ein Kind ist, umso mehr ist man gefordert, bei der Gesprächsführung Verantwortung zu übernehmen und darauf zu achten, konkret zu sein, konkret zu fragen und zu reden. Auch Anregungen und Lösungsideen sollten konkret, einfach und klar kommuniziert werden.

Fallbeispiel

Anruf eines Mädchens gegen 20.45 Uhr bei einem Berater

A: Hallo, meine Mama ist nicht da und ich kann nicht einschlafen.

B: Wie alt bist du denn?

A: Sieben.

B: Und bist du jetzt ganz alleine?

A: Ja.

B: Wo sind denn deine Mama und dein Papa?

A: Die sind beide arbeiten.

B: Und wann werden die heim kommen?

A: Erst ganz spät am Abend.

B: Wie ist es denn sonst bei dir mit dem ins Bett gehen und dem Einschlafen?

A: Die Mama bringt mich ins Bett, manchmal auch der Papa, aber der nur ganz selten, und die liest mir noch eine Geschichte vor.

B: Wär's denn dann in Ordnung, wenn ich dir jetzt eine Geschichte erzähle?

A: Ja, das wär' prima.

B: erzählt eine Geschichte aus der Erinnerung und wünscht A eine gute Nacht.

Mit zunehmendem Alter steigen auch die Reflexions-, Ausdrucks- und Verstehensmöglichkeiten – oft eingefärbt durch altersgemäße Besonderheiten. So haben Jugendliche häufig ihre eigenen Lösungsideen im Kopf, auch wenn sie etwas anderes sagen, z. B. weil sie unsicher sind. Diese Ideen sind möglicherweise dramatisch oder übers Ziel hinausschießend. Vielleicht müssen die Jugendlichen zuerst nach ihren eigenen Ideen gefragt werden oder brauchen Ermutigung und

Erlaubnis, um sie auszusprechen und zu entwickeln. Dabei schätzen sie Ehrlichkeit und Klarheit.

Fallbeispiel

Anruf eines 15-jährigen Mädchens bei einer Beraterin

Sie habe ein Problem mit ihren Eltern, die sich vor 4 Monaten getrennt hätten. Sie lebe beim Vater, die 12-jährige Schwester bei der Mutter. Sie würde Schwester und Mutter regelmäßig sehen, die Schwester ebenso den Vater. Sie fühle sich vom Vater oft missverstanden, dieser verbiete ihr vieles ohne Begründung, schreie viel und habe heute gesagt, sie sei wie ihre Mutter. Ihre Schulnoten seien in den letzten Monaten schlechter geworden, seit einiger Zeit habe sie auch Haarausfall, der laut Arzt seelischer Natur sei. Während des Telefonates kommt der Vater mehrfach ins Zimmer und versucht herauszufinden, ob die A mit der Mutter telefoniert.

B: Was hättest du denn gerne, was ist deine Vorstellung in Bezug auf deinen Vater?

A: Ich hätte gerne, dass der mal mit mir in eine Beratungsstelle geht.

B: Und hast du ihn schon mal drauf angesprochen?

A: Ja, hab' ich, aber der lehnt das total ab.

B: Was hat er denn genau geantwortet?

A: So 'was hätte er nicht nötig, und außerdem sei bei uns alles in Ordnung.

B: Hm, das ist wohl nicht so einfach. Da sollten wir mal überlegen, was du denn sonst noch tun könntest.

A: Ich hab' auch schon mal dran gedacht, ob ich mich ans Jugendamt wenden könnte, aber die Frau, die da für uns zuständig ist, die kann ich nicht leiden, die hört mehr auf die Eltern als auf mich.

B: Käme noch was anderes in Frage? Wie ist denn dein Verhältnis zu deiner Mutter?

A: Das ist ganz gut, obwohl ich mich entschieden hatte, bei meinem Vater zu bleiben.

B: Könntest du dir vorstellen, mal mit ihr über die Situation zu reden?

Das Gespräch endet mit dem Vorsatz von A, an diesem Abend, wenn die Mutter sie abholt, über die Situation zu sprechen und gemeinsam mit ihr über Lösungsmöglichkeiten nachzudenken.

Altersgemäße Anrede und Redeweise

An dieser Stelle möchten wir gerne ein paar Sätze über die Verwendung von „Du" und „Sie" einfügen. Kinder empfehlen wir generell mit „Du" anzureden – alles andere würden diese als unangemessen und merkwürdig auffassen. Ob man Jugendliche mit „Du" oder „Sie" anspricht, hängt auf jeden Fall auch vom Alter der

Jugendlichen ab und sollte im Einzelfall das Gefühl entscheiden. Wenn man unsicher ist, kann man auch fragen: *„Darf ich du sagen?"* oder *„Soll ich lieber du oder Sie sagen?"* Damit macht man zugleich deutlich, dass man sich auf den Anderen einstellt und ihn ernst nimmt und respektiert.
Die Art und Weise, wie wir mit den kindlichen oder jugendlichen Anrufern sprechen, sollte deren Alter angepasst sein (s. o.). Das kann freilich nicht heißen, dass wir versuchen sollten, selbst wie ein Kind oder ein Jugendlicher zu sprechen. Ein solcher Versuch wäre unangemessen und unpassend. Wir sollten uns als erwachsene Berater aber bemühen, die Redeweise und Ausdrücke der „Kids" kennen zu lernen, und in der Lage sein, den einen oder anderen Ausdruck an passender Stelle auch selbst zu benutzen. [26]

Ansprechen der Gesprächssituation

Klares Ansprechen empfiehlt sich auch bei Situationen, in denen beim Gespräch andere Stimmen im Hintergrund zu hören sind: *„Ich höre da noch andere Stimmen bei dir. Wer ist denn noch bei dir dabei?"* Wenn geantwortet wird „Meine beste Freundin.", könnte man weiter fragen: *„Darf deine Freundin jetzt zuhören bei unserem Gespräch? Wie willst du das?"* Für nicht wenige Jugendliche ist es wichtig, die beste Freundin oder den besten Freund beim Gespräch dabei zu haben, manchmal ruft auch die eine für die andere an, weil diese sich nicht traue. Da kann es vorkommen, dass nach einer Weile des Gesprächs diese andere sich dann doch ans Telefon traut und ggf. der Hörer und das Gespräch hin- und hergereicht werden. Solche Situationen erfordern ein den jeweiligen Bedingungen entsprechendes Eingehen – da ist oft mehr Flexibilität gefragt als bei Gesprächen mit Erwachsenen.

Gespräche bei schwerwiegenden Situationen

Besondere Aufmerksamkeit verdienen Situationen, in denen Kinder und Jugendliche von schwerwiegenden Problemen wie Gewalt, Misshandlung, sexuellem Missbrauch berichten. Dabei stellt sich zunächst die Aufgabe, die Rahmenbedingungen des Telefongesprächs abzuklären, d. h. ob das Kind oder die Jugendliche unter sicheren Bedingungen sprechen kann, also ungestört und ohne Zeitdruck. So könnte man z. B. fragen: *„Kannst du jetzt sprechen, ohne dass dir jetzt jemand zuhören oder dich beim Telefonieren überraschen kann?"* oder *„Gibt es eine andere Möglichkeit, damit wir ungestört miteinander sprechen können? Kannst du vielleicht von außerhalb mit dem Handy oder von der Telefonzelle anrufen?"*
Gerade bei geschilderter Gewalt, Misshandlung oder Missbrauch regen sich in Beratern Impulse, eingreifen zu wollen zum Wohl des betroffenen Kindes oder Jugendlichen. Solche Impulse gilt es zu reflektieren und sorgfältig zu prüfen, ob ihre Umsetzung wirklich dem Wohl des Betroffenen dienen würden. Das sollte

---

26 s. dazu beispielsweise PONS Wörterbuch der Jugendsprache 2013

nach Möglichkeit im direkten Dialog mit den Anrufern geschehen. Diese leiden unter einer solchen Situation sehr, doch wenn und weil die Täter und Täterinnen oft aus dem familiären oder näheren Umfeld kommen, erleben die Opfer sich diesen gegenüber meist loyal und fühlen sich dadurch gebunden. Da mögen für Außenstehende auf den ersten Blick schnelle und radikale Lösungen wie z. B. die Herausnahme aus der Familie notwendig erscheinen, doch passen sie oft nicht zu den Vorstellungen der Betroffenen, wie auch im folgenden Fallbeispiel deutlich wird.

Fallbeispiel

Gespräch eines 15-jährigen Mädchens spät am Abend mit einer Beraterin

A: Hallo ... Ich rufe an, weil ich mit jemandem reden muss.
Sie berichtet, ihr Vater sei betrunken nach Hause gekommen und habe sie angeschrien, geschlagen und geschüttelt. Sie habe eine dicke blaue Lippe und Hautabschürfungen. Er schlage sie fast jeden Tag. Die Mutter sei vor Jahren gestorben.

B: Wie wäre es, wenn du zum Arzt oder ins Krankenhaus gehen würdest wegen deiner Verletzungen?

A: Die würden dann ja sofort was unternehmen. Bei Ihnen weiß ich, dass Sie nichts unternehmen.

B: Das klingt so, als ob du deinen Vater schützen möchtest.

A: Ich weiß nicht, ich glaube, ich bin selber schuld.

B: Wenn ich dir sagen würde „Du hast keine Schuld." – wie wäre das für dich?

A: Ich denke darüber nach, aber ich komme da gefühlsmäßig nicht ran.

B: Was würde denn passieren, wenn jemand was für dich unternehmen würde?

A: Weiß ich nicht, da habe ich Angst vor. Die Ängste kann ich nicht erklären. Was jetzt läuft, das kenne ich. Das Neue danach kenne ich nicht. Ich käme mir seltsam vor.

Bald darauf beendet die Anruferin das Gespräch mit dem Hinweis, sie sei müde und wolle sich ausruhen.

Dieses Fallbeispiel, mit dem unser Buch endet, scheint uns in einem gewissen Sinne typisch für die Telefonberatungsarbeit zu sein: Da ruft jemand an mit einem bestimmten Anliegen. Der Kontakt ist eher kurz, die Situation der Anruferin kommt nur sehr ausschnitthaft zur Sprache. Manches wäre bei der Gesprächsführung anders oder mehr möglich gewesen (z. B. wieso das Mädchen sich selbst für schuldig an der Situation hält). Die Beraterin bleibt zurück, ohne zu wissen, wie es mit diesem Mädchen weitergehen mag. Sie kann nur hoffen, dass ihr Zuhören, ihr Verständnis und ihre Anregungen bei der Anruferin auf fruchtbaren Boden gefallen sein mögen.

Literatur

Bamberger, Günter (2001). Lösungsorientierte Beratung (2. Auflage). Weinheim: Beltz

Bandura, A. (1977). Self Efficacy: Toward a unifying theory of behavioural change. In: Psychological Review, 2, 191–215

Berger, Werner und Häseli, Stefan (2004). Kevin allein am Telefon. Handbuch für professionelles Telefonieren im CallCenter. Zürich: Verlag A & O des Wissens

Biermann-Ratjen, Eva, Eckert, Jochen und Schwartz, Hans Joachim (2003). Gesprächspsychotherapie. Verändern durch Verstehen (9. Auflage). Stuttgart: Kohlhammer

Blömeke, Bernd (2007). Beobachtung und Veränderung. Theologie, Kirche und Seelsorge in der Sicht der Systemtheorie. Dissertation FU Berlin

Boxbücher, Marion und Egidi, Karin (1995). Von der Krisenintervention zur Krisenbegleitung – Eine systemisch-konstruktivistische Perspektive. In: Egidi, K. und Boxbücher, M. (Hrsg.). Systemische Krisenintervention. Tübingen: DGVT-Verlag

Bund deutscher Psychologinnen und Psychologen (BDP). Report Psychologie 21 (8/1996)

Caplan, George (1964). Principles of preventive Psychiatry. New York: Basic Books

Döring, Nicola (2000). Identität + Internet = Virtuelle Identität?, in forum medienethik Nr. 2/2000, München, 65–75

Dorrmann, Wolfram (1991). Suizid. Therapeutische Interventionen bei Selbsttötungen. München: J. Pfeiffer, Reihe leben lernen Nr. 74

Ende, Michael (1973). Momo. Stuttgart: K. Thienemanns Verlag

Erickson, M. H. und Rossi, E. L. (1981): Hypnoptherapie. Aufbau, Beispiele, Forschungen. München: Pfeiffer

Erikson, Erik H. (1973). Identität und Lebenszyklus. Frankfurt am Main: Suhrkamp

Evangelisch-Katholische Kommission für Telefonseelsorge und Offene Tür (Hrsg.). AUF DRAHT. Internes Forum zum Austausch von Erfahrungen und Informationen für Ehrenamtliche und Hauptamtliche der Telefonseelsorgestellen und Offenen Türen in Deutschland. Heft Nr. 60 / Dezember 2005

Evangelische Konferenz für TelefonSeelsorge und Offene Tür e.V. und Katholische Konferenz für TelefonSeelsorge und Offene Tür (Hrsg.) (2009). Handbuch Suizidprävention. Berlin und Bonn

Fischer, Claudia (2010). Telefonpower (4. Auflage). Offenbach: Gabal 2010

Flor, Herta (2003). Wie verlernt das Gehirn den Schmerz?, in Schiepeck G. (Hrsg.). Neurobiologie der Psychotherapie. Stuttgart: Schattauer

Grawe, Klaus (1995). Grundriß einer allgemeinen Psychotherapie. In: Psychotherapeut (1995) 40: 130–145. Springer-Verlag

Grawe, Klaus (2004). Neuropsychotherapie. Göttingen: Hogrefe

Gröning, Kathrina (2010). Umgang mit provokativen Anrufen? Thesen für eine Neubewertung. Vortrag auf der Regionalkonferenz der TelefonSeelsorge-Stellen in Westfalen

Hamilton, Mina (2002). Relaxt durch den Tag. 40 Ruheinseln in der alltäglichen Hektik. Kreuzlingen/München: Hugendubel

Heri, Matthias (2010). Testanrufe beim Schweizer Kinder- und Jugendnotruf 147. Deskription und Analyse ihrer Problematik. Bern: Selbstverlag

Hüther, Gerald (2005). Die Macht der inneren Bilder. Wie Visionen das Gehirn, den Menschen und die Welt verändern. Göttingen: Vandenhoeck & Ruprecht

Janosch (1978). Oh, wie schön ist Panama, Weinheim: Beltz

Jegensdorf, Achim (2008). Gespräche mit Jugendlichen. In: Evangelisch-Katholische Kommission für Telefonseelsorge und Offene Tür (Hrsg.). AUF DRAHT Nr. 68, August 2008, 13 f.

de Jong, Peter und Kim Berg, Insoo (2003). Lösungen (er-)finden – Das Werkstattbuch der lösungsorientierten Kurztherapie (5. Auflage). Dortmund: verlag modernes lernen

Jünger Medien Verlag + Burckhardthaus-Laetare GmbH (Hrsg.) (2003).Train Tools: Stressbewältigung CD-ROM mit Trainerleitfaden u.a.m. Offenbach: Gabal

Jugend 2010 – 16. Shell Jugendstudie (2010). http://www.lvr.de

Kindl-Beilfuß, Carmen (2008). Fragen können wie Küsse schmecken. Systemische Fragetechniken für Anfänger und Fortgeschrittene. Heidelberg: Carl-Auer Systeme

Klauser, Raimund (2004) Gesellschaftliche und kommunikationstechnische Entwicklungen als Herausforderung an die TelefonSeelsorge. Vortrag anlässlich des 25-jährigen Bestehens der TelefonSeelsorge Recklinghausen am 6.2.2004

Klein, Stefan (2003). ... ohne Risiken und Nebenwirkungen. In GEO 10/Oktober 2003, S. 49-64

Knatz, Birgit (2005). Baustelle im Kopf. In: Evangelisch-Katholische Kommission für Telefonseelsorge und Offene Tür (Hrsg.). AUF DRAHT. Nr. 58 / April 2005, 26–29

Lohse, Timm H. (2006 a). Das Kurzgespräch in Seelsorge und Beratung. Eine methodische Anleitung. Göttingen: Vandenhoeck & Rupprecht [2]2006

Lohse, Timm H. (2006 b). Das Trainingsbuch zum Kurzgespräch . Ein Werkbuch für die seelsorgliche Praxis. Göttingen: Vandenhoeck & Rupprecht

Ludewig, Kurt (1992). Systemische Therapie. Grundlagen klinischer Theorie und Praxis. Stuttgart: Verlag Klett-Cotta

Medienpädagogischer Forschungsverbund Südwest (Hrsg.) (2012). JIM-Studie 2012 – Jugend, Information, (Multi-)Media. Basisstudie zum Medienumgang 12- bis 19-Jähriger in Deutschland. Stuttgart: 2012 http://www.mpfs.de

Michalak, Uwe: Dem Neuen eine Chance geben! In: Maaßen, Monika, Groll, Thomas, Timmerbrink, Herrmann (1999). Mensch versteht sich nicht von selbst. Telefonseelsorge zwischen Kommunikationstechnik und Therapie. Kommunikationsökologie 5. Münster: LIT-Verlag

Miller, William R., Rollnick Stephan (2004). Motivierende Gesprächsführung. Freiburg: Lambertus

Pauer, Susanne (2008). Die Ausbildung Ehrenamtlicher für die telefonische Beratung / Begleitung von Menschen in seelischen Notlagen. Eine Konzeptentwicklung. Hamburg: Diplomica Verlag

Pöldinger, Walter (1968). Die Abschätzung der Suizidalität. Bern 1968

PONS Wörterbuch der Jugendsprache 2013 (2012). Stuttgart: Ernst Klett Sprachen GmbH

Prior, Manfred (2004). MiniMax-Interventionen (4. Auflage). Heidelberg: Carl-Auer-Systeme

Prior, Manfred (2006). Beratung und Therapie optimal vorbereiten. Heidelberg: Carl-Auer-Systeme

Retzer, Arnold und Schumacher, Bernd (2000). Arbeitsblatt Hilfe vs. Kontrolle. (Unveröffentlichtes Manuskript für Fortbildungsteilnehmer des Supervisionscurriculums der Internationalen Gesellschaft für systemische Therapie (IGST)) 2000/2001

Retzer, Arnold (2012). Miese Stimmung. Eine Streitschrift gegen positives Denken. Frankfurt a. M.: Fischer-Verlag

Rogers, Carl R. (1987). Eine Theorie der Psychotherapie, der Persönlichkeit und der zwischenmenschlichen Beziehungen – Entwickelt im Rahmen des klientenzentrierten Ansatzes. Köln: Gesellschaft für wissenschaftliche Gesprächspsychotherapie. Engl. Original 1957

Saleebey, David (1992). The strengths perspective in social work practice. New York: Longman

Satir, Virginia (1999). Selbstwert und Kommunikation. Familientherapie für Berater und zur Selbsthilfe (6. Auflage). Paderborn: Junfermann

v. Schlippe, Arist und Schweitzer, Jochen (1998). Lehrbuch der systemischen Therapie und Beratung (5. Auflage). Göttingen: Vandenhoeck & Ruprecht

v. Schlippe, Arist (1995). „Tu, was du willst“. Eine integrative Perspektive auf die systemische Therapie. In: Kontext 26 (1),19–32

Schmidt, Gunther (2004): Liebesaffären zwischen Problem und Lösung. Hypnosystemisches Arbeiten in schwierigen Kontexten. Heidelberg: Carl-Auer-Systeme

Schmidt, Gunther (2005): Einführung in die hypnosystemische Therapie und Beratung. Heidelberg: Carl-Auer-Systeme

Schmitz, Lilo (2009). Lösungsorientierte Gesprächsführung. Übungen und Bausteine für Hochschule, Ausbildung & kollegiale Lerngruppen. Dortmund: borgmann publishing

Schulz v. Thun, Friedemann (1999). Miteinander reden 3. Das „innere Team“ und situationsgerechte Kommunikation. Reinbek: Rowohlt

Schwarzer, Susanne (2010). Prävention – Schutz – Heilung. in: Wagner 2010, 61ff.

de Shazer, Steve (1989). Wege der erfolgreichen Kurztherapie. Stuttgart: Klett-Cotta

de Shazer, Steve (1990). Der Dreh. Überraschende Wendungen und Lösungen in der Kurzzeittherapie. Heidelberg: Carl-Auer-Systeme

de Shazer, Steve (1994). Das Spiel mit Unterschieden. Heidelberg: Carl-Auer-Systeme

Simon, Fritz B. (1999). Interview von Heinz Kersting. Online: http://www.simon-weber.de/simon/Kersting-Interview.html

Sonnenmoser, Marion (2009). Selbstfürsorge: Eine Aufgabe fürs Leben. In: Deutsches Ärzteblatt für Psychologische Psychotherapeuten, Heft 7/2009, S. 307f.

Sonnenmoser, Marion (2010). Ethik in der Psychotherapie: Selbstoffenbarung. Vom-Kunstfehler zur Methode. In: Deutsches Ärzteblatt für Psychologische Psychotherapeuten, Heft 4/2010, S. 177ff.

Stressbewältigung. (2003) Fünf Schritte zu einem guten Umgang mit Stress. Arbeitsheft Selbstlernkurs. Offenbach: Gabal

Techniker-Krankenkasse (2011). Cybermobbing-Gewalt unter Jugendlichen. Ergebnisse einer repräsentativen Forsa-Umfrage für Deutschland http://www.tk.de/tk/kinder-jugendliche-und-familie/cybermobbing

Telefonseelsorge Klagenfurt (2006). Zielorientiertes Arbeiten in der TS und die Erreichbarkeit der TS. Arbeitspapier für Ehrenamtliche der TS Klagenfurt. In: Evangelisch-Katholische Kommission für Telefonseelsorge und Offene Tür (Hrsg.). AUF DRAHT Nr. 68, August 2008, S. 15f.

Tomm, Karl (1994). Die Fragen des Beobachters. Schritte zu einer Kybernetik zweiter Ordnung in der systemischen Therapie. Heidelberg: Carl-Auer-Systeme 1994

Wagner, Ringo (Hrsg.) (2010). Sekundäre Traumatisierung als Berufsrisiko? Konfrontation mit schweren Schicksalen anderer Menschen. Magdeburg: Friedrich-Ebert-Stiftung, Landesbüro Sachsen-Anhalt

Walter, John L. und Peller, Jane E. (1999). Lösungs-orientierte Kurztherapie. Ein Lehr- und Lernbuch (4. Auflage). Dortmund: verlag modernes lernen

Weber, Traugott (Hrsg.) (2006). Handbuch Telefonseelsorge (2. Auflage). Göttingen: Vandenhoeck & Ruprecht

Weber, Wilfried (2005). Wege zum helfenden Gespräch. Gesprächspsychotherapie in der Praxis (13. Auflage). München: E. Reinhardt